구원의 길

체험 신앙의 말씀

도서출판 성연

| 인사말 |

흑암의 권세 아래에서 종노릇하며 땅에 소망을 두고 나의 "의"로 하나님의 아들 독생자 예수님을 믿는 종교인의 "삶"을 살아가든 나에게 때가 되므로 하나님께서 긍휼히 여기시여 구속하여 주시고 구원하여 성령으로 인 쳐 주시고 오늘날 살아서 역사하시는 생명의 말씀 천국복음 진리 말씀이 있는 그리스도의 몸 된 교회로 인도 하여주시고 내 영혼의 영의 양식을 먹여주시고(겔2:8절) 마음의(영)눈을 열어 밝혀주시어(엡1:18~19절) 영의 양식을 먹이시고 자라나게 하시어 (눅2:40절) 신학교로 인도하시고 소정의 교육과정을 마치고 목사 안수를 받게 하시고 하나님의 말씀을 대언 선포할 수 있는 길로 인도하여 주신 하나님의 은혜에 감사 영광을 돌려드립니다.

오늘이 있기까지 하나님께서 그때그때 마다 적절한 시기에 훌륭한 영적 지도자님 들을 만나게 하시고 저의 부족한 부분 말씀. 전도. 기도 등 훈련을 받게 하시고 채워주시고 지금까지 성령으로 인도하시고 하나님 말씀을 체험힌 생명의 말씀 천국 복음을 정리하여 책으로 나오기까지 나에게 영 육간에 베풀어주신 (고)예태해 목사님과 강유남 목사님. 유재식 목사님과 지금까지 저를 도와 묵묵히 지켜보며 기도로 함께 격려를 아끼지 아니한 영원한 믿음의 동역자 방 사모님에게도 감사드립니다.

나의 체험 신앙의 말씀 "구원의 길" 기록된 말씀을 통하여 많은 신도들이 성도로 거듭 변화 받는 성령님의 인도하심과 충만함으로 변화 받아 하나님의 참 자녀가 되어 (롬8:14~16절)하나님의 나라에 영원히 함께할 수 있는 마음을 담아 이 글을 전합니다.

2023년 7월 7일 미국 컷넷티컬 기도실에서
방명근 목사

제 1 장. 구원의 길

1. 구원의 진리

(본문) (엡 2:8~9절) 너희가 그 은혜를 인하여 믿음으로 말미암아 구원을 얻었나니 이것이 너희에게 난 것이 아니요 하나님의 선물이라 9. 행위에서 난 것이 아니니 이는 누구든지 자랑치 못하게 함이니라

○ 구원에 진리는 기독교에서는 귀한 진리에 말씀이며 "내가 구원받았다"는 것은 나의 공로는 하나도 없고 오직 하나님의 전적인 은혜이며 공로뿐입니다.

○ 많은 신자들에게 예수님을 왜? 믿느냐고 물으면 다수의 신자들은 천국 가기 위해서 믿는다고 대답합니다.

그러나 내가 예수님을 믿는 것이 아니라 하나님이 창세전에 그리스도안에서 나를 미리 정하시고(엡 1:4~5)

하나님께서 나를 예수 믿게 하여주신 믿음으로 믿는 것입니다.

○ 그래서 모든 것이 하나님의 은혜이며 공로입니다.

(롬 8:30) 또 미리 정하신 그들을 또한 부르시고 부르신 그들을 또한 의롭다 하시고 의롭다 하신 그들을 영화롭게 하셨느니라

정하신 자, 부리시고(귀 있는 자만 들음) : 예수님을 통하여"

의롭다 하시고, 영화롭게 하심: 이것이 구원의 결과입니다.

○ 하나님께서는 나를 구속하시고 구원하셔서 예수님을 믿게 하셨습니다. 그래서 교회는 하나님의 은혜와 공로만 있습니다.

1. 구원의 의미
1) 구원은 무엇인가? = 마귀의 종노릇에서 해방 받는 것입니다(자유)

○ 고통에서, 질병에서, 죄에서, 어두움에서, 좌절에서 등등

○ 괴로움 좌절 걱정 근심이 몰려오는 것은 마귀가(사탄) 우리를 어두움 가운데로 끌고 가고 있다는 것을 깨달아야 합니다.

○ 자살의 동기도 : 영적인 불안과 좌절에서 오기 때문에 어려움이 몰려올 때는 하나님께 기도하면서 예수님의 이름으로 물리쳐야 영적 전쟁에서 이겨 낼 수 있습니다.

(요 10:10) 도적이 오는 것은 도적질하고 죽이고 멸망시키려는 것 뿐이요 내가 온 것은 양으로 생명을 얻게 하고 더 풍성히 얻게 하려는 것이라.

○ 그래서 예수님을 믿는 성도라면 하나님의 말씀에 순종함으로 의에 열매를 맺어 천국(곳간)에 들어가는 하나님의 자녀들이 되시기를 축원합니다. (마 3:12 & 롬 8:14~16)

(롬 6:16) 너희 자신을 종으로 드려 누구에게 순종하든지 그 순종함을 받는 자의 종이 되는 줄을 너희가 알지 못하느냐 혹은 죄의 종으로 사망에 이르고 혹은 순종에 종으로 의에 이르느니라

○ 마귀의 종이 되면은 끝내는 사망에 이릅니다.

그래서 예수님을 믿는 성도라면 하나님의 말씀에 순종하여 구원의 자유를 얻고 평안과 안정된 심령으로 모든 혹 암의 고통, 질병, 미움, 사망에서 해방과 자유 함을 누려야 이것이 하나님의 구원입니다.

2) 내 것인데 남에게 빼앗긴 것을(마귀로부터) 찾아오는 것이 구원입니다.

○ 내가 하나님의 것인데 마귀(사탄이)가 빼앗아 갖기 때문에 다시금 찾아오는 것이 구원입니다.

(골 1:13~14) 그가 우리를 혹 암의 권세에서 건져내사 그의 사랑의 아들의 나라로 옮기셨으니 14, 그 아들 안에서 우리가 구속 곧 죄 사함을 얻었도다

○ 선악과를 따먹고 마귀의 종이 되었다가 십자가의 은혜로 하나님께로 다시 오는 것이 구원입니다.

예) 돌아온 탕자 (눅 15:11~32)참조.

2) 구원의 근원

① 사람에게서는 구원을 받을 만한 것이 하나도 없으며 0.001%
라도 없다

(롬 3:10) 기록 한바 의인은 없나니 하나도 없으며

(시 51:5) 내가 죄악 중에 출생하였음이여 모친이 죄 중에 나를 잉
태 하였나이다.

(그래서 아담 안에 있는 자는 원죄를 갖고 태어난다 합니다)

② 오직 하나님의 베풀어주신 은혜로 구원을 받음 (은혜= 값없이
주는 선물) 감사함으로 받으면 됩니다.

(엡 2:8) 너희가 그 은혜를 인하여 믿음으로 말미암아 구원을
얻었나니 이것이 너희에게서 난 것이 아니요 하나님의 선물이라 =아멘=

　○ 하나님은 그냥 주시기 때문에 "아멘"으로 받기만 하면 됩니다.

(값없이 주시는 선물 = 예수님)

　○ 예수님이 아니고는 구원을 얻을 수 없습니다

(행 4:12) 다른 이로서는 구원을 얻을 수 없나니 천하 인간에 구원
을 얻을 만한 다른 이름을 우리에게 주신 일이 없음이니라 하였더라

　○ 하나님께서는 우리에게 값없이 주신 것은 오직 예수님입니다.
(값없이 우리는 받고 믿음으로 영접하면 됩니다.)

(요 1:12) 영접하는 자 곧 그 이름을 믿는 자들에게는 하나님의
자녀가 되는 권세를 주셨으니

③ 예수님의 부활 생명

　○ 말씀으로 오신 예수님이 십자가에서 죽으시고 3 일만에 부활
생명으로 영접하는 우리에게 쑥 들어와서 내가 입으로 시인하는 것이
구원입니다.

(롬 10:10) 사람이 마음으로 믿어 의에 이르고 입으로 시인하여 구원에 이르느니라

ㅇ 예수님이 나의 구원자시요 부활 생명이라고 입으로 시인할 때 말씀이 살아서 운 동력이 있어 (히 4:12) 하나님이 죽은 자 가운데서 예수님을 살리신 것 같이 그 하나님이 나를 살리시고 부활 생명이 잉태되어 새로운 피조물로 창조에 역사를 이룹니다.

(벧전 1:3~4) 찬송하리로다 우리 주 예수 그리스도의 아버지 하나님이 그 많으신 긍휼대로 예수 그리스도의 죽은 자 가운데서 부활하심으로 말미암아 우리를 거듭나게 하사 산 소망이 있게 하시며 4,썩지 않고 더럽지 않고 쇠하지 아니하는 기업을 잇게 하시나니 곧 너희를 위하여 하늘에 간직하신 것이라

ㅇ 그래서 하나님은 죽은 자의 하나님이 아니시고 산 자의 하나님 이십니다.

ㅇ 부활 생명이 내게 들어오면

(롬 10:8~10) 그러면 무엇을 말하느뇨 말씀이 네게 가까워 네 입에 있으며 네 마음에 있다 하였으니 곧 우리가 전파하는 믿음의 말씀이라 9, 네가 만일 네 입으로 예수를 주로 시인하며 또 하나님께서 그를 죽은 자 가운데서 살리신 것을 네 마음에 믿으면 구원을 얻으리니 10, 사람이 마음으로 믿어 의에 이르고 입으로 시인하여 구원에 이르느니라

ㅇ 부활 생명이 나에게 들어오면(잉태) 예수님이 구원자 이심을 시인하게 되어있습니다.

그래서 마음으로 믿어 의에 이르고 입으로 시인하여 구원받았다는 것을 증거 한다 (선교, 전도) = (증인)

이런 축복이 우리(나)에게 일어나야 합니다.

3) 구원의 조건

① 믿음 = (주님의 은혜로 인하여 믿는 것이다)

(롬 10 :17)그러므로 믿음은 들음에서 나며 들음은 그리스도의 말씀으로 말미암았느니라

○ 인간의 지혜와 지식의 말씀은 생명이 없다(사29:13)

○ 오직 무교 병의 말씀 (출12:15) 태초에 있는 생명의 말씀이 들어 올 때만 반응이 나타남 하나님의 말씀은 (히4:12) 살아서 운 동력이 있기 때문에

○ 유교 병의 말씀에는 생명력이 없어서 반응이 나타나지 않음

② 믿음의 반응

○ 믿음에는 힘이 있으면서 능력이 나타남으로 사람을 살리는 역사가 일어납니다.

○ 믿음에 힘은 내가 먼저 잘아나고 나서 장성하여지면 (엡4:13) 그 다음 옆 사람을 살리는 능력이 나타남

예) 베드로 요한, 사도바울의 힘과 능력도 다 믿음에서 나온 것이다.

○ 예수 믿는 자가 있으면 귀신은 한 길로 왔다가 일곱 길로 도망간다.

(막 11:23~24) 내가 진실로 너희에게 이르노니 누구든지 이 산들을 들리어 바다에 던 지우라 하며 그 말하는 것이 이룰 줄 믿고 마음에 의심치 아니하며 그대로 되리라 24. 그러므로 내가 너희에게 말하노니 무엇이든지 기도하고 구하는 것은 받은 줄로 믿으라 그리하면 너희에게 그대로 되리라.

○ 믿음은 첫째 마음에 의심치 않아야 하고(요11:25~26) 믿음이 우리에게 (나) 임해야 합니다.

(요 11:25~26) 예수께서 가라사대 나는 부활이요 생명이니 나를 믿는 자는 죽어도 살겠고 26.무릇 살아서 나를 믿는 자는 영원히 죽

지 아니하리니 이것을 네가 믿느냐

4) 구원의 과정

〈참조〉(벧전1:23) 너희가 거듭난 것이 썩어질 씨로 된 것이 아니요 썩지 아니할 씨로 된 것이니 하나님의 살아 있고 항상 있는 말씀으로 되었느니라

○ 구원은 내가 도 을(종교) 쌓아 만드는 것이 아니요 하나님의 말씀이 내 안에 잉태되어 (떨어져) 자라가면서 하나님을 찾아가는 것입니다.

○ 오직 하나님의 선물이며 예수님을 믿는 성도는 항상 말씀에 복종(순종)하여 떨림과 두려움으로 우리의 (나) 구원을 이루어 가야 함이라.

(빌2:12~13) 그러므로 나의 사랑하는 자들아 너희가 나 있을 때뿐 아니라 더욱 지금 나 없을 때에도 항상 복종하여 두렵고 떨림으로 너희 구원을 이루라

13, 너희 안에서 행하시는 이는 하나님이시니 자기의 기쁘신 뜻을 위하여 너희로 소원을 두고 행하게 하시나니

○ 예수님을 믿는 성도라면 하늘에 소원(소망)이 있어야 한다. (롬8:24~25)

○ 그래서 우리에게는(나) 인내가 필요하다 (히 10:36~39)

② 하나님이 우리를 인도하시는 이유?

○ 첫째는 영이요 생명의 말씀(천국 복음)을 먹이시기 위해서입니다.

(겔 2:8) 인자야 내가 네게 이르는 말을 듣고 그 패역 한 족속같이 패역 하지 말고 네 입을 벌리고 내가 네게 주는 것을 먹으라 하시기로 (먹는다는 것은 = 하나 되는 것을 의미한다.)

○ 하나님께서는 아무거나 먹지 말고 오직 무교 병을 (출 12:15)

먹어라 하신다.

(요 6: 63) 살리는 것은 영이니 육은 무익하니라 내가 너희에게 이른 말이 영이요 생명이라

ㅇ 오직 무교 병 천국복음 영이요 생명의 말씀을 먹는 자만이 내 안에 있는 속사람(새로운 피조물이 자라납니다.

(고후 5:17) 그런즉 누구든지 그리스도 안에 있으면 새로운 피조물이라 이전 것은 지나갔으니 보라 새 것이 되었도다

"어떻게 먹어야 하는가?"

(벧전 2: 2) 갓난 아이들같이 순 전하고 신령한 젖을 사모하라 이는 이로 말미암아 너희로 구원에 이르도록 자라게 하려 함이라

ㅇ 어린아이는 잘 먹고 잘 싸야 건강하게 잘 자란다.

(벧전 2:1) 그러므로 모든 악독과 모든 궤휼과 외식과 시기와 모든 비방하는 말을 버리고

ㅇ 신령한 젖을 잘 먹고 , 잘 싸고 ,잘 자라면 ,하나님께서 지혜를 주시고 은혜를 내려주심

(눅2:40) 아기가 자라며 강하여지고 지혜가 충족하며 하나님의 은혜가 그 위에 있더라

③ 하나님께서 원하시는 장성한 분량까지 자라나야 한다.

(엡4:13) 우리가 다 하나님의 아들을 믿는 것과 아는 일에 하나가 되어 온전한 사람을 이루어 그리스도의 장성한 분량이 충만한 데까지 이르리니

ㅇ 하나님의 말씀을 바로 알고 하나님의 아들을 믿는 것과 하는 일에 온전해야 합니다.

(예 : 요셉 예수님) = 30살 때부터...

5) 구원의 결과

① 낮은 몸이 → 영광의 몸으로 변함이라.

(빌3:21) 그가 만물을 자기에게 복종케 하실 수 있는 자의 역사로 우리의 낮은 몸을 자기 영광의 몸의 형체와 같이 변케 하시리라

② 예수님의 신부가 되어 있음

○ 예수님의 신부는 반드시 의에 세 마포를 입어야 합니다.

(계 19:7~8) 우리가 즐거워하고 크게 기뻐하여 그에게 영광을 돌리세 어린 양의 혼인 기약이 이르렀고 그 아내가 예비하였으니 8, 그에게 허락하사 빛나고 깨끗한 세 마포를 입게 하셨은 즉 이 세 마포는 성도들의 옳은 행실 이로다 하더라

○ 신부는 신랑만 잘 만나면 팔자가 바뀌어진다.

○ 이런 자들이 왕 같은 제사장들이며 면류관을 쓰고 왕 노릇 할 자임이라.

(살전 2:19~20) 우리의 소망이나 기쁨이나 자랑의 면류관이 무엇이냐 그의 강림하실 때 우리 주 예수 앞에 너희가 아니냐 20, 너희는 우리의 영광이요 기쁨이니라

○ 그래서 구원의 진리를 알고 예수님을 믿고 증거 하여야 한다 이런 자들이 하나님의 자녀이고 백성입니다. (히 8:10)

2. 개인 구원과 몸의 구원

(본문) (고전 12:23~13절) 몸은 하나인데 많은 지체가 있고 몸의 지체가 많으나 한 몸과 같이 그리스도도 그러하니라 13, 우리가 유대인이나 헬 라인이나 종이나 자유 자나 다 한 성령으로 세례를 받아 한 몸이 되었고 또 다 한 성령을 마시게 하셨느니라

○ 일반적으로 많은 신도들이 개인 구원은 다 알고 있으면서도 몸의 구원(교회)은 모르면서 신앙생활을 하고 있다.

○ 그러나 "기독교인이라면" 알아야 할 것은(본문)(고전 12:12~13) 말씀처럼 그리스도의 지체로서 한 몸으로 함께 한 성령으로 이루어지고 있음을 깨달아야 할 것입니다.

○ 그래서 구원에도 두 가지가 있다.

"㉮" 개인 구원: 내가 하나님의 은혜로 예수님을 영접하고 믿어 구원을 얻음

"㉯" 몸의 구원: 그리스도의 몸 된 교회의 구원

1. 개인 구원

○ 내가 하나님의 은혜로 예수님을 영접하고 얻은 구원을 말하며 모든 공로는 하나님께 있고 십자가에서 흘려주신 보혈의 피로 죄 사함을 받은 은혜입니다(행 20 : 28, & 엡 1 : 7)

(롬 4 : 7~8) 그 불법을 사하심을 받고 그 죄를 가리우심을 받는 자는 복이 있고 8. 주께서 그 죄를 인정치 아니하실 사람은 복이 있도다 함과 같으니라

○ 이렇게 죄 사함 받은 자들을 행복한자 거룩한 자들이라 하며 이런 자들을 하나님께서는 모든 행실에서도 거룩한 자가 되라 하십니다.

(벧전1:15~16) 오직 너희를 부르신 거룩한 자처럼 너희도 모든 행실에 거룩한 자가 되라 16 기록하였으되 내가 거룩하니 너희도 거룩할지어다 하셨느니라

○ 이런 자들이 행복한 자이며 하나님의 복을 받는 복 덩어리 들입니다.

예) 기드온 : 보리 떡 한 덩어리(삿 7:12~13)

아브람 : 하나님이 택하자 (창 13:14~15)

○ 이렇게 복 있는 자들이 되기 위해서는 하나님의 영 그리스도의 영 성령이 내 안에 있어야 하나님의 자녀이며 (롬8:14~16) 이런 자들

을 그리스도인이라 칭합니다.

(롬 8:9) 만일 너희 속에 하나님의 영이 거하시면 너희가 육신에 있지 아니하고 영에 있나니 누구든지 그리스도의 영이 없으면 그리스도의 사람이 아니라

○ 그래서 성령을 통하여 우리가(나) 하나님의 자녀임을 증거 받고 새로운 피조물임을 (거듭남) (고후 5 :17) 인정받음이라. / 이런 자들이 하나님께 "구원받은" 자녀이며 후사들입니다.

(1) 구원이란 무엇인가?

○ 흑 암에서 자유(골 1:13~14) 미움, 시기, 질투, 걱정, 근심, 사망, 불안에서, 자유, 질병, 에서 모든 메임에서 자유 함이라. 마귀 세상에서 벗어나 해방 받는 것이 구원입니다.

○ 이렇게 구원받고 해방 받는 자들이 그리스도 안에서 내 이웃을 내 몸과 같이 사랑하고 그리스도의 몸 된 교회를 세워갈 수 있습니다.

(갈 5:13~14) 형제들아 너희가 자유를 위하여 부르심을 입었으나 그러나 그 자유로 육체의 기회를 삼지 말고 오직 사랑으로 서로 종 노릇 하라 14. 온 율법은 네 이웃 사랑하기를 네 몸같이 하라 하신 한 말씀에 이루었나니

○ 성령이 임한자 들은 우리가(나) 그리스도 안에서 한 형제요 자매임을 알아 (요 19:34 &요일 5:6~8) 사랑으로 함께 지어져 갑니다.

2. 몸의 구원

(고전 12:12~13) 몸은 하나인데 많은 지체가 있고 몸의 지체가 많으나 한 몸과 같이 그리스도도 그러하니라.

13. 우리가 유대인이나 헬 라인이나 종이나 자유자나 다 한 성령으로 세례를 받아 한 몸이 되었고 또 다 한 성령을 마시게 하셨느니라.

(1) 몸: 그 안에는 지체가 많은데 지체가 연합하여 한 몸을 이루고

(즉 그리스도의 몸 = 교회, 피조물과 피조물이 연합한 곳이 교회이다.

　(마18:20)=예수님이 함께하신 곳이 교회이며 천국입니다.

　○ 우리가 교회에서 연합이 안 되는 것은 나을 마귀가 잡고 있기 때문이다. (각인이 자신을 점검해 봅시다)

　(암 3:3) 두 사람이 의합 지 못하고야 어찌 동행하겠으며

　예) 에녹 창 5:24 에녹이 하나님과 동행하더니 하나님이 그를 데려가시므로 세상에 있지 아니하였더라

　"연합 할수 있는 방법"

　(히 8:10) 또 주께서 가라사대 그 날 후에 내가 이스라엘 집으로 세울 언약이 이것이니 내 법을 저희 생각에 두고 저희 마음에 이것을 기록하리라 나는 저희에게 하나님이 되고 저희는 내게 백성이 되리라

　○ 하나님께서 내 생각과 마음을 생명의 말씀으로 지배하고 다스릴 때 그때 하나가 됨

　오직 무교 병인 (출 12:15) 생명의 말씀 하늘에서 내려온 산 떡으로만 하나가 되어 한 몸에 연합할 수 있습니다(신 24:6)

　○ 우리가(나) 맷돌 안에 들어가 깨어지고 부서지고 석이여 물(생명수=생명의 말씀)이 들어가면 한 덩어리의 떡으로 거듭날 수 있다(삿 7:12~13)

　〈비유〉 = (보리는=가난한 자 즉 마음을 비운 자)

　(2) 본 문(고전 12:12~13) 몸을 이룰 수 있는 것은 13절) 말씀처럼 한 성령으로 세례를 받고 성령을 마시고(먹으면 하나 됨) 성령의 지배함을 받을 때 하나의 몸을 이룰 수 있다

　○ 내 생각도 성령 충만 내 마음도 성령 충만 내 삶도 성령 충만 성령에 충만한 기름 부음을 받을 때 나는 간곳없고 오직 예수님만 나타나고 그럴 때 예수 안에서 하나가 됨이라

(오직 말씀 충만, 기도 충만, 성령 충만 함이라)

(3) 증 거 (증인)

○ 내가 말씀에 잡히고 성령이 충만할 때 내 이웃을 나보다 낫게 여기고 사랑으로 하나 될 수 있음이라

(빌 2 :3) 아무 일에든지 다툼이나 허영으로 하지 말고 오직 겸손한 마음으로 각각 가기 보다. 남을 낫게 여기고

○ 마지막 때는 꼭 성령세례를 받고 성령에 기름 부음을 충만함으로 받아 생명의 말씀(무교 병=예수님)을 생각하고 마음에 기록할 때 능력이 나타나 예수님을 증거(증인) 할 수 있다

(전 2:24) 사람이 먹고 마시며 수고하는 가운데서 심령으로 낙을 누리게 하는 것보다 나은 것이 없나니 내가 이것도 본즉 하나님의 손에서 나는 것이로다

○ 생명 말씀을 먹을 때 (겔 2:8)하나님과 하나 될 수 있으며 성령이 교회들에게 하시는 말씀을(계2:7) 들을 수 있어 예수님을 증거하며 증인의 삶을 누리며 살아갈 수 있습니다.

(4) 몸의 구성

(고전 12:27) 너희는 그리스도의 몸이요 지체의 각 부분이라

몸, 지체, 부분: 부분이 연합하여 지체가되고 지체가 연합하여 몸을 이룹니다.

○ 유대인이나 헬 라인이나 종이나 자유 자나 성령세례를 받으면 인간적으로 자기의 의는 다 죽고(사라지고) 예수 안에서 한 몸을 세워 갈 수 있습니다.

○ 그래서 하나님께서는 개인 구원도 이루고 몸의 구원(그리스도의 몸=교회)도 이루길 원하십니다.

(5) 몸의 표현

 ○ 성경에서 몸을 각각 다르게 표현하였는데 영적인 뜻은 같은 내용이며 통형 문자 안에 진리가 숨어 있습니다.

 예) 집 ⇒ 교회 ⇒ 그리스도의 몸 ⇒ 성 예루살렘 ⇒ 신부

 ① 집 = (교회)

 (딤전 3:15) 만일 내가 지체하면 너로 하나님의 집에서 어떻게 행하여야 할 것을 알게 하려 함이니 이 집은 살아 계신 하나님의 교회요 진리의 기둥과 터이니라

 ○ 하나님은 계시는데 보이는 건물인 교회에 계신 것이 아니고 보이지 않는 교회(성도) 안에 계심이라. (하늘나라=천국 되어 살아가는 자)

 (엡1:23) 교회는 그의 몸이니 만물 안에서 만물을 충만케 하시는 자의 충만이니라

 〈참조〉(골1:18) 그는 몸인 교회의 머리라 그가 근본이요 죽은 자들 가운데서 먼저 나신 자니 이는 친히 만물의 으뜸이 되려 하심이요 "교회의 머리 되신 예수님"

 ○ 집에는 반드시 가장이 있어야 합니다.

 하나님이 거하시는 집(교회)에는 반드시 머리 되신 그리스도 예수님이 계셔야만 인도함을 받을 수 있습니다.

 ○ 그래야만 집에(교회) 질병, 미움, 질투 시기가 들어오지 못한다. (흑 암의 권세자가 틈타지 못하고 들어오지 못한다)

 ② 예루살렘 = (신부)

 (계 21:2) 또 내가 보매 거룩한 성 새 예루살렘이 하나님께로 부터 하늘에서 내려오니 그 예비한 것이 신부가 남편을 위하여 단장한 것 같더라

○ 성에는 성의 주인이 사는데 성주는 자기의 종들을 자기의 뜻대로 다스리고 통치한다 (성주는 = 예수님이 십니다)

○ 성 예루살렘은 하늘나라를 의미하는데(상징) 하늘 나라는 하나님의 뜻대로 다스린다.

(삼상 2:6~7) 여호와는 죽이기도 하시고 살리기도 하시며 음부에 내리게도 하시고 올리기도 하시는 도다 7,여호와는 가난하게도 하시고 부하게도 하시며 낮추기도 하시고 높이기도 하시는 도다

○ 우리의 피조물들은 하나님의 주권 아래서 하나님의 뜻에 순종하고 따를 때 이 세상을 다스리는 삶을 누릴 수 있습니다.

○ 이 성 예루살렘 성전은 사람의 힘으로는 지을 수 없고, 예수님의 부활 생명으로만 지을 수 있습니다.

(요 2:18~22)이에 유대인들이 대답하여 예수께 말하기를 네가 이런 일을 행하니 무슨 표적을 우리에게 보이겠느뇨.

19, 예수께서 대답하여 가라사대 너희가 이성 전을 헐라 내가 사흘 동안에 일으키리라

20, 유대인들이 가로되 이 성전은 사십 육 년 동 안에 지었거늘 네가 삼일 동안에 일으키겠느뇨 하더라

21, 그러나 예수는 성전 된 자기 육체를 가리켜 말씀 하신 것이라

22, 죽은 자가 운 데서 살아나신 후에야 제자들이 이 말씀 하신 것을 기억하고 성경과 및 예수의 하신 말씀을 믿었더라.

○ 성 예루살렘 성전은 부활 생명으로 거듭난 자들이 성령으로 함께 세워가 는(지어가는) 성전을 말한다

(고전 3 : 1 6) 너희가 하나님의 성전인 것과 하나님의 성령이 너희 안에 거하시는 것을 알지 못하느뇨

○ 이런 자들이 그리스도 안에서 성령으로 함께 그리스도의 몸 된 교회를 지체가 되어 세워 감 (지어감)

(엡 2: 20 ~ 22) 너희는 사도들과 선지자들의 터 위에 세우심을 입은 자라 그리스도 예수께서 친히 모퉁이 돌이 되셨느니라

21, 그의 안에서 건물마다 서로 연결하여 주 안에서 성전이 되어 가고 22, 너희도 성령 안에서 하나님의 거하실 처소가 되기 위하여 예수 안에서 함께 지어져 가느니라.

○ 그래서 몸에 구원은 그리스도 안에서 각 지체가 연합하여 사랑으로 지어져 갈 때 구원을 이루 어 갈수 있습니다 =할렐루야, 아멘=

3, 영 혼 몸의 구원

본문 (살전 5:23 절) 평강의 하나님이 친히 너희로 온전히 거룩하게 하시고 또 너희 온 영과 혼과 몸이 우리 주 예수 그리스도 강림하실 때에 흠 없게 보전되기를 원하노라.

○ 하나님이 사람을 창조하시고 에덴동산에서 함께 동행 하시며 사랑의 대화를 나누실 때 까지는 하나님의 형상과 (창1:26~27) 그리스도의 본성과 성령님의 인격으로 신령한 사람으로서 (고전 2:13~15) 여호와 하나님과 소통하며 믿음의 관계를 맺고 있었다

○ 그러나 사람이 (사탄) 마귀의 유혹에 넘어가 하나님이 금기시한 선 악과 을 (창 3:6) 따먹음으로 인하여 에덴동산에서 쫓겨남으로 마귀(사탄)의 종으로 타락하므로 하나님의 신(영)이 떠나 (창 6:3) 하늘의 형상을 입은 신령한 사람에서 흙에 속한 사람의 형상을 입은 자로 (고전 15:47~49) 이 땅에서 살아가고 있는 것이다

○ 그리함으로 인하여 이 땅에서 살아가는 자들은 (창 5:3) 죄인 된 아담의 형상을 갖고 태어남으로 인하여 (시51:5) 죄악 중에 잉태되어 태어 남으로 "원죄"를 갖고 하나님의 생명에서 떠난 자들이 된 것이다

(엡 4:18) 저희 총명이 어두워지고 저희 가운데 있는 무지함과 저

희 마음이 굳어짐으로 말미암아 하나님의 생명에서 떠나 있도다

　　○ 그러나 하나님은 사랑이시라 (요일4: 8) 세상을 이처럼 사랑하사 하나님의 독생자 아들을 보내 주시어 (요3:16) 죄인 된 우리 (나)를 긍휼히 여기사 십자가에서 피 흘려 죽으심으로 (롬 5: 8) 사랑을 나타내 주시고 또한 피와 물을 (요19: 34) 흘려 주시어 우리를(나) 죄를 사함 시켜 주시고 (엡1:7) 하나님의 거룩함에 동참케 하여 주시어 (벧전1:15~16) 새로운 피조물로 (고후5:17) 이 땅에서도 하나님의 형상을 입은 사람으로 살아가게 하여주신 은혜를 감사드립니다.

　　(고후5:17) 그런즉 누구든지 그리스도 안에 있으면 새로운 피조물이라 이전 것은 지나갔으니 보라 새것이 되었도다

　　○ 새로운 피조물로 거듭난 사람은 십자가의 피로 하나님과 화평을 이룸으로 인하여 (골 1:20) 땅에 있는 것들이나 하늘에 있는 것들이 화목 되어 하나님과 교통하며 (엡 1:10) 통일되어 이 땅에서도 에녹과 같이(창 5:24) 천국 되어 여호와 하나님과 동행하는 "삶을" 누리면서 생명 나무가 되시는(계 2:7) 예수님을 먹고 (요 6: 53) 부활 생명의 향기를 날리며 (고후 2:14~16) 많은 영혼들을 하나님께로 인도하는 별과 같은 빛을 내는 (단 12:3) 성도들이 될 것이다

　　(단 12: 3) 지혜 있는 자는 궁창의 빛과 같이 빛날 것이요 많은 사람을 옳은 데로 돌아오게 한 자는 별과 같이 영원토록 비취리라

　　"그러면 어떻게 하여야 영과 혼과 몸이 다시금 하나님의 형상과 그리스도의 본성과 성령님의 인격으로 변화할 수 있을까?

　　(창1: 26~27) 하나님이 가라사대 우리의 형상을 따라 우리의 모양대로 우리가 사람을 만들고 그로 바다의 고기와 공중의 새와 육축과 온 땅과 땅에 기는 모든 것을 다스리게 하자 하시고 27, 하나님이 자기 형상 곧 하나님의 형상대로 사람을 창조하시되 남자와 여자를 창조하시고

1. 영에 구원 (과거 형)

○ 여호와 하나님의 전적인 주권적인 은혜로 구원을 받을 수 있으며 오직 하나님의 값없는 선물이기 때문에 우리는(나) 아멘으로 화답하며 받기만 하면 된다 (즉, 마음으로 영접하면 된다 (요 1:12~13)

(엡 5:8) 너희가 그 은혜를 인하여 믿음으로 말미암아 구원을 얻었나니 이것이 너희에게서 난 것이 아니요 하나님의 선물이라 (하나님이 주시는 선물 = 예수님)

○ 하나님의 주권적인 은혜로 주신 선물 (예수님=성령)을 내 마음에 영접하면 다시금 신령한 사람으로서(고전2:13~15) 하나님의 소리를 들을 수 있으며 (말씀분별) 굳었던 마음이 부드러운 마음으로 변화받는 체험 신앙인이 된다 (증인)

(1) 영이 변화 받는 현상

(겔 11:19) 내가 그들에게 일치한 마음을 주고 그 속에 새 신을(영) 주며 그 몸에서 굳은 마음을 제하고 부드러운 마음을 주어서

○ 하나님께서 베풀어주시는 영(성령)이 우리에게(나) 임하여야 나의 마음이 변화를 받아 하나님께서 언약하신 율례와 규례를 순종하며 따르고 지켜나갈 수 있다

(겔11:20) 내 율례를 좇으며 내 규례를 지켜 행하게 하리니 그들은 내 백성이 되고 나는 그들의 하나님이 되리라

○ 하나님의 영(예수님)이 나에게 임하는 자여 야만이 심령이(마음) 변화 받아서 하나님의 언약에 말씀에 순종하며 따를 수 있습니다.

○ 이런 자들이 하나님의 말씀을 분별할 수 있으며 성령이 (계 2:7) 교회들에게 하시는 말씀을 들을 수 있습니다.

(겔 36:26~27)또 새 영을 너희 속에 두고 새 마음을 너희에게 주되 너희 육신에서 굳은 마음을 제하고 부드러운 마음을 줄 것이며

27, 또 내 신을 너희 속에 두어 너희로 내 율례를 행하게 하리니 너희가 내 규례를 지켜 행할지라

ㅇ 하나님의 영(성령)이 임한 자에게는 하나님께서 창조에 역사의 일을 시작하십니다.

(2) 새롭고 산길이 열림

ㅇ 그래서 예수님께서는(요14:6) 내가 곧 길이요 진리요 생명이니 나로 말미암지 않고서는 아버지께로 올 자가 없으니라 말씀하고 있습니다.

(사 43:18~19) 너희는 이전 일을 기억하지 말며 옛적 일을 생각하지 말라 19, 보라 내가 새 일을 행하리니 이제 나타낼 것이라 너희가 그것을 알지 못하겠느냐 정녕 히 내가 광야에 길과 사막에 강을 내리니

ㅇ 이런 자들이 새로운 피조물로서 (고후5:17) 오직 하늘에 소망을 두고 (롬 8:24~25) 인내하며 위에 것을 찾으며 땅에 것들을 생각지 않음이라.

(골3:1~3) 그러므로 너희가 그리스도와 함께 다시 살리심을 받았으면 위에 것을 찾으라 거기는 그리스도께서 하나님 우편에 앉아 계시느니라 2, 위에 것을 생각하고 땅에 것을 생각지 말라 3, 이는 너희가 죽었고 너희 생명이 그리스도와 함께 하나님 안에 감추었음이니라.

ㅇ 이런 자들이 영이 거듭난 자들이며 하나님의 자녀(양자)로서 (롬 8:14-16) 하나님을 아바 아버지라 부르며 성령에 인도함을 받는 자들이 됩니다.

2. 혼에 구원 (현재형)
ㅇ 영은 마음(심령)에서 역사 하지만 우리의 혼은 생각에서 역사하

므로 인하여 현실 안에서 보고 느끼는 대로(감정) 나의 의에 따라서 역사합니다.

○ 내가 성령이 임하여 거듭났을지라도 내가 누구에게 순종하는 하느냐에(나의 의) 순종하는 자의 종이 되는 것이다

(롬 6:16) 너희 자신을 종으로 드려 누구에게 순종하든지 그 순종함을 받는 자의 종이 되는 줄을 너희가 알지 못하느냐 혹은 죄의 종으로 사망에 이르고 혹은 순종의 종으로 의에 이르느니라

○ 그래서 우리가 (나) 예수님을 믿는다 하면서도 세 상영(마귀)에 (고전 2:12) 사로잡히어서 순종하여 종노릇하면서도 예수 믿는다고 입으로는 주여, 주여 (마 7: 21) 하는 자들 때문에 현시대에 교회가 세상 사람들에게 욕됨을 당하는 것이다

○ 그러므로 인하여 하나님께서는 우리에게 마음에 소원을 두고 하나님의 기뻐하시는 뜻이 무엇인지 행하라 하십니다.

(빌 2:13) 너희 안에서 행하시는 이는 하나님이시니 자기의 기쁘신 뜻을 위하여 너희로 소원을 두고 행하게 하시나니

○ 예수님을 믿는 성도라면 내 안에서 역사하시는 성령님의 뜻을 따라 순종하여야 하며 (내 양심을 속이지 않아야 성령의 사람이 될 수 있다.)

(1) 혼에 구원을 이루기 위해서는 어떻게 해야 하는가?

○ 아기가 갓 태어나면 엄마의 젖을 잘 먹어야 자라고 살아갈 수 있듯 내가 성령으로 거듭났다 할지라도 영에 양식인 하늘에서 내려온 산 떡 (요 6: 51)을 (생명의 말씀 = 천국 복음) 먹지 아니하면 영이 다시금 죽어가므로(잠자는 자) 영에 눈도 떠 보지 못하고 자신의 의로 예수님을 믿는다면서 건물 된 예배당에 다니고 있는 것이다.

○ 그래서 하나님께서는 나 있을 때뿐 아니라 나 없을 때라도 두렵고

떨림으로 너희 구원을 이루라.

(빌 2:12)그러므로 나의 사랑하는 자들아 너희가 나 있을 때뿐 아니라 더욱 지금 나 없을 때에도 항상 복종하여 두렵고 떨림으로 너희 구원을 이루라

(2)구원을 이루기 위해서는?

○ 갓 아기처럼 젖을 잘 먹고 잘 자라고 잘 싸야 합니다.

(벧전 2:2) 갓 난 아이들같이 순진하고 신령한 젖을 사모하라 이는 이로 말미암아 너희로 구원에 이르도록 자라게 하려 함이라

○ 왜! 교회에 다니면서 예수님을 믿으면서도 영적으로 자라지 못하여 어린 아이들 같이 (고전 3:1~3) 육신에 속하여 땅에 일을 생각하며 말썽만 부리는가?

○ 하나님의 말씀을 갓난아기처럼 먹어라 했는데(겔 2 : 8절 : 인자야 내가 네게 이르는 말을 듣고 그 패역 한 족속같이 패역 하지 말고 네 입을 벌리고 내가 네게 주는 것을 먹으라 하시기로)

하나님의 말씀을 한 귀로 흘러 버리기 때문이다(아기가 먹지 않고 귀로 듣기만 하면 자라고 살아갈 수 있을까요?)

○ 아기는 잘 먹고 잘 싸야 자라나고 지혜도 자라납니다. (강하여 지고) 이렇게 잘 먹고 잘 자라는 자에게 하나님께서 지혜를 충족하여 주시며 늘 은혜가 함께하여 주십니다.

(눅 2: 40) 아기가 자라며 강하여지고 지혜가 충족하며 하나님의 은혜가 그 위에 있더라

○ 아기는 잘 먹고 잘 싸야 잘 자라나고 강하여 집니다.

(3) 무엇을 몸 밖으로 내어 보내야 하는가?

○ 아기가 잘 먹기는 하는데 잘 싸지 못하여 부모들에게 걱정 근심

을 주고 병원에가 물질적으로도 낭비를 시킨다(불효 입니다)

　ㅇ 예수님을 믿으면서도 하나님의 말씀을 잘먹은 자들도 먹는 만큼 싸지 않아 (밖으로 내어 보내지 않아) 옛사람, 옛 성질, 옛 버릇을 그 되로 갖고 있다 (하나님의 영광을 가립니다)

　ㅇ 그러면서도 자기는 거룩하고 경건하다고 한다

(딤후 3: 5) 경건의 모양은 있으나 경건의 능력은 부인하는 자니 이 같은 자들에게서 네가 돌아서라

　ㅇ 하나님께서는 이런 자들에게 제발 좀 싸고 먹어라 한다.

(벧전 2:1) 그러므로 모든 악독과 모든 궤휼과 외식과 시기와 모든 비방하는 말을 버리고

　ㅇ 그래서 예수님을 믿는 성도라면 십자가에서 흘러주신 (요 19:34) 생명수를 먹고 만물보다 거짓되고 심히 부패한 마음을 (렘 17:9) 씻어 내어야 함 (싸야 하는 비유 ⇒ 밖으로 내어 보내어야 한다.)

(엡 5:26~27) 이는 곧 물로 씻어 말씀으로 깨끗하게 하사 거룩하게 하시고 27. 자기 앞에 영광스러운 교회로 세우사 티나 주름 잡힌 것이나 이런 것들이 없이 거룩하고 흠이 없게 하려 하심이니라.

　ㅇ 잘 먹고 잘 싸고 잘 자라면 하나님께서는 하늘에서 무한정 먹을 것을 내려주신다.

(약 1:17) 각양 좋은 은사와 온전한 선물이 다 위로부터 빛들의 아버지께로 서 내려오나니 그는 변함도 없으시고 회전하는 그림자도 없으시니라

　ㅇ 하나님의 말씀은 영이요 생명의 말씀 (요 6: 63) (천국복음 = 생명수를 먹고 싸고 자라면 때가 되면 하나님을 아는 것과 믿는 것에 나의 영과 혼이 장성한 분량까지 자라나게 됩니다.

(엡4:13) 우리가 다 하나님의 아들을 믿는 것과 아는 일에 하나가

되어 온전한 사람을 이루어 그리스도의 장성한 분량이 충만한 데까지 이르리니

 ○ 거룩함을 입은 자들이 새 사람을 입 은자들이며 옛사람을 벗어 버린 사람 하늘의 형상을 입은 자라한다 (고전 15:49)

 (엡 4:22~24) 너희는 유혹의 욕심을 따라 썩어져 가는 구습을 좇는 옛사람을 벗어 버리고 23, 오직 심령으로 새롭게 되어 24, 하나님을 따라 의와 진리의 거룩함으로 지으심을 받은 새 사람을 입으라

 3. 몸에 구원 (미래형)

 (딤 후 4:18) 주께서 나를 모든 악한 일에서 건져내시고 또 그의 천국에 들어가도록 구원하시리니 그에게 영광이 세세 무궁토록 있을지어다 아멘

 ○ 여호와 하나님께서는 우리(나)의 낮은 몸을 자기에 영광의 몸의 형체와 같이하여 하나님의 거룩하심에 동참하게 하신다

 (빌 3:21) 그가 만물을 자기에게 복종케 하실 수 있는 자의 역사로 우리의 낮은 몸을 자기 영광의 몸의 형체와 같이 변케 하시리라

 ○ 예수님을 영접하고 하나님의 자녀로 거듭난 성도들은 하나님의 경륜 가운데서 창조의 역사로 오늘날도 살아서 하늘에 비밀을 알게 하시는 여호와 하나님께 영광과 찬송과 경배를 올리시길 축원 드립니다.

 (고전 15:51~52) 보라 내가 너희에게 비밀을 말하노니 우리가 다 잠잘 것이 아니요 마지막 나팔에 순식간에 홀연히 다 변화하리니 52, 나팔 소리가 나매 죽은 자들이 썩지 아니할 것으로 다시 살고 우리도 변화하리라

 ○ 여호와 하나님께서는 능치 못할 일이 없으시기 때문에 (렘 32:17) 오늘날에도 창조에 역사를 하시는 하나님께서는 우리를(나)

하늘에 속 한자의 형상을 입고 신령한 사람으로서 (고전 2:13~15) 이 땅에서 천국 되어 살아가면서 하늘에 신령한 복을 받고 (창1:28) 이 땅을 지배하고 다스리며 왕 같은 제사장으로 (벧전 2:9) "삶"을 즐겁고 행복하고 자유를 누리며 (해방된) 살아가는 하나님의 자녀와 백성들이 되시길 원하십니다. =아멘=

○ 예수님을 영접하고 하늘에 소망을 갖고 사시는 성도님 들은 하늘에 속한 자의 형상을 입고 살아가시길 예수님의 이름으로 축복합니다.

(고전15 : 49)우리가 흙에 속한 자의 형상을 입은 것같이 또한 하늘에 속한 자의 형상을 입으리라

(형상 = 모양 + 형체 (지체)

○ 예수님께서 저희를 보시며 가라사대 사람으로서는 할 수 없으되 하나님으로서는 다할 수

있느니라 (마 19: 26) =아 멘=

D. 구원에(의) 옷과 의의 겉옷

본문 (사 61:10 절) 내가 여호와로 인하여 크게 기뻐하며 내 영혼이 나의 하나님으로 인하여 즐거워하리니 이는 그가 구원의 옷으로 내게 입히시며 의의 겉옷으로 내게 더하심이 신랑이 사모를 쓰며 신부가 자기 보물로 단장함 같게 하셨음이라

○ 예수님을 영접하고 (요1 : 12~13) 믿는 성도라면 그리스도의 신부로서 구원의 옷과 (마3 : 11) 의에 겉옷

(갈 3 : 27) 세 마포를 입어야만 우리의(나) 신랑 되신 예수님을 기다리면서 예비하며 (마25 : 1~13) 성숙하고 아름다운 깨끗한 세 마포를 입고 왕 같은 제사장으로서 이 땅에서도 즐겁고 행복한 삶을 누리

면서 에 녹과 같이 하나님과 동행하면서 (창5 : 21~24) 천국 된 삶을 살아갈 것이다

ㅇ 그리스도 예수님의 신부라는 자들이 구원의 옷, 속옷 하나만 입고 예수님의 신부로서 예비하고 있다면 그 모습을 보는 이들의 .... (각인이 생각해 봅시다) 또한 의의 겉옷을 입었는데 신부가 속옷을 입지 않고 겉옷만 입고 있다면 그는 소경 된 바리세인처럼 (마 23 : 26~28) 겉은 아름답게 보일지라도 속은 회칠한 무덤처럼 사람의 뼈와 더러운 것들로 가득할 것이다

(마23 : 26~28) 소경 된 바리새인아 너는 먼저 안을 깨끗이 하라 그리하면 겉도 깨끗하리라. 27, 화 있을진저 외식하는 서기관들과 바리새인들이여 회칠한 무덤 같으니 겉으로는 아름답게 보이나 그 안에는 죽은 사람의 뼈와 모든 더러운 것이 가득 하도다 28, 이와 같이 너희도 겉으로는 사람에게 옳게 보이되 안으로는 외식과 불법이 가득하도다

〈참조〉(겔 37 : 11절) 또 내게 이르시되 인자야 이 뼈들은 이스라엘 온 족속이라 그들이 이르기를 우리의 뼈들이 말랐고 우리의 소망이 없어졌으니 우리는 다 멸절되었다 하느니라.

ㅇ 그래서 하나님께서는 예수님을 영접하고 믿은 성도라면 속옷인 구원에 옷과 의의 겉옷을 입어 속과 겉이 다 깨끗하여 그리스도의 예수님의 신부로서 예비 된 삶을 이 땅에서 사시기를 원하십니다.

ㅇ 하나님께서는 의의 신부들이(군병) 되기 위 혜서는 예수님께서 십자가에서 입으시며 피 흘려주신 옷을 취하기를 원하십니다

(요 19:23~24) 군병들이(신부) 예수를 십자가에 못 박고 그의 옷을 취하여 네 깃에 나눠 각각 한 깃씩 얻고 속옷도 취하니 이 속옷은 호지 아니하고 위에서부터 통으로 짠 것이라 24, 군병들이 서로 말하되 이것을 찢지 말고 누가 얻나 제비 뽑자 하니 이는 성경에 저희가

내 옷을 나누고 내 옷을 제비 뽑나이다 한 것을 응하게 하려 함 이러라 군병들은 이런 일을 하고(군병들은 꼭 이런 일을 하여 속옷과 겉옷을 취하여야 할 것이다)

○ "왜! 군병들은 속옷과 겉옷을 취하려 하였을까?"(영적 교훈)

○ 하나님의 말씀은 영이요 생명이며 하나님에 말씀에는(사34:16) 다 짝이 있음(성령을 통하여 알 수 있습니다. (고전 2 : 10) 오직 하나님이 성령으로 이것을 우리에게 보이셨으니 성령은 모든 것 곧 하나님의 깊은 것이라도 통달하시느니라

○ 살리는 것은 영에 말씀입니다.

(요 6 : 63) 살리는 것은 영이니 육은 무익하니라 내가 너희에게 이른 말이 영이요 생명이라

○ 예수님이 십자가에서 입고 피 흘려주신 옷은 생명의 말씀을 뜻하고 있음 (피 = (레 17 : 11) 피는 생명이라)

(계 19:13) 또 그가 피 뿌린 옷을 입었는데 그 이름은 하나님의 말씀이라 칭하더라 =아멘=

○ 그래서 의의 군병들은 예수님의 옷을 취하여야 함 그런 자들이 의의 군병이 될 수 있으며 이런 자들이 그리스도의 성도로서 예수님의 성숙한 신부들이 될 수 있다)

○ 그러므로 예수님을 영접하고(요1:12~13) 믿는 성도 의의 겉옷을 덧입고자 노력하고 열심을 내어야 한다

(고후5 :4) 이 장막에 있는 우리가 짐 진 것같이 탄식하는 것은 벗고자 함이 아니요 오직 덧입고자 함이니 죽을 것이 생명에게 삼킨 바 되게 하려 함이라.

1. 어떻게 하여야 구원에 속옷을 입을 수 입을 수 있을까요?

○ 구원에 속옷은 (요 19:24) 제비에 뽑혀야 함 오직 하나님의 주

권에 맡기는 것이며 하나님의 은혜입니다.

(엡 2:8)너희가 그 은혜를 인하여 믿음으로 말미암아 구원을 얻었나니 이것이 너희에게서 난 것이 아니요 하나님의 선물이라.

구원에 속옷을 입은 자들에게만 하나님의 의가 되시는 예수님의 형상이 나타나기 시작함(고전 15: 49)

(롬 1:17)) 복음에는(계 19:13) 하나님의 의가 나타나서 믿음으로 믿음에 이르게 하나니 기록된바 오직 의인은 믿음으로 말미암아 살리라

○ 그래서 (본문 사61:10) 신부가 자기 보물로 단장함 같게 하셨음이라 하였읍니다

○ 왜! 자기의 보물로 자신(신부)을 단장하라 하셨을까? 여기서의 보물은(영적으로) 예수님을 상징하고 있읍니다.

(골 2: 3) 그 안에는 지혜와 지식의 모든 보화가 감취어 있느니라

○ 그래서 하나님의 말씀은 사사로이 풀어서는 아니되며 (벧후 1: 20-21) 오직 성령이(고전2:10) 교회에 하시는 말씀을 통하여 깨닫고 (요1: 5) 대언 (계19:10) 선포하여야 합니다

○ 하나님의 의(예수님)가 되시는 예수님 즉 구원에 속옷을 입은 자들에게 예수님의 형상이 나타나기 시작하는데 이 때을 영적으로 거듭 난자 새로운 피조물 이라합니다.

(고후 5:17) 그런즉 누구든지 그리스도 안에 있으면 새로운 피조물이라 이전 것은 지나갔으니 보라 새 것이 되었도다

○ 이렇게 새로운 피조물로 거듭난 자들을 영적으로 거듭난 아기라 한다

○ 아기가 거듭 났으면 신령한 젖을 먹어야 살수 있으며 자라갑니다.

(1) 먹어야 산다(겔2:8) &(요6:51)

(벧전2:2) 갓난 아이들같이 순전하고 신령한 젖을 사모하라 이는 이로 말미암아 너희로 구원에 이르도록 자라게 하려 함이라

○ 어린 아이가 젖을 잘 먹고 잘 싸야 병에 걸리지 않고 잘 자란다

(2) 먹는 만큼 잘 싸야한다
(벧전2:1) 그러므로 모든 악독과 모든 궤휼과 외식과 시기와 모든 비방하는 말을 버리고
○ 어린아이는 잘 먹고 잘 싸면 자라나게 된다 이런 자들이 강하고 튼튼하게 자라는 것이다

(3) 먹고 싼 만큼 자라나게 된다
(눅2:40)아기가 자라며 강하여지고 지혜가 충족하며 하나님의 은혜가 그 위에 있더라
○ 아기는 잘 먹고 잘 싸고 건강하고 강하게 자라면 하나님께서 은혜를 베풀어 주십니다.

(4) 잘 자라고 튼튼하기 위해서는 자주 깨끗이 씻어야한다.
(엡5:26~27) 이는 곧 물로 씻어 말씀으로 깨끗하게 하사 거룩하게 하시고 27자기 앞에 영광스러운 교회로 세우사 티나 주름잡힌 것이나 이런 것들이 없이 거룩하고 흠이 없게 하려 하심이니라

(5) 이런 자들이 지각을 사용하는 자들임
(히5:13~14) 대저 젖을 먹는 자마다 어린아이니 의의 말씀을 경험하지 못한 자요 14, 단단한 식물은 장성한 자의 것이니 저희는 지각을 사용하므로 연단을 받아 선악을 분별하는 자들이니라

(6) 장성한 분량까지 우리가(나) 자라나야 하나님을 아는 것과 믿는 것에 온전하여져 이런 자들이 의의 군병(그리스도의 신부)이 되어

예수님의 증인에 삶을 증거할 수 있음

(엡4:13) 우리가 다 하나님의 아들을 믿는 것과 아는 일에 하나가 되어 온전한 사람을 이루어 그리스도의 장성한 분량이 충만한 데까지 이르리니

○ 이런 자들이 단단한 식물을 먹을 수 있는 천부장들입니다.

(삼상17:17~18) 이새가 그 아들 다윗에게 이르되 네 형들을 위하여 이 볶은 곡식 한 에바와 이 떡 열 덩이를 가지고 진으로 속히 가서 네 형들에게 주고 18, 이 치즈 열 덩이를 가져다가 그들의 천부장에게 주고 네 형들의 안부를 살피고 증표를 가져오라

2. 그러면 의의 겉옷은 어떻게 입을수 있는가?
○ 의에 겉옷은 내가 예수님과 함께 십자가에서 세례를 받아야 입을 수 있다

(갈3:27) 누구든지 그리스도와 합하여 세례를 받은 자는 그리스도로 옷 입었느니라

○ 세례를 받는 다는 것은 내가 물 속에 들어가서 죽는다는 것을 말함이요 오직 그리스도와(기름부음 받는자)합하여 세례 받을때 그의 부활을 본받아 연합한 자가 됩니다..

(롬6:5~6) 만일 우리가 그의 죽으심을 본받아 연합한 자가 되었으면 또한 그의 부활을 본받아 연합한 자가 되리라 6, 우리가 알거니와 우리 옛 사람이 예수와 함께 십자가에 못 박힌 것은 죄의 몸이 멸하여 다시는 우리가 죄에게 종 노릇 하지 아니하려 함이니

○ 이때 내가 십자가에서 죽었다는 것은 나의 지체를(나의 의) 죽이라는 것이다

(골3:5) 그러므로 땅에 있는 지체를 죽이라 곧 음란과 부정과 사욕과 악한 정욕과 탐심이니 탐심은 우상 숭배니라.

ㅇ 그래서 많은 목사님들이 예수님과 함께 죽고 부활생명으로 그리스도안에서 살아가기를 권면하고 있다

(갈2:20) 내가 그리스도와 함께 십자가에 못 박혔나니 (지체 = 나의 의 = 옛사람) 그런즉 이제는 내가 산 것이 아니요 오직 내 안에 그리스도께서 사신 것이라 이제 내가 육체 가운데 사는 것은 나를 사랑하사 나를 위하여 자기 몸을 버리신 하나님의 아들의 믿는 믿음 안에서 사는 것이라

ㅇ 이런 자들이 의의 겉옷을 입은 자들이며 그리스도로 옷을 입고 땅에 일을 생각지 아니하며 정욕을 위하여 육신의 일을 도모하지 않는 자들입니다.

(롬13:14) 오직 주 예수 그리스도로 옷 입고 정욕을 위하여 육신의 일을 도모하지 말라

ㅇ 육신의 욕심을 따라 썩어져 가는 옛 구습을 따르는 자는 아직도 예수님을 믿는다면서 입으로만 주여 주여 (마 7:21) 하는 자들이며 예수님의 생명에서 떠난 자들이라.

(엡4:18) 저희 총명이 어두워지고 저희 가운데 있는 무지함과 저희 마음이 굳어짐으로 말미암아 하나님의 생명에서 떠나 있도다

(1) 의의 겉옷 세 마포을 입기 위해서는 옛사람을 벗어야 한다.
(엡 4:22~24) 너희는 유혹의 욕심을 따라 썩어져 가는 구습을 좇는 옛사람을 벗어 버리고 23, 오직 심령으로 새롭게 되어 24 , 하나님을 따라 의와 진리의 거룩함으로 지으심을 받은 새 사람을 입으라

(2) 의의 겉옷을 입은 자들이 자유함 (해방)을 육체로 느끼며 (체험) 하나님의 율례와 규례를 지켜(겔 36:26-27) 그리스도의 사랑으로 내 이웃을 네 몸과 같이 사랑할 수 있습니다.

(갈 5:13~15절) 형제들아 너희가 자유를 위하여 부르심을 입었으나 그러나 그 자유로 육체의 기회를 삼지 말고 오직 사랑으로 서로 종 노릇 하라. 14, 온 율법은 네 이웃 사랑하기를 네 몸같이 하라 하신한 말씀에 이루었나니. 15, 만일 서로 물고 먹으면 피차 멸망할까 조심하라.

(3) 의의 겉옷은 (계19:13) 하나님의 생명의 말씀이기 때문에 살아서 운동력이 (히 4:12)있어 능력으로 역사합니다.

예) 혈루병 여인

(마9:20~21) 열두 해를 혈루증으로 앓는 여자가 예수의 뒤로 와서 그 겉옷 가를 만지니 21이는 제 마음에 그 겉옷만 만져도 구원을 받겠다 함이라

　○ 이 여인은 예수님의 겉옷을 (계 19:13) 만졌는데 그 옷에는 피가 있으며(레 17:11 생명=피) 그 옷은 하나님의 말씀, 생명의 말씀(천국복음) 이 겉옷을 만지는 순간 쑥 흘러 들어갔습니다. 그러므로 인하여 열 두해 동안 혈루증으로 살던 여인이 구원을 받았습니다.

　○ 이 여인에게 무엇이 역사하였습니까? 이 여인에게는 영이요 생명의 말씀(천국 복음 = 예수님)이 쑥 흘러 들어가 구원을 받았던 것입니다.

예) 베드로

(요21:7) 예수의 사랑하시는 그 제자가 베드로에게 이르되 주시라 하니 시몬 베드로가 벗고 있다가 주라 하는 말을 듣고 "겉옷"을 두른 후에 바다로 뛰어내리더라

　○ 예수님께서는 겉옷을 입고 바다에 들어가 잡은 생선을 가져오라 하시며 큰 고기 일백쉰세 마리만 잡수십니다

(요21:10~11) 예수께서 가라사대 지금 잡은 생선을 좀 가져오라 하신대 11, 시몬 베드로가 올라가서 그물을 육지에 끌어올리니 가득

히 찬 큰 고기가 일백쉰세 마리라 이같이 많으나 그물이 찢어지지 아니하였더라

예) 지금 잡은 고기라 아니하고 지금 잡은 생선이라 한 말은 생선은 죽은 고기를 부를 때 사용되는 용어로서 예수님께서는 거듭남의 비밀을 그 생선이라 하는 말씀을 갖고 영적으로 숨겨 두신 말씀 (갈 2:20절) 십자가의 죽음의 비유외 생명 부활의 의미를 깨닫고 가시길 축원합니다.

〈참조〉(요 4: 34절) 예수께서 이르시되 나의 양식은 나를 보내신 이의 뜻을 행하며 그의 일을 온전히 이루는 이것이니라 (153마리 = 영적으로 마지막 때 확실히 알곡이 된 자들을 뜻합니다.)

○ 큰 고기는 자라난 고기며 (창1:20~21) 하나님께서 복을 주어 바다 (세상)에 나가 생육하고 번성하라는 고기들 (증인들)입니다

○ 베드로가 겉옷을 입지 않고 잡은 고기들 (눅 5:5~7)은 심히 많이 잡았지만 그물이 찢어져 다 다시금 바다로 (세상) 나아가고 두 배에 가득 채우지만(현시대 교회) 배가 (교회) 가라앉아 잠기어 버리니 배에 가득 채운 고기 (신도)들이 다시금 바다로 (세상) 돌아가니 현시대의 한국과 유럽 세상 적인 건물로 된 교회의 모습이 아닐런지요?

○ 그래서 이 시대에도 겉옷을 입지 않고 고기들을 (신도) 낚고 있는 형상이라고 말할 수 있다. 죄인임을 깨닫고(눅 5:8절) 또한 아볼로 처럼 (행 18:24~25절) 성령세례를 받지 않고 열심으로 주에 도를 (말씀) 배워 예수에 관한 것을 선생 노릇하고 있는----(고전 4: 15) 자들은 구원에 옷(속옷 = 성령) 의의 겉옷(생명의 말씀 = 천국 복음 = 예수님)을 입고 그리스도 예수 안에서 복음으로 많은 신도들을 (종교인) 성도로 변화시켜 하나님께로 인도하는 하늘에 별 같은(단 12: 3) 예수님의 제자들이 되시기를 주님에 이름으로 축복합니다

예) 엘리사 (왕하 2:13~14) 엘리야의 몸에서 떨어진 겉옷을 주워 가지고 돌아와서 요단 언덕에 서서

14, 엘리야의 몸에서 떨어진 그 겉옷을 가지고 물을 치며 가로되 엘리야의 하나님 여호와는 어디 계시니이까 하고 저도 물을 치매 물이 이리저리 갈라지고 엘리사가 건너니라

    ○ 요단강을 건너기 위해서는 의의 겉옷이 꼭 필요하며 (수3:14) 언약궤 말씀) 하나님의 복음에 말씀이 없이는 요단강을 건널 수 없음을 알아야 할 것입니다 =할렐루야 , 아멘=

제 2 장. 부활 신앙

5, 나는 부활이요

본문 (요 11:25~26절) 예수께서 가라사대 나는 부활이요 생명이니 나를 믿는 자는 죽어도 살겠고 26, 무릇 살아서 나를 믿는 자는 영원히 죽지 아니하리니 이것을 네가 믿느냐

○ 믿음은 바라는 것들의 실상이며 보지 못하는 자들에게 증거니 (히11:1)

○ 많은 신도들은 예수님을 믿으며 살아가면서도 부활 생명이 없이 나의 의로 예수님을 믿으며 막연한 생각으로 죽어서 천국에 가고픈 바램으로 건물 된 예배당에 다니면서 예수님을 믿는 믿음 생활을 하고 있다

○ 그러나 부활 생명으로 거듭난 성도들은 이 땅에서도 왕 같은 제사장으로서 (벧전 2:9) 하나님의 자녀로서(롬 8:14~16) 하나님께서 내려주시는 복을 받고 (창 1:28) 모든 생물을 다스리면서 천국 된 "삶"을 살아가고 있는 것이다.

(창 1:28) 하나님이 그들에게 복을 주시며 그들에게 이르시되 생육하고 번성하여 땅에 충만하라, 땅을 정복하라, 바다의 고기와 공중의 새와 땅에 움직이는 모든 생물을 다스리라 하시니라

○ 여호와 하나님께서는 언약의 말씀을 하시고 하나님의 경륜 가운데서 (엡 1: 9) 때를 따라 이루어 가시는 신실한 분이시다

(마 28:6~7) 그가 여기 계시지 않고 그의 말씀하시던 대로 살아나셨느니라 와서 그의 누우셨던 곳을 보라 7, 또 빨리 가서 그의 제자들에게 이르되 그가 죽은 자 가운데서 살아나셨고 너희보다 먼저 갈릴리로 가시나니 거기서 너희가 뵈오리라 하라 보라 내가 너희에게 일렀느니라 하거늘.

○ 예수님을 영접하고 (요 1:12~13) 믿는 성도라면 부활 생명이 되신

예수님을 성령을 통하여 들은 바요 눈으로 본 바요 우리 손으로 만진 바가 되어야 하나님의 자녀라 인정을 받는 것이라(요일 1:1~3, & 롬 8:14~16절)

(갈 4: 6) 너희가 아들인 고로 하나님이 그 아들의 영을 우리 마음 가운데 보내사 아바 아버지라 부르게 하셨느니라

○ 여호와 하나님은 예수님을 십자가에서 죽은 자로 음부의 권세 아래 사망에 매여 있게 하여 두지 않으십니다.

(행 2:24) 하나님께서 사망의 고통을 살리셨으니 이는 그가 사망에게 매여 있을 수 없었음이라

○ 여호와 하나님은 우리를(나) 죽이시기도 하시고 살리기도 하시며 음부에 내리게도 하시고 올리기도 하시며 가난하게도 하시고 부하게 도 하시며 낮추기도 하시고 높이기도 하시는 만물을 다스리는 권능을 가지신 유일한 분이다

〈참조〉(삼상 2:6~7) 여호와는 죽이기도 하시고 살리기도 하시며 음부에 내리게도 하시고 올리기도 하시는 도다 7. 여호와는 가난하게도 하시고 부하게도 하시며 낮추기도 하시고 높이기도 하시는 도다

○ 그래서 하나님의 생명의 말씀은 살아서 운동력이 (히 4:12) 있기 때문에 예수님을 영접하고 믿는 낮은 자들의 몸을 영광의 몸의 형체 와 같이 변케 하십니다. (고전 15: 49)

(빌 3:21) 그가 만물을 자기에게 복종케 하실 수 있는 자의 역사로 우리의 낮은 몸을 자기 영광의 몸의 형체와 같이 변케 하시리라 (흙에 생명수가 들어가야 그리스도 형상이 나타난다

1. 부활 생명으로 거듭나기 위해서는 어떻게 하여야 하는가?

○ 우리가 (나) 부활 생명으로 거듭나기 위해서는 예수님과 같이 내 지체가 십자가에서 (번재단) 죽어야(골 3:5~6) 부활 생명으로 예수님 처럼 거듭날 수 있음(갈 2:20)

(고전 15:20~21) 그러나 이제 그리스도께서 죽은 자 가운데서 다시 살아 잠자는 자들의 첫 열매가 되셨도다. 21, 사망이 사람으로 말미암았으니 죽은 자의 부활도 사람으로 말미암는 도다.

○ 그래서 내 자신이 예수님과 연합하여 십자가(번재단)에서 죽을때 우리(나)의 옛사람이 죄의 몸이 멸하고 예수님과 연합하여 부활 생명으로 거듭난 피조물로 태어납니다.

(롬 6: 5~6) 만일 우리가 그의 죽으심을 본받아 연합한 자가 되었으면 또한 그의 부활을 본받아 연합한 자가 되리라. 6, 우리가 알거니와 우리 옛사람이 예수와 함께 십자가에 못 박힌 것은 죄의 몸이 멸하여 다시는 우리가 죄에게 종 노릇 하지 아니하려 함이니

○ 이런자들에게 예수님의 생명이 나타나며 생명의 향기를 내는 그리스도인들입니다. (고후2:14~16)

(고후 4:10~11) 우리가 항상 예수 죽인 것을 몸에 짊어짐은 예수의 생명도 우리 몸에 나타나게 하려 함이라 11, 우리 산 자가 항상 예수를 위하여 죽음에 넘기움은 예수의 생명이 또한 우리 죽을 육체에 나타나게 하려 함이니라.

○ 주와 합하는 자는 한영이니라 (고전 6:17)

○ 그래서 사도바울도 "날마다 죽노라"고 (고전 15:31)에 고백하고 있음 "그러면 날마다 무엇을 죽여야 하는가?"

(골 3:5~6)그러므로 땅에 있는 지체를 죽이라 곧 음란과 부정과 사욕과 악한 정욕과 탐심이니 탐심은 우상 숭배니라 6, 이것들을 인하여 하나님의 진노가 임하느니라

〈참조 〉(엡 2:1~7) 너희의 허물과 죄로 죽었던 너희를 살리셨도다. 2, 그때에 너희가 그 가운데서 행하여 이 세상 풍속을 좇고 공중의 권세 잡은 자를 따랐으니 곧 지금 불순종의 아들들 가운데서 역사하는 영이라. 3, 전에는 우리도 다 그 가운데서 우리 육체의 욕심을 따라

지내며 육체와 마음의 원하는 것을 하여 다른 이들과 같이 본질상 진노의 자녀이었더니. 4. 긍휼에 풍성하신 하나님이 우리를 사랑하신 그 큰 사랑을 인하여. 5. 허물로 죽은 우리를 그리스도와 함께 살리셨고 (너희가 은혜로 구원을 얻은 것이라. 6. 또 함께 일으키사 그리스도 예수 안에서 함께 하늘에 앉히시니. 7. 이는 그리스도 예수 안에서 우리에게 자비하심으로써 그 은혜의 지극히 풍성함을 오는 여러 세대에 나타내려 하심이니라

   ○ 우리의(나) 지체를 날마다 십자가에 못 박을때 예수의 생명이 우리의 육체를 통하여 나타난다는 것을 알기 바랍니다

   ○ 이런 자들을 새로운 피조물이라 하며 (고후 5:17) 부활 생명으로 거듭 난자들이라 합니다.

   (벧전 1:3)찬송하리로다 우리 주 예수 그리스도의 아버지 하나님이 그 많으신 긍휼대로 예수 그리스도의 죽은 자 가운데서 부활하심으로 말미암아 우리를 거듭나게 하사 산 소망이 있게 하시며

   ○ 그래서 나에게 (우리) "나를 믿는 자는 죽어도 살겠고"하는 (요 11:25)이 이루어지는 것이다

   2. 그러면 (본문 요 11:26) 영원히 죽지 아니하리라는 어떻게 이루어지는가?

   ○ 예수님께서는 나를 믿는 자는 영원히 죽지 아니한다고 말씀하고 있는데 예수님을 영접하고 믿는 여러분들은 믿고 계시며 "영원히 죽지 아니한다고" 증거 할 수 있습니까?

   ○ 그래서 하나님께서는 예수님을 영접하고 믿는 자들에게 하나님의 아들을 믿는 것과 아는 일에 하나가 되어 온전한 사람을 이루어 그리스도의 장성한 분량이 충만한데까지 자라나 이르라고 말씀하고 계십니다 (엡 4:13)

ㅇ 성경(하나님의 말씀)은 성경으로 풀어야 하며 하나님의 깊은데까지 알 수 있는 성령을 통해 알수 있으며 (고전 2:10) 하나님의 말씀에는 다 짝이 있으므로 (사 34:16) 성령님을 인하여 깨달아 알 수(요 1: 5) 있습니다.

ㅇ 우리(나)는 이 땅에 태어나기 전 창세전에 (엡 1:4) 그리스도 안에서 우리를 택하시고 때가 됨으로 하나님의 경륜 가운데서 각인의 때를 따라 이 땅에서 태어나 나그네의 삶을 누리다가 (사 14:1) 본향 (고토)으로 돌아오기를 바라셨는데 하나님의 언약에 말씀을 거역하고 선 악 과를 (창 3:6~13)먹으므로 인하여 본향(고토)에 가는 길이 막히고 어두움(흑암)의 권세 아래서 종노릇하며 살게 되었던 것이다. (실낙원 = 마귀에게 종노릇)

(엡 2: 2) 그때에 너희가 그 가운데서 행하여 이 세상 풍속을 좇고 공중의 권세 잡은 자를 따랐으니 곧 지금 불순종의 아들들 가운데서 역사하는 영이라

〈참조〉 (고전 2:12절) 누가 주의 마음을 알아서 주를 가르치겠느냐 그러나 우리가 그리스도의 마음을 가졌느니라

ㅇ 그러나 하나님은 사랑이시라 허물과 죄로 인하여 죽을수 밖에 없는 (엡2:1) 우리 (나)을 위하여 독생자 아들 예수님을 화목 제물로 십자가에서 달리시게 하시며 죽기까지 사랑을 우리에게 확증하여 주시어 (롬 5:8) 본향(천국)에 돌아갈 수 있는 길 새롭고 산길을 열어 주신 (히 10:19~20) 여호와 하나님을 찬양할 찌어다

(요일 4:10) 사랑은 여기 있으니 우리가 하나님을 사랑한 것이 아니요 오직 하나님이 우리를 사랑하사 우리 죄를 위하여 화목제로 그 아들을 보내셨음이니라

ㅇ 이 길을 열어 주실려고 은 30냥에 팔리시어 십자가에서 죽기까지 사랑을 확증해 주셨던 것입니다

(요 3:16) 하나님이 세상을 이처럼 사랑하사 독생자를 주셨으니 이는 저를 믿는 자마다 멸망치 않고 영생을 얻게 하려 하심이니라

"그러면 어떻게 죽어도 살아 있는 영생을 얻을수 있을까요?"

(마 27: 6~8) 대제사장들이 그 은을 거두며 가로되 이것은 피 값이라 성전고에 넣어 둠이 옳지 않다 하고 7, 의논한 후 이것으로 토기장이의 밭을 사서 나그네의 묘지를 삼았으니 8, 그러므로 오늘날까지 그 밭을 피 밭이라 일컫느니라

ㅇ 하나님의 말씀은 영이요 생명이니(요 6 : 63) 살리는 것은 영이시며 비유로 말씀하셨습니다

ㅇ 예수님께서 십자가에서 흘러 주시는 피는 (레 17:11) 생명의 피 보혈이시며 우리의 죄를 사해 주시고 구원하시는 언약에 피이며 (마 26: 28) &(엡 1: 7) 하나님의 거룩함에 동참케 하기 위함입니다.

(벧전 1:15~16) 오직 너희를 부르신 거룩한 자처럼 너희도 모든 행실에 거룩한 자가 되라 16, 기록하였으되 내가 거룩하니 너희도 거룩할지어다 하셨느니라

ㅇ 토기장이는 그릇을 만드는 자를 의미하는데 (상징) (렘 18:4) 에는 하나님을 상징하며 그릇은 (딤후2 : 20~21) 에 사람을(우리/ 나) 상징하고 있음을 알 수 있습니다. (창 2:7)

(사 64 : 8) 그러나 여호와여 주는 우리 아버지 시니 이다. 우리는 진흙이요 주는 토기장이시니 우리는 다 주의 손으로 지으신 것이라

"그러면 예수님의 피 값은 30으로 산 토기장이의 밭을 어떤 의미를 말하고 있쓸까요?"

ㅇ 이 밭은 예수님의 피 값으로(레 17: 11 생명) 산 나(우리)을 상징하며 그 밭은 하나님과 동역 하는 교회의 지체인 (고전 12:27) 성도 (나) 을 상징하는 말씀을 하고 있음을 알 수 있습니다.

(고전 3:9) 우리는 하나님의 동역자들이요 너희는 하나님의 "밭이요"

하나님의 집이니라(교회)

"그러면 왜 ! 그 밭이 나그네의 묘지(무덤)인가?"

ㅇ 예수님께서는 하나님을 모르는자 예수님을 믿지 아니한자 부활 생명이 없는 자들을 죽은자 또는 잠자는 자로 또는 무덤 같은 자로 비유로 말씀을 하셨습니다

(마 8:22) 예수께서 가라사대 죽은 자들로 저희 죽은 자를 장사하게 하고 너는 나를 좇으라 하시니라

〈참조〉(겔 37:11) 또 내게 이르시되 인자야 이 뼈들은 이스라엘 온 족속이라 그들이 이르기를 우리의 뼈들이 말랐고 우리의 소망이 없어졌으니 우리는 다 멸절되었다 하느니라

(마 23:27) 화 있을진저 외식하는 서기관들과 바리새인들이여 회칠한 무덤 같으니 겉으로는 아름답게 보이나 그 안에는 죽은 사람의 뼈와 모든 더러운 것이 가득하도다(눅 11:44)

"나그네" = 〈참조〉(사 14:1) 여호와께서 야곱을 긍휼히 여기시며 이스라엘을 다시 택하여 자기 고토에 두시리니 나그네 된 자가 야곱 족속에게 가입되어 그들과 연합할 것이며

ㅇ 나그네는 본향(고토)을 떠나 여행하는 행인들을 의미하는데 하나님의 자녀들이 본향은 창세전부터 (엡 1:4) 그리스도 안에서 하늘 나라이기 때문에 이 땅에서는 예수님을 영접하고 (엡 1:12~13) 믿으며 살아가는 "삶, 나그네의 삶이기 때문에 우리(나)는 나그네들입니다.

(창 47:9) 야곱이 바로에게 고하되 내 나그네 길의 세월이 일백삼십 년이니 이다. 나의 연세가 얼마 못되니 우리 조상의 나그네 길의 세월에 미치지 못하나 험악한 세월을 보내었나이다 하고

ㅇ 그 나그네가 죽으면 예수님의 피값 (은 30냥)으로 산 토기장이의 밭에 묻이는데 그 밭이 "오늘날" 피밭이라 하였습니다.

(마 27: 8)그러므로 오늘날까지 그 밭을 피 밭이라 일컫느니라

○ 피는 생명을(레 17: 11) 의미하며 "밭"은 나를(우리) = (고전 3: 9) 상징하고 있음을 말하고 있습니다. 무덤 같았던 우리(나) 죽은자 또는 잠자는 자 같았던 우리(나)에게 부활 생명이 들어와 피밭=오늘날 피밭이라 일컫음을 받게 되었습니다. (즉 생명이 있는 밭이 되었습니다.) 이 말씀이 이해가 되셔야 한다.

○ 그 피밭에 나그네가 영으로 묻히어 잠자고 있으니 (살전 4:14-15) 예수님의 영 성령이 있는 자는 살아 있는 자의 안에서 잠자고 있으니 예수님께서 (요 10: 26 본문)에서 죽어도 영원히 산다고 말씀하셨으며 말씀하신 그대로 오늘날 예수안에서 성령으로 함께 지어져 (세워져)가는 것을 믿고 알고 깨닫기를 예수님의 이름으로 축복합니다.

(엡 2:20~22) 너희는 사도들과 선지자들의 터 위에 세우심을 입은 자라 그리스도 예수께서 친히 모퉁이 돌이 되셨느니라 21, 그의 안에서 건물마다 서로 연결하여 주 안에서 성전이 되어 가고 22, 너희도 성령 안에서 하나님의 거하실 처소가 되기 위하여 예수 안에서 함께 지어져 가느니라 ○ 그러므로 하나님은 죽은 자의 하나님이 아니시고 산 자들의 하나님이심을 알고 믿으시기 바랍니다

(마 22: 32) 나는 아브라함의 하나님이요 이삭의 하나님이요 야곱의 하나님이로라 하신 것을 읽어 보지 못하였느냐 하나님은 죽은 자의 하나님이 아니요 산 자의 하나님이시니라 하시니

○ 그래서 그리스도 안에 와 예수님의 부활 생명이 (벧전 1: 23) 있는 자들은 영원히 하나님께서 산 자들의 하나님이 되십니다

(히 13: 8) 예수 그리스도는 어제나 오늘이나 영원토록 동일 하시니라

○ 하나님께서는 언약에 말씀을 예수님을 통하여 꼭 이루시며 오늘날 우리 (나)을 통하여서도 창조에 역사를 이루어 가고 있음을 실상의 믿음을 (히 11:1) 통하여 체험하시고 체험한 하나님의 사랑을 증인의

삶을 통하여 (행 1:1) 행위로 나타내는 "삶"을 누리시길 축원합니다

(눅 20: 38)하나님은 죽은 자의 하나님이 아니요 산 자의 하나님이시라 하나님에게는 모든 사람이 살았느니라 하시니

o 그래서 (본문 11: 25~26) 예수님께서 말씀하신 모든 말씀이 성경을 통하여 다 이루시고 계시다는 것을 믿으시기 바랍니다

"누구를 통하여" 역사하시는가?"

o 예수님을 영접하고(요 1:12~13) 믿는 우리 (나)을 통하여 복음에 통로 자로 사용하고 있음을 (딤 후 2: 20~21) 아시고 늘 자신을 깨끗한 물(생명수)로 날마다 깨끗이 씻으시기를 바랍니다. (엡 5:26-27) &(겔 36:25)

(마 19:26) 예수께서 저희를 보시며 가라사대 사람으로는 할 수 없으되 하나님으로서는 다 할 수 있느니라 = 아멘 =

6, 부활신앙과 휴거(들림)

본문 (요 11:25-26절) 예수께서 가라사대 나는 부활이요 생명이니 나를 믿는 자는 죽어도 살겠고 26, 무릇 살아서 나를 믿는 자는 영원히 죽지 아니하리니 이것을 네가 믿느냐

예수님을 영접하고(요 1:12~13) 믿는 기독교인들에게는 거듭난 부활 생명이 있어야 하며 이 땅에서도 하늘에 소망을 두고 (롬 8:24~25) 하늘에 기업을 이루어 가야 함.

벧전 1:3~4 찬송하리로다 우리 주 예수 그리스도의 아버지 하나님이 그 많으신 긍휼대로 예수 그리스도의 죽은 자 가운데서 부활하심으로 말미암아 우리를 거듭나게 하사 산 소망이 있게 하시며 4, 썩지 않고 더럽지 않고 쇠하지 아니하는 기업을 잇게 하시나니 곧 너희를 위하여 하늘에 간직하신 것이라

부활 생명으로 거듭난 성도들이(새로운 피조물 고 후 5:17) 그리스도 예수 안에서 연합하여(롬 6:5~6) 그리스도 몸의 지체로써(고전 12:27) 함께 지어져 가는 것이 교회이며 그리스도의 신부들이다 (마 25:1~13)

그리스도의 몸 (교회)를 각 지체가 되어 함께 세우기 위해서는 그리스도 예수 안에서 성령으로 함께(엡 2:20~22) 지어져 가야 하는데 부활 생명이 없으면 성령으로 함께 지어져 갈 수 없기 때문에 쇠하지 아니하는 하늘에 기업을 잇지 못할 뿐 아니라 그리스도의 몸된 교회에도 동참하지 못하는 것이다

(엡 2:20~22) 너희는 사도들과 선지자들의 터 위에 세우심을 입은 자라 그리스도 예수께서 친히 모퉁이 돌이 되셨느니라 21, 그의 안에서 건물마다 서로 연결하여 주 안에서 성전이 되어 가고 22, 너희도 성령 안에서 하나님의 거하실 처소가 되기 위하여 예수 안에서 함께 지어져 가느니라

우리가(나) 그리스도의 몸 된 교회의 지체로서 동참하기 위해서는 내가 먼저 예수님의 부활 생명에 연합한 자가 되어야 한다.

(롬 6:5~6) 만일 우리가 그의 죽으심을 본받아 연합한 자가 되었으면 또한 그의 부활을 본받아 연합한 자가 되리라 6, 우리가 알거니와 우리 옛사람이 예수와 함께 십자가에 못 박힌 것은 죄의 몸이 멸하여 다시는 우리가 죄에게 종 노릇 하지 아니하려 함이니

〈참조〉 고전 6:17절 : 그러나 [주]와 결합하는 자는 한 영이니라.

〈K J B〉 17, 주와 합하는 자는 한 영이니라 〈NIB〉

예수님의 부활 생명에 연합하기 위해서는 나의 의 지체를 십자가에서 못 박혀 죽어야 부활 생명에 연합할 수 있습니다.

(골3:5) 그러므로 땅에 있는 지체를 죽이라 곧 음란과 부정과 사욕과 악한 정욕과 탐심이니 탐심은 우상 숭배니라

〈참조〉고전15:42~44절

그래서 사도바울도 (고전 15:31)에서 날마다 죽노라고 고백하고 있습니다.

이런 자들에게 그리스도인의 부활 생명의 향기가 나타나며 (고후 2:14~16) 육체를 통하여 행위로 나타납니다.

(고후 4:11) 우리 산 자가 항상 예수를 위하여 죽음에 넘기움은 예수의 생명이 또한 우리 죽을 육체에 나타나게 하려 함이니라

이렇게 예수님과 함께 한 영으로 (고전 6:17) 연합한 자들이 여호와 하나님을 아바 아버지라 부르며 영에 인도함을 받음으로 인하여 썩지 않고 더럽지 않고 쇠하지 아니하는 기업을 있게 하심이라. (갈 4:6 & 벧전 1:3~4)

(롬 8:14~16) 무릇 하나님의 영으로 인도함을 받는 그들은 곧 하나님의 아들이라 15. 너희는 다시 무서워하는 종의 영을 받지 아니하였고 양자의 영을 받았으므로 아바 아버지라 부르짖느니라 16. 성령이 친히 우리 영으로 더불어 우리가 하나님의 자녀인 것을 증거하시나니

하나님께서는 오직 자녀에게만 하늘에 선물과 은혜를 내려주십니다

(약 1:17) 각양 좋은 은사와 온전한 선물이 다 위로부터 내려오나니 그는 변함도 없으시고 회전하는 그림자도 없으시니라

이런 자녀들이 하나님과 화목 된 자들이며 하나님의 기뻐하는 자녀들임(성도들=부활 생명으로 거듭 난자, 죄사함 받은 자 (엡 1:7)

(골 1:20) 그의 십자가의 피로 화평을 이루사 만물 곧 땅에 있는 것들이나 하늘에 있는 것들을 그로 말미암아 자기와 화목케 되기를 기뻐하심이라.

하나님과 화평을 이룬자들이 그리스도 안에서 십자가가 세워져 하늘과 땅과 이웃이 다 하나로 통일된 자녀들이어서 하나님의 뜻과 비밀을 알게 하여 주십니다. (성령을 통하여)

(엡 1: 9~10) 그 뜻의 비밀을 우리에게 알리셨으니 곧 그 기쁘심을 따라 그리스도 안에서 때가 찬 경륜을 위하여 예정하신 것이니 10,하늘에 있는 것이나 땅에 있는 것이 다 그리스도 안에서 통일되게 하려 하심이라

하늘과 땅이 통일되어 살아가는 자들을 하늘에 형상을 입은 자들이라 (고전15: 49)하며 (창 1: 26~27) 알아야 합니다.

이런 자들에게 하늘에 복을 내려주시며 이 땅을 왕같은 제사장으로서(벧전 2:9) 다스리고 생육하고 번성하라고 하십니다

(창 1: 28) 하나님이 그들에게 복을 주시며 그들에게 이르시되 생육하고 번성하여 땅에 충만하라, 땅을 정복하라, 바다의 고기와 공중의 새와 땅에 움직이는 모든 생물을 다스리라 하시니라

이런 자들이 부활 신앙으로 예수님과 연합한 자들이며 예수님처럼 만물 안에서 만물을 충만케 하는 자들입니다

(엡 1: 23) 교회는 그의 몸이니 만물 안에서 만물을 충만케 하시는 자의 충만이니라

그래서 예수님과 함께 부활 신앙으로 연합한 자들이 죽어도 살아서 그리스도 안에서 성령으로 함께 지어져 가며(엡 2: 20~22) 휴거(들림)에도 동참할 수 있습니다.

예수님의 피 값 은 30냥으로 "산" 자들은 이 땅에서 살아가는 것은 나그네와 행인 같은 "삶"을(창47:9) 살다가 죽으면 오늘날 "피 밭"(생명이 있는 밭)=(마 27:6-8)에서 잠자고 있으면서 성령으로 함께 (엡 2: 20-22) 그리스도 안에서 그리스도의 몸 된 교회로 세워지고 있음을 알 수 있습니다.

(피=레 17: 11 육체의 생명은 피에 있음, 밭=고전 3 : 9 우리(나))

이 시대는 성령으로 그리스도 예수 안에서 함께 세워가는 시대이며 나그네들을 본향 (고토)로 (휴거&들림) 데려가기 위하여 야곱 족속에게

연합시키는(가업) 시대이다 (마 22: 32) 하나님은 산자의 하나님이심)

(사 14:1) 여호와께서 야곱을 긍휼히 여기시며 이스라엘을(하나님과 겨뤄 이긴자) 다시 택하여 자기 고토에 두시리니 "나그네" 된 자가 야곱 족속에게 가입되어 그들과 연합할 것이며

그래서 예수님을 영접하고(요 1:12~13) 부활 생명으로 거듭난 자들은 (벧전 1:3~4) 그리스도 예수안에서 잠자고 있는 자들에 대하여 알고 있어야 한다. (엡 2:20~22, & 마 27:6~8)

(살전 4:13~14) 형제들아 자는 자들에 관하여는 너희가 알지 못함을 우리가 원치 아니하노니 이는 소망 없는 다른 이와 같이 슬퍼하지 않게 하려 함이라 14. 우리가 예수의 죽었다가 다시 사심을 믿을진대 이와 같이 예수 안에서 자는 자들도 하나님이 저와 함께 데리고 오시리라

그래서 휴거(들림)에는 그리스도 안에서 성령으로 "피밭"에서 (마 27:8) 잠자는 자들과 오늘날 그리스도 예수안에서 부활 생명으로 거듭나서 성령으로 함께 지어져 (엡 2:20~22) 가는 자들이 예수님의 강림 하실 때 하늘에서 만나게 됨을 알 수 있습니다. 오늘날 그리스도 안에서 부활 생명으로 거듭나서 예수님께 연합한 자들이 예수님의 강림 하실 때 휴거 하며 영접하게 됨을 알 수 있습니다.

그러면 왜! 그리스도 안에서 죽은 자들이 "먼저" 일어나고 그 후에 살아서 남은 자도 함께 구름으로 끌어 올려 하늘에서 주님을 영접할까요?

(살전 4:16-17) 주께서 호령과(죽어서 피 밭에서 (마 27:8절) 잠자고 있는 성도들에게 일어나라고 하는 주님의 명령) 천 사장의 소리와 하나님의 나팔로 친히 하늘로 좇아 강림하시리니 그리스도 안에서 죽은 자들이 먼저 일어나고 17. 그 후에 우리 살아남은 자도 저희와 함께 구름 속으로 끌어올려 공중에서 주를 영접하게 하시리니 그리하여 우리가 항상 주와 함께 있으리라

죽은 자들이 "먼저" 일어나는 것은 피 발에서 (마 27:8) 영으로 잠자고 있었기 때문에(살전 4:13~14) 먼저 일어나고 그 후에 산자 들의 낮은 몸이 영광의 몸의 형체로 변화여 구름 속으로 끌려 올려져 하늘에서 주님을 영접하는 것이다.

(빌 3:21) 그가 만물을 자기에게 복종케 하실 수 있는 자의 역사로 우리의 낮은 몸을 자기 영광의 몸의 형체와 같이 변케 하시리라

예수께서 저희를 보시며 가라사대 사람으로서는 할 수 없으되 하나님으로서는 다 할 수 있느니라(마 19:26)

(고전 15:51~52) 보라 내가 너희에게 비밀을 말하노니 우리가 다 잠잘 것이 아니요 마지막 나팔에 순식간에 홀연히 다 변화하리니 52. 나팔 소리가 나매 죽은 자들이 썩지 아니할 것으로 다시 살고 우리도 변화하리라

그래서 예수 그리스도는 어제나 오늘이나 영원토록 동일 하시니라 (히 13:8) 하시며 하나님은 죽은 자의 하나님이 아니요. 산 자의 하나님이시라 하나님께서는 모든 사람이 살았느니라(눅 20:38)

(마 22:32) 나는 아브라함의 하나님이요 이삭의 하나님이요 야곱의 하나님이로라 하신 것을 읽어 보지 못하였느냐 하나님은 죽은 자의 하나님이 아니요 산 자의 하나님이시니라 하시니

그래서 예수님을 영접하고(요 1:12~13) 믿는 성도들에게는 부활 생명이 있어 죽어도 살고 영원히 죽지 아니하며 (요 11:25 ~ 26) 그리스도 안에서 성령으로 하나님의 거하실 성전을(엡 2:20~22) 각 지체가 되어 (고전 12:27) 지어져 가고 있으며 예수님의 강림하실 때 휴거(들림)에도 참여하여 주님을 영접할 수 있음을 알고 믿으시기를 바랍니다 (살전 4:16~17)

"예수 믿는 자의 소망" = (욥 14:7~9) 나무는 소망이 있나니 찍힐 지라도 다시 움이 나서 연한 가지가 끊이지 아니하며. 8. 그 뿌리가

땅에서 늙고 줄기가 흙에서 죽을지라도. 9. 물기운에 움이 돋고 가지가 발하여 새로 심은 것과 같거니와.

(롬 8:24~25) 우리가 소망으로 구원을 얻었으매 보이는 소망이 소망이 아니니 보는 것을 누가 바라리요 25만일 우리가 보지 못하는 것을 바라면 참 음으로 기다릴지니라.

"그래서 예수님을 믿는 자에게 인내가 필요합니다."

(히 10:36~39) 너희에게 인내가 필요함은 너희가 하나님의 뜻을 행한 후에 약속을 받기 위함이라 37. 잠시 잠깐 후면 오실 이가 오시리니 지체하지 아니하시리라 38. 오직 나의 의인은 믿음으로 말미암아 살리라 또한 뒤로 물러가면 내 마음이 저를 기뻐하지 아니하리라 하셨느니라 39. 우리는 뒤로 물러가 침륜에 빠질 자가 아니요 오직 영혼을 구원함에 이르는 믿음을 가진 자니라

〈참조〉(벧후 3:8~10) 사랑하는 자들아 주께는 하루가 천 년 같고 천년이 하루 같은 이 한 가지를 잊지 말라. 9. 주의 약속은 어떤 이의 더디다고 생각하는 것같이 더딘 것이 아니라 오직 너희를 대하여 오래 참으사 아무도 멸망치 않고 다 회개하기에 이르기를 원하시느니라. 10. 그러나 주의 날이 도적같이 오리니 그 날에는 하늘이 큰 소리로 떠나가고 체질이 뜨거운 불에 풀어지고 땅과 그중에 있는 모든 일이 드러나리로다.

부활 생명으로 거듭난 우리는(나) 예수님의 강림을 소망하며 참음으로 그리스도 예수님 안에서 승리하시길 축복합니다.

7. 마지막날과 부활

본문 (요 6:40절) 내 아버지의 뜻은 아들을 보고 믿는 자마다 영생을 얻는 것이니 마지막 날에 이를 다시 살리리라 하시니라

예수님께서 하늘로서 이 땅에 오신 목적은 하나님께서 예수님을 통하여 하나님의 자녀들을 마귀에게 빼앗아 한 사람도 잃어버리지 않고 영생을 얻게하기 위함이다.

(요 6:38~39) 내가 하늘로서 내려온 것은 내 뜻을 행하려 함이 아니요 39. 나를 보내신 이의 뜻을 행하려 함이니라 나를 보내신 이의 뜻은 내게 주신 자 중에 내가 하나도 잃어버리지 아니하고 마지막 날에 다시 살리는 이것이니라.

1. 하나님 아버지의 뜻

하나님의 아버지의 뜻은 한 사람도 잃어버리지 않고 예수님을 보고 믿는 자들에게 영생을 얻게 하는 것입니다.

그래서 예수님은 나의 양식은 나를 보내신 이의 뜻을 행하여 그의 일을 온전히 이루는 이것이니라 (요 4:34) 하셨읍니다.

예수님께서 온전히 이루시게 하기 위해서 하나님께 늘 예수님과 함께 하십니다

(요8:29) 나를 보내신 이가 나와 함께 하시도다 내가 항상 그의 기뻐하시는 일을 행하므로 나를 혼자 두지 아니하셨느니라

하나님의 일을 온전히 이루기 위해서는 하나님의 언약에 말씀을 마음에 새겨야 하며 오늘날에도 (신 6:6절)의 말씀하고 있습니다.

(신 6:6) 오늘날 내가 네게 명하는 이 말씀을 너는 마음에 새기고.

하나님의 말씀을 내 마음에 새길 때부터 하나님의 말씀이 살아서 운동력을 나타낸다

(히 4:12~13) 하나님의 말씀은 살았고 운동력이 있어 좌우에 날선 어떤 검보다도 예리하여 혼과 영과 및 관절과 골수를 찔러 쪼개기까지 하며 또 마음의 생각과 뜻을 감찰하나니 13. 지으신 것이 하나라도 그 앞에 나타나지 않음이 없고 오직 만물이 우리를 상관하시는 자의

눈앞에 벌거벗은 것같이 드러나느니라.

하나님의 생명의 말씀이 내 마음에 새겨져서 운동력으로 체험을 할 때 말씀이 육신이 되어 이 땅에 오신 예수님을 볼 수 있으며 믿음으로 영생을 얻는 것입니다

(요 1:14) 말씀이 육신이 되어 우리 가운데 거하시매 우리가 그 영광을 보니 아버지의 독생자의 영광이요 은혜와 진리가 충만하더라

그래서 예수님을 영접하고 하나님의 자녀가 되신 분들은 (요1:12~13) 태초로부터 있는 생명의 말씀에 관하여 듣고 눈으로 보고 손으로 만진바 체험하여 증거하는 증인의 "삶"을 (전도, 선교)살아야 한다.

(요일 1:1~2) 태초부터 있는 생명의 말씀에 관하여는 우리가 들은 바요 눈으로 본 바요 주목하고 우리 손으로 만진 바라 2. 이 생명이 나타내신 바 된지라 이 영원한 생명을 우리가 보았고 증거 하여 너희에게 전하노니 이는 아버지와 함께 계시다가 우리에게 나타내신 바 된 자니라

예) 욥: 율법적으로 하나님을 알고 믿었던(욥 1:5) 욥이 모든 자녀와 재산을 잃고 자신의 죄를 깨닫고

(욥 13:28) 나는 썩은 물건의 후패함 같으며 좀먹은 의복 같으니이다.

존귀하신 하나님의 아들 에수님을 알지 못하였음을 깨닫기 시작하면서부터 생명의 말씀이 되시는 예수님 천국 복음이 되시는 예수님 진리이신 예수님을 알아가기 시작합니다.

(욥 14:21) 그 아들이 존귀하나 그가 알지 못하며 비천하나 그가 깨닫지 못하나이다.

그래서 예수님을 영접하고 믿는 성도분들은 하나님과 그의 아들 예수님을 아는 것과 믿는 것에 장성한 분량까지 자라나 (엡 4:13) 하나님의

생명의 말씀을 깨달아야 합니다

(요 1:5) 빛이 어두움에 비취되 어두움이 깨닫지 못하더라

빛에 자녀들인 여러분은 생명의 말씀을 깨닫고 하늘에 형상을 입은 자녀로서(고전 15:49, & 창1:26~27) 하나님께서 내려주시는 하늘에 복을 받고 이 땅에서 왕 같은 제사장으로서(벧전 2:9) 이 땅을 다스리고 생육하고 번성하시길 (창 1:28) 말씀을 이루어 가시길 축원합니다.

(시 49:20) 존귀에 처하나 깨닫지 못하는 사람은 멸망하는 짐승 같도다

욥도 하나님의 아들 예수님을 알고 깨닫고 거듭난 자녀들과 2배의 재산을 받고 나서 고백하고 있습니다.

(욥 42:5) 내가 주께 대하여 귀로 듣기만 하였삽더니 이제는 눈으로 주를 뵈옵나이다

그러므로 예수님을 믿는 여러분(나)들은 부활 생명으로 거듭나(벧전 1:3) 새로운 피조물로서(고후5:17) 영의 눈을 뜨시기를 축원합니다.

2. 영에 눈을 뜨기 위해서는(깨닫기 위해서는---)

오늘날 예수님을 믿고 예배당에 오는 자와 예수님을 영접하고(요 1:12~13) 예배당에 오는 자들로 구분 할 수 있습니다.

예수님을 믿는 자들이 말씀이 육신이 되어 우리 가운데 (요 1: 14) 계시는 예수님에 대해서는 알려고 하지 않습니다. 그러면서도 영원한 생명인 영생은 얻기를 원하십니다.

(요 5:39) 너희가 성경에서 영생을 얻는 줄 생각하고 성경을 상고하거니와 이 성경이 곧 내게 대하여 증거 하는 것이로다

그래서 하나님께서는 영생을 얻고자 하는 자들에게 말씀하고 계십니다

(요 17:3) 영생은 곧 유일하신 참 하나님과 그의 보내신 자 예수 그리스도를 아는 것이니 이다.

사도 바울도 강조하고 있습니다.

(엡 4:13) 우리가 다 하나님의 아들을 믿는 것과 아는 일에 하나가 되어 온전한 사람을 이루어 그리스도의 장성한 분량이 충만한 데까지 이르리니

이런 자들이 예수님의 제자들이며 예수님의 증인들이며 하늘에 별 같은 자들입니다. 또 한 빛에 자녀들입니다.

(단 12:3) 지혜 있는 자는 궁창의 빛과 같이 빛날 것이요 많은 사람을 옳은 데로 돌아오게 한 자는 별과 같이 영원토록 비취리라

이런 자들을 예수님께서는 찾으시며 이런 자들이 하나님께서 예수님에게 주신 양식입니다(하나님의 말씀은 영이요 생명임)

(요 4:34) 예수께서 이르시되 나의 양식은 나를 보내신 이의 뜻을 행하며 그의 일을 온전히 이루는 이것이니라

3. 마지막 날에 이를 다시 살리리라

믿음을 떠나 실상으로 믿을 때(히 11:1) 하나님의 자녀로서(양자)(하나님을 통하여 예수님을 영접하고 믿는 성도 기독교인 이라면 관념적인 믿음에서 실상의 믿음으로 믿을 때 (롬 8:14~16)영에 인도함을 받으므로 마지막 날에 이를 다시 살리리라 하시는 하나님의 말씀을 깨달으리라 믿습니다

예수님께서는 (요 11:23) 마르다에게 네 오라비가 (나사로) 다시 살리라라고 마르다에게 오늘날 부활을 말씀하고 있는데 (요 11:24)에서 마르다는 마지막 날 다시 사는 줄을 내가 아나이다 말하고 있읍니다 예수님께서는 오늘 다시 살것이라 (부활 생명) 말씀하고 계시는데 마르다의 대답은 예수님이 다시금(강림) 부활할 때 다시 살줄 안다고

말하고 있습니다.

많은 목사님들도 이 본문 말씀 마지막 날에 내가 이를 다시 살리리라를 "예수님의 강림 때"로 해석하고 있음을 알 것입니다.

그러나 예수님은 말씀하고 계십니다(내 안에 계신 그리스도생명 즉 영으로 지금 내안에 나와 함께하시는 부활 생명 〔그리스도의 영〕을 말합니다) =아멘=

(요 11:25~26) 예수께서 가라사대 나는 부활이요 생명이니 나를 믿는 자는 죽어도 살겠고 26, 무릇 살아서 나를 믿는 자는 영원히 죽지 아니하리니 이것을 네가 믿느냐

묻고 계십니다 예수님을 믿는 것은 실상의 예수님(히 11:1) 부활 생명이 되시는 예수님(벧전 1:3) 오늘날 살아서 역사하시는 예수님을 믿어야지(요11:24) 마르다처럼 예수님의 강림 하실 때 부활 할 걸로 믿는 믿음은 잘못된 믿음입니다.

〈참조〉(계1:8절) 주 하나님이 가라사대 나는 알파와 오메가라 이제도 있고 전에도 있었고 장차 올 자요 전능한 자라 하시더라

(히 13:8) 예수 그리스도는 어제나 오늘이나 영원토록 동일하시니라

하나님께서는 오늘날 우리에게(나) 말씀하고 있습니다. 오늘날 내가 네게 명하는 이 말씀을 너는 마음에 새기고(신 6:6)

(마 22:32) 나는 아브라함의 하나님이요 이삭의 하나님이요 야곱의 하나님이로라 하신 것을 읽어 보지 못하였느냐 하나님은 죽은 자의 하나님이 아니요 산자의 하나님이시니라 하시니 그래서 그리스도 안에서 부활 생명이(벧전 1:23) 있는 자들을 영원히 하나님께 산 자들의 하나님이 되십니다. =할렐루야=

(눅20:38) 하나님은 죽은 자의 하나님이 아니요. 산 자의 하나님이시라 하나님에게는 모든 사람이 살았느니라 하시니

그래서 (요 11:25~26)에서 예수님의 말씀이 다 이루어지고 있는

것을 믿으시기 바랍니다

"왜! 마르다는 예수님의 말씀을 그때 깨닫지 못하였을까요?"

예수님을 믿는다고 하는 많은 사람들이 건물 된 예배당에 나아와 뭔가 준비하는 일이 많아 마음이 분주하고 열심을 보이지만 우리의 목적이며 소망인 예수님 영생에는 관심이 없음을 알 수 있습니다. 말씀이 육신이 되어 우리 가운데 (요 1:14)계시면 영생의 말씀을 들을려고 귀를 기울리고 예수님 곁으로 나아와야 하는데 다른 일에 분주하여 제일 중요히 여겨야 할 생명의 말씀 천국 복음(새 언약의 말씀)을 듣지 못하고 건물된 예배당에만 다녀가는 것입니다

(눅 10:40~42) 마르다는 준비하는 일이 많아 마음이 분주한지라 예수께 나아가 가로되 주여 내 동생이 나 혼자 일하게 두는 것을 생각지 아니하시나이까 저를 명하사 나를 도와주라 하소서 41, 주께서 대답하여 가라사대 마르다야 마르다야 네가 많은 일로 염려하고 근심하나 42, 그러나 몇 가지만 하든지 혹 한 가지만이라도 족하니라 마리아는 이 좋은 편을 택하였으니 빼앗기지 아니하리라 하시니라

예수님을 믿는다는 성도 여러분 간곡히 부탁하오니 마리아처럼 좋은 편을 택하시어 빼앗기지 마시고 영이요 생명의 말씀 천국 복음(새 언약의 말씀)을 듣고 먹고 자라서(엡 4:13, & 눅 2:40) 의의 군병으로 쓰임 받는 하나님의 자녀들이 되시길 바랍니다

4. 어떤 날이 마지막 날인가?

예수님을 믿지 아니하는 사람들은 마자막이 이 땅에서 육신의 몸이 죽는 날이 마지막이라 말할 것입니다.

그러나 하나님의 언약에 말씀을 믿는 우리는(나) 마지막 날이 애굽 땅에서(세상) 나오는 날이(출 12:41) 마지막 날이며 예수님을 영접하는 날이 (요 1:13~14) 마지막 날이며 우리가 그리스도 안에서 구속 곧 죄사함 받는 날이 마지막이며(엡 1:7)

예수님의 부활 생명으로 거듭난 날이 마지막이며(벧전1:3) 새로운 피조물이 (고후 5:17)된 날이 마지막 날 이라는 것을 믿으시기 바랍니다 그 날이 곧 첫날입니다

왜! 마지막 날이 부활 생명으로 거듭난 날 일까요?

예수님께서 말씀하고 계십니다

(계 1:8) 주 하나님이 가라사대 나는 알파와 오메가라 이제도 있고 전에도 있었고 장차 올 자요 전능한 자라 하시더라

세상 사람의 눈으로 보면 육신에 몸이 죽으면 끝이라 생각 합니다 그러나 하나님께서는 심판이 있다고 말씀하고 있습니다.

(히 9:27) 한 번 죽는 것은 사람에게 정하신 것이요 그 후에는 심판이 있으리니

〈참조〉(고후 5:10절) 이는 우리가 다 반드시 그리스도의 심판대 앞에 드러나 각각 선악 간에 그 몸으로 행한 것을 따라 받으려 함이라.

세상 사람의 눈으로 보면 마지막인 것처럼 보이지만 예수님을 영접하고 믿는 사람들에게는 그 마지막 날이 곧 시작임을(첫날) 알수 있습니다(내가 서 있는 곳이 시작이며 끝입니다)

그래서〈본문〉(요 6:40)에서 예수님께서 마지막 날에 이를 살리리라 말씀하신 것입니다.

예수님이 오늘도 말씀하고 계십니다.

(요 11:25~26) 예수께서 가라사대 나는 부활이요 생명이니 나를 믿는 자는 죽어도 살겠고 26, 무릇 살아서 나를 믿는 자는 영원히 죽지 아니하리니 이것을 네가 믿느냐 =아멘=

제 3 장. 새언약의 말씀

8. 생명의 말씀의 맛

본문 (시 119:103~105절) 주의 말씀의 맛이 내게 어찌 그리 단지요 내 입에 꿀보다 더하니 이다. 104. 주의 법도로 인하여 내가 명철케 되었으므로 모든 거짓 행위를 미워하나이다 105.주의 말씀은 내 발에 등이요 내 길에 빛이니 이다.

예수님을 믿고 또한 예수님을 영접하고 건물 된 예배당에 다니시는 많은 기독교인들이 영이요 생명의 말씀의 맛을 알지 못하고 예수님을 안다고 믿는다고 하니 본인은(자인) 예수님을 안다고 할지라도 예수님께서는 그런자를 도무지 알지 못한다고(마25:12) 말씀하고 있으니 이런 자들은 입으로는 주님을 부르면서도 마음은 멀리 떠나 있으며 사람의 계명과 교훈으로 배우며 사람의 유전을 따라 종교인의 생활을 하고 있으니 어찌 하늘에서 내려온(요 6:51) 산 떡 맛을 알 수 있을까요.?

〈참조〉(사 29:13절) 주께서 가라사대 이 백성이 입으로는 나를 가까이하며 입술로는 나를 존경하나 그 마음은 내게서 멀리 떠났나니 그들이 나를 경외함은 사람의 계명으로 가르침을 받았을 뿐이라.

(막 7:6~7) 가라사대 이사야가 너희 외식하는 자에 대하여 잘 예언하였도다. 기록 하였으되 이 백성이 입술로는 나를 존경하되 마음은 내게서 멀도다 7. 사람의 계명으로 교훈 삼아 가르치니 나를 헛되이 경배하는 도다 하였느니라.

"왜! 하나님의 말씀에 맛을 모를까요?"

많은 신도들이 거듭나지 못하였으며 하나님의 말씀을 한 귀로 듣고 한 귀로 흘러 보내어 버리니 혈루증 여인처럼 (마 9:20-22) 구원받지 못하고 병인의 모습으로 다니며 예수님을 믿는다고 건물된 예배당에 다니기 때문입니다. (옛사람 그대로) (엡 4:22)

(마 13:15) 이 백성들의 마음이 완악하여져서 그 귀는 듣기에 둔하고

눈은 감았으니 이는 눈으로 보고 귀로 듣고 마음으로 깨달아 돌이켜 내게 고침을 받을까 두려워 함이라 하였느니라

1. 생명의 말씀에 맛을 알기 위해서는?
(1) 거듭나야함
거듭난 아기가 어미의 젖 맛을 알듯이 예수님을 영접하고 (요1:12~13) 믿는 성도라면 부활 생명으로 거듭나야 그때부터 젖을 찾기 시작한다(울부짖으면서)
(벧전 1:3) 찬송하리로다 우리 주 예수 그리스도의 아버지 하나님이 그 많으신 긍휼대로 예수 그리스도의 죽은 자 가운데서 부활하심으로 말미암아 우리를 거듭나게 하사 산 소망이 있게 하시며

(2) 살아서 태어난 아기가 젖을 먹울수 있음(마22:32) 하나님은 산 자의---)(벧전 2:2) 갓난 아이들 같이 순전하고 신령한 젖을 사모하라 이는 이로 말미암아 너희로 구원에 이르도록 자라게 하려 함이라
그래서 하나님께서는 우리에게(나) 입을 벌리고 하나님의 생명의 말씀을 먹어라 하십니다.
(겔 2:8) 인자야 내가 네게 이르는 말을 듣고 그 패역한 족속같이 패역하지 말고 네 입을 벌리고 내가 네게 주는 것을 먹으라 하시기로
하나님의 말씀 생명의 말씀에 관하여는 우리가 먹고 보고(요 1:14) 만진바가 되어야(요일 1:1-2) 주의 말씀의 맛이 어찌 그리 단지요(본문119:103) 고백 하게 됩니다.
하나님의 생명에 말씀을 잘 먹고 내 안에 있는 더러운 것들을 (렘17:9, & 막7:21-22) 내어 보내야 아프지 않고 잘 자라날 수 있습니다.
(벧전 2:1) 그러므로 모든 악독과 모든 궤휼과 외식과 시기와 모든

비방하는 말을 버리고

아기가 잘 먹고 잘 싸고 잘 자라야 하나님의 기쁨임 건강하게 잘 자라야 하나님의 은혜와 축복이 임합니다.

(눅 2:40) 아기가 자라며 강하여지고 지혜가 충족하며 하나님의 은혜가 그 위에 있더라

아기는 자라 가면서 생명의 말씀에 맛을 알기 시작합니다

〈참조〉 뼈는 피가 생산되는 곳입니다.

(잠1 6:24) 선한 말은 꿀 송이 같아서 마음에 달고 뼈에 양약이 되느니라

하나님의 생명의 말씀에 맛을 마음에서 느끼고 있읍니다 그 꿀 송이 같은 맛을 마음이 느꼈을때 그때부터 마음에 눈이 열리기 시작합니다. 이때를 영안이 열리는 때라 합니다.

(엡 1:18) 너희 마음 눈을 밝히사 그의 부르심의 소망이 무엇이며 성도 안에서 그 기업의 영광의 풍성이 무엇이며

우리(나)에 마음눈이 열리때 그때야 하나님의 부르심의 소망이 무엇인지 깨닫기 시작함을 아시기 바랍니다 (체험신앙)

(롬 8:24~25) 우리가 소망으로 구원을 얻었으매 보이는 소망이 소망이 아니니 보는 것을 누가 바라리요 25. 만일 우리가 보지 못하는 것을 바라면 참 음으로 기다릴지니라.

2. 주의 법도로 인하여

〈참조〉 본문(시 119:104절) 주의 법도로 인하여 내가 명철케 되었으므로 모든 거짓 행위를 미워하나이다.

하나님의 말씀은 언약의 말씀이며 곧 법이고 명령임 이말씀은 어려서부터 자녀들을 가르쳐 하나님 아버지를 (롬8:14-16) 알게 하여야함 (신 6:6-7)

(딤후 3:15) 또 네가 어려서부터 성경을 알았나니 성경은 능히 너로 하여금 그리스도 예수 안에 있는 믿음으로 말미암아 구원에 이르는 지혜가 있게 하느니라

오늘날 하나님께서는 내게(우리) 말씀하고 계십니다

(신 6:6~7) 오늘날 내가 네게 명하는 이 말씀을 너는 마음에 새기고 7네 자녀에게 부지런히 가르치며 집에 앉았을 때에든지 길에 행할 때에든지 누웠을 때에 든지 일어날 때에 든지 이 말씀을 강론할 것이며

하나님의 말씀은 법이고 명령이기 때문에 순종하고 지켜야 합니다.

(전 12:13) 일의 결국을 다 들었으니 하나님을 경외하고 그 명령을 지킬지어다 이것이 사람의 본분이니라

하나님의 말씀을 우리의 (나) 의 로서는 지킬 수 없습니다.

(롬3:10) 기록한바 의인은 없나니 하나도 없으며

죄인들은 하나님의 법을 지킬 수도 없으며 율법을 통하여서는 죄를 깨달을 뿐입니다. (참조) :율법은 613가지며 줄인것이 10계명이며 또 줄인 것이 2계명 하나님을 사랑하고 네 이웃을 사랑하라는 말씀입니다)

(1) 하나님의 법을 지킬수 있는 방법

(시107:9) 저가 사모하는 영혼을 만족케 하시며 주린 영혼에게 좋은 것으로 채워주심 이로다

하나님은 우리의(나) 중심을 보십니다

(삼상16:7) 여호와께서 사무엘에게 이르시되 그 용모와 신장을 보지 말라 내가 이미 그를 버렸노라 나의 보는 것은 사람과 같지 아니하니 사람은 외모를 보거니와 나 여호와는 중심을 보느니라

하나님의 자녀가 아니고서는 하나님의 법과 명령을 지킬 수 없으며 (롬 8:14~16, & 갈4:6) 또한 그리스도인이 아니고서는(롬8:9) 하나님의 말씀에 순복할 수 없음을 깨닫기 바랍니다

하나님의 말 곧 율례와 규례를 지키기 위해서는 하나님의 자녀로서 (양자 롬 8:24~16) 하나님의 영이 내 안에 있어야 하나님의 법과 명령을 행할수 있음을 알기(깨닫기) 바랍니다

그래서 예수님을 영접하고(요 1:12~13) 예수님의 보혈에 피로 죄 사함 받고(엡1:7) 새로운 피조물로써(고후5:17) 한 영으로(고전 6:17) 예수님께 부활 생명으로 연합한 자들만(롬6:5-6) 하나님의 율례와 규례을 지켜 행할 수 있음을 알기 바랍니다.

(겔 36:26~27) 또 새 영을 너희 속에 두고 새 마음을 너희에게 주되 너희 육신에서 굳은 마음을 제하고 부드러운 마음을 줄 것이며 27, 또 내 신을 너희 속에 두어 너희로 내 율례를 행하게 하리니 너희가 내 규례를 지켜 행할지라

이런 자들에게 하나님께서는 "의"에 말씀을 경험하면서 실상의 행동으로 체험하게 하십니다

(히 5:13~14) 대저 젖을 먹는 자마다 어린아이니 의의 말씀을 경험하지 못한 자요 14, 단단한 식물은 장성한 자의 것이니 저희는 지각을 사용하므로 연단을 받아 선악을 분변 하는 자들이니라

단단한 식물을 먹고(출 12:15-16) 장성한 자들은(엡4:13) 연단을 받아 (훈련을 받아 (광야 40년))의에 군병들입니다. 이런 자들이 생각에는 하나님의 법이 있으며 저희 들의 마음에는 말씀이 있어서 하나님의 말씀에 순종하고 따를 수 있습니다.

(히 8:10) 또 주께서 가라사대 그 날 후에 내가 이스라엘 집으로 세울 언약이 이것이니 내 법을 저희 생각에 두고 저희 마음에 이것을 기록하리라 나는 저희에게 하나님이 되고 저희는 내게 백성이 되리라

(2) 명철케 되었으므로(본문) (시119:104) 주의 법도로 인하여 내가 명철케 되었으므로 모든 거짓 행위를 미워하나이다

명철하다는 것은 하나님의 말씀지혜가 충만하게 임한자입니다

(눅 2:40, & 약1:17) 이런 자들은 지각을 사용하여 선악을 분별할 수 있는 자들이며(히 5:14) 이런 자들이 하나님의 자녀로서 죄를 짓지 아니하며 마귀의 일을 멸할 수 있는 자입니다.

(요일 3:8) 죄를 짓는 자는 마귀에게 속하나니 마귀는 처음부터 범죄함이니라 하나님의 아들이 나타나신 것은 마귀의 일을 멸하려 하심이니라

이런 자녀들에게 마귀을 제어할 능력과 권세을 하나님 아버지께서 주십니다

(눅10:19) 내가 너희에게 뱀과 전갈을 밟으며 원수의 모든 능력을 제어할 권세를 주었으니 너희를 해할 자가 결단코 없으리라

(3) 성령의 인도함을 좇아 행함

(계 14:4) 이 사람들은 여자로 더불어 더럽히지 아니하고 정절이 있는 자라 어린 양이 어디로 인도하든지 따라가는 자며 사람 가운데서 구속을 받아 처음 익은 열매로 하나님과 어린 양에게 속한 자들이니.

3. 내 발에 등이요 내 길에 빛이다(본문 시 119:105)

(요 1:9)참 빛 곧 세상에 와서 각 사람에게 비취는 빛이 있었나니

생명의 빛이 되시는 예수님이 오시어도 흑암에 메여있는 자들은 알아보지 못합니다. (마 8:22, & 마 23:27)

(요 1:5)빛이 어두움에 비취되 어두움이 깨닫지 못하더라.

그래서 우리는(나) 세상의 생명의 빛이 되시는 예수님을 따라가야 합니다.

(요 8:12)예수께서 또 일러 가라사대 나는 세상의 빛이니 나를 따르는 자는 어두움에 다니지 아니하고 생명의 빛을 얻으리라

예수님을 영접하는 자에게 생명의 빛이 임합니다

(요 1:4) 그 안에 생명이 있었으니 이 생명은 사람들의 빛이라

이런 자들이 세상의 빛이며 이 생명의 빛이 비춰면 어두움은 물러가며 귀신도 한길로 왔다가 7길로 도망갑니다.

(마5:14~16) 너희는 세상의 빛이라 산 위에 있는 동네가 숨기지 못할 것이요 15. 사람이 등불을 켜서 말 아래 두지 아니하고 등경 위에 두나니 이러므로 집안 모든 사람에게 비취느니라 16. 이같이 너희 빛을 사람 앞에 비취게 하여 저희로 너희 착한 행실을 보고 하늘에 계신 너희 아버지께 영광을 돌리게 하라

이 사람들이 왕 같은 제사장들이며 (벧전 2:9) 그 생명의 빛이 발등에 등이 되어 길을 비추어 줍니다

(계 22:5) 다시 밤이 없겠고 등불과 햇빛이 쓸데없으니 이는 주 하나님이 저희에게 비취심이라 저희가 세세토록 왕 노릇 하리로다

4. 거짓 행위를 미워함(본문 시 119:104)

빛 가운데 거한 자들은 어두움을 싫어하고 음란과 탐심과 거짓과 우상을 미워함(골 3:5, & 벧전 2:1)

이런 자들은 한 입으로 두말을 하지 않으며 두 마음을 가지지 않습니다.

(약 3:11) 샘이 한 구멍으로 어찌 단물과 쓴 물을 내겠느뇨

그래서 그리스도 안에서 부활 생명으로 거듭난 영(성령)이 함께하면(고전 6:17) 어두움을 싫어하며 거짓 행위를 미워합니다. 이런 자들이 마귀에서 해방된 자유를 누리며 하늘에 형상을 입은 자들로서(고전 15:49) 이 땅에서도 하나님의 영광을 행위로 서 나타냅니다.

(고후 3:17~18) 주는 영이시니 주의 영이 계신곳에는 자유함이 있느니라 18. 우리가 다 수건을 벗은 얼굴로 거울을 보는 것같이 주의 영광을 보매 저와 같은 형상으로 화하여 영광으로 영광에 이르니 곧 주의 영으로 말미암음이니라

이런 자들이 의인이며 생명의 말씀에 맛을 아는 자들이며 세상에 생명의 빛을 비추는 자들입니다.

(마 13:43) 그때에 의인들은 자기 아버지 나라에서 해와 같이 빛나리라 귀 있는 자는 들으라

그래서 이 세대는 성령이 교회들에게 하시는 말씀을 들어야 할 것입니다(계 2:7)

9. 생명의 말씀은 살았고

본문(요 5:2~4절) 예루살렘에 있는 양 문 곁에 히브리 말로 베데스다라 하는 못이 있는데 거기 행각 다섯이 있고 3. 그 안에 많은 병자, 소경, 절뚝발이, 혈기 마른 자들이 누워 물의 동함을 기다리니 4. 이는 천사가 가끔 못에 내려와 물을 동하게 하는데 동한 후에 먼저 들어가는 자는 어떤 병에 걸렸든지 낫게 됨이리라.

하나님의 말씀 영이요 생명의 말씀은(요 6:63) 살았고 운동력이 있어 하나님의 말씀을 먹으면(겔 2:8) 내 안에서 살아서 역사 하므로 인하여 내 안에 있던 어두움의 영들이 "다" 물러가며 또한 모든 불순물이 (렘 17:9) 다 씻기어 나가기 때문에 모든 질병이 나으며 흑암의 권세에서도 해방되어 (골 1:13) 자유함을 얻게 됩니다(갈5:13)

(히 4:12~13) 하나님의 말씀은 살았고 운동력이 있어 죄 우에 날선 어떤 검보다도 예리하여 혼과 영과 및 관절과 골수를 찔러 쪼개기까지 하며 또 마음의 생각과 뜻을 감찰하나니 13. 지으신 것이 하나라도 그 앞에 나타나지 않음이 없고 오직 만물이 우리를 상관하시는 자의 눈앞에 벌거벗은 것같이 드러나느니라

하나님은 선하시기 때문에 선한 말을 하시며 생명을 살리는 운동력의 말씀입니다.

(잠 16:24) 선한 말은 꿀 송이 같아서 마음에 달고 뼈에 양약이 되느니라(뼈는 피를 생산함이라)

"베데스다"의 의미 = 올리브의 집. 은혜의 집. 자비의 집을 뜻함

"못"= 못에는 물이 모여 있는 곳임 (샘물이 솟아나는 곳)

예수님께서는 "물"로 제자들의 발을 씻기셨습니다. (요 13:5)

예수님께서는 십자가에서 피와 물을 흘러 주었습니다(요 19:34)

하나님의 말씀은 영이요 생명의 말씀임(요6:63)

(피 = 레 17:11. 육체의 생명은 피에 있음이라)

(물 = 엡 5: 26. 물 = 말씀)

그래서 십자가에서(요 19:34) 예수님께서 흘러주신 피와 물을 생명수라고 합니다

(엡5:26) 이는 곧 물로 씻어 말씀으로 깨끗하게 하사 거룩하게 하시고 물이 있어야 깨끗하게 할 수 있으며 우리의(나) 생각과 마음도 (생명수 = 생명의 말씀 = 천국 복음)으로 깨끗게 할수 있다는 것을 믿으시기 바랍니다.

(딤전 4:5) 하나님의 말씀과 기도로 거룩하여짐이니라

오직 주님의 말씀만이 생명수여서 우리(나)의 영혼을 깨끗게 하여 주시며 우리(나)의 영안을 뜨게 하여 주십니다

하나님께서 주시는 물은 생명수여서 솟아나는 샘물이며 그래서 날마다 새로운 생명수를 먹어야 우리의(나) 영이 자라납니다. 오직 여호와 하나님이 주시는 "물" 만이 우리를(나) 살리십니다

(렘 17:13) 이스라엘의 소망이신 여호와여 무릇 주를 버리는 자는 다 수치를 당할 것이라 무릇 여호와를 떠나는 자는 흙에 기록이 되오리니 이는 생수의 근원이신 여호와를 버림이나이다.

예수님을 영접하고 하나님의 자녀가 된(요 1:12~13) 여러분들은 생수의 근원이신 하나님을 늘 경배하며 찬송하며 주님과 동행하는 삶

을 살아가시길 바랍니다.

(창 5:24)에녹이 하나님과 동행하더니 하나님이 그를 데려가시므로 세상에 있지 아니하였더라.

에녹은 하나님과 동행하는 삶을 살아가므로 인하여 하나님과 화평을 이루며 (골 1:20) 이 땅에서도 하늘과 땅이 통일된 천국되어 사는 "삶"을 누렸기 때문에 (엡 1:10) 하늘에 있던 땅에 살던 에녹이 있는 곳이 천국이었음이라(마 18:20)

그래서 예수님을 영접하고 믿는 여러분들은 말씀이 육신이 되어 (요 1:14) 우리 가운데 계신 예수님과 날마다 동행하시어 이 땅에서도 에녹과 같이 천국되어 살아가면서 왕 같은 제사장으로서 (벧전 2:9) 이 땅을 다스리며 행복한 "삶"을 누리시길 축원합니다

1. 태초에 있는 말씀이 하나님이시다.

(요 1:1) 태초에 말씀이 계시니라 이 말씀이 하나님과 함께 계셨으니 이 말씀은 곧 하나님이시니라.

하나님의 말씀은 볼 수 없습니다. 왜! 하나님을 보는 자는 죽기 때문에 하나님은 영이시기 때문에 볼수 없습니다.

(요 6:63) 살리는 것은 영이니 육은 무익하니라 내가 너희에게 이른 말이 영이요 생명이라

하나님은 영이요 생명의 말씀으로 모든 세계를 지으셨으며 말씀에 능력으로 우리를 부르시고 붙잡고 계시며 인도하고 계십니다

(히 1: 2~3) 이 모든 날 마지막에 아들로 우리에게 말씀하셨으니 이 아들을 만유의 후사로 세우시고 또 저로 말미암아 모든 세계를 지으셨느니라 3. 이는 하나님의 영광의 광채시오. 그 본체의 형상이시라 그의 능력의 말씀으로 만물을 붙드시며 죄를 정결케 하는 일을 하시고 높은 곳에 계신 위엄의 우편에 앉으셨느니라

이 하나님은 스스로 계시며 태초의 하나님이십니다.

(출 3:14) 하나님이 모세에게 이르시되 나는 스스로 있는 자니라 또 이르시되 너는 이스라엘 자손에게 이같이 이르기를 스스로 있는 자가 나를 너희에게 보내셨다 하라

스스로 계신 하나님이 오늘날 우리의(나) 하나님이십니다

(마 22:32) 나는 아브라함의 하나님이요 이삭의 하나님이요 야곱의 하나님이로라 하신 것을 읽어 보지 못하였느냐 하나님은 죽은 자의 하나님이 아니요 산 자의 하나님이시니라 하시니

(1) 이런 하나님이 말씀이 육신이 되시어 우리 가운데 계십니다.

(요1:14) 말씀이 육신이 되어 우리 가운데 거하시매 우리가 그 영광을 보니 아버지의 독생자의 영광이요 은혜와 진리가 충만하더라

이런 분은 하나님의 생명에 말씀이 함께 하므로 인하여 육체의 상관된 계명을 좇지 않고 무궁한 생명의 능력을 좇 아 일을 하십니다

(히 7:16) 그는 육체에 상관된 계명의 법을 좇지 아니하고 오직 무궁한 생명의 능력을 좇아 된 것이니

하나님의 무궁한 생명의 말씀에 능력이 있기 때문에 우리(나)를 죽이기도 하시고 살리기도 하시며 음부에 내리기도 하시고 올리기도 하십니다.

(삼상 2:6~7) 여호와는 죽이기도 하시고 살리기도 하시며 음부에 내리게도 하시고 올리기도 하시는 도다 7. 여호와는 가난하게도 하시고 부하게도 하시며 낮추기도 하시고 높이기도 하시는 도다

이러한 하나님이 나를 붙잡고 계시기 때문에 하나님은 나의 피난처가 되시며 나의 반석이시며 나의 산성입니다

(시18:2) 여호와는 나의 반석 이시요 나의 요새 시요 나를 건지시는 자시요 나의 하나님 이시요 나의 피할 바위 시요 나의 방패 시요 나의 구원의 뿔이시요 나의 산성이시로다.

(2) 말씀이 육신이 되어 오신 예수님

말씀이 육신이 되어 오신(요 1:14) 예수님께서는 우리 가운데서 우리와 함께 지내시기 위하여 오히려 자기를 비어 종의 형체로 사람의 모양으로 나타나셨습니다.

(빌 2:7~8) 오히려 자기를 비어 종의 형체를 가져 사람들과 같이 되었고 8. 사람의 모양으로 나타나셨으매 자기를 낮추시고 죽기까지 복종하셨으니 곧 십자가에 죽으심이라.

그래서 예수님께서는 십자가에서 죽으시며 피와 물(생명수)을 흘러 주시어 우리의 영혼을 살리셨던 것입니다.

(요 19:34) 그중 한 군병이 창으로 옆구리를 찌르니 곧 피와 물이 나오더라.

(피 = 레 17:11, & 물 = 엡 5: 26(생명수)

예수님께서 흘러주신 생명수가(요 19:34) 우리(나)에게 흘러들어와야 우리가(나) 예수님과 하나 되어 (갈 4:6) DNA가 같아 하나님 아버지를 아 바 아버지라 부를 수 있읍니다

"그러면 어떻게 하여야 예수님의 피와 물이(생명수) 내 안에 들어온줄 알 수 있을까요?"

(요일 5:6-8) 이는 물과 피로 임하신 자니 곧 예수 그리스도시라 물로만 아니요 물과 피로 임하셨고 7. 증거 하는 이는 성령이시니 성령은 진리니라 8. 증거 하는 이가 셋이니 성령과 물과 피라 또한 이 셋이 합하여 하나이니라

그래서 세례 요한께서는 물로만 아니요 성령으로 세례를 받으라고 간곡히 권하고 있읍니다. 그래야 예수님을 알수 있기 때문입니다

(마3:11) 나는 너희로 회개케 하기위하여 물로 세례를 주거니와 내 뒤에 오시는 이는 나보다 능력이 많으시니 나는 그의 신을 들기도 감당치 못하겠노라 그는 성령과 불로 너희에게 세례를 주실 것이요

예수님을 영접하고 믿는 여러분은 꼭 성령세례를 받아 생명의 말씀이 되신 예수님을 들은 바요 눈으로 본 바요 손으로 만진 바가 되어 체험 신앙인으로 증인의 삶(선교, 전도)을 살아가시길 바랍니다.

(요일 1:1~2) 태초부터 있는 생명의 말씀에 관하여는 우리가 들은 바요 눈으로 본 바요 주목하고 우리 손으로 만진 바라 2, 이 생명이 나타내신 바 된지라 이 영원한 생명을 우리가 보았고 증거하여 너희에게 전하노니 이는 아버지와 함께 계시다가 우리에게 나타내신 바 된 자니라

이런 예수님이 흑암의 권세 아래서 종노릇하던 우리를(나) 예수님의 빛에 나라로 옮겨준 것입니다(이걸 믿씁니까?)

(골1:13) 그가 우리를 흑암의 권세에서 건져내사 그의 사랑의 아들의 나라로 옮기셨으니

2. 왜! 베데스다의 "못"에 들어가야 하나?

〈참조〉(시 29:3절) 여호와의 소리가 물 위에 있도다. 영광의 하나님이 뇌성을 발하시니 여호와는 많은 물 위에 계시도다

못에는 항시 물이 있으며 가뭄에도 샘솟기 때문에 날마다 새로운 물이 솟아남 (렘 17:13, &계 22:1~2)

(계 22:1) 또 저가 수정같이 맑은 생명수의 강을 내게 보이니 하나님과 및 어린 양의 보좌로부터 나서 (생명수 ⇒ 예수님 ⇒ 생명의 말씀 천국복음 ⇒ 하나님)

이 생명수가 내 안에서 살아서 역사할때 모든 어둠이 물러가고 모든 질병이 치유받음(히 4:12~13) 또한 소경도 눈을 고침 받음

아무 못에나 가서 눈을 씻는다고 소경의 눈이 고침받는 것이 아니라 꼭 예수님이 보내주신 못(실로암)에 가서 눈을 씻어야 고침을 받는다는 것을 깨달으시기 바랍니다

(요 9:6~7)이 말씀을 하시고 땅에 침을 뱉아 진흙을 이겨 그의 눈에 바르시고 7, 이르시되 실로암 못에 가서 씻으라 하시니 (실로암은 번역하면 보냄을 받았다는 뜻이라) 이에 가서 씻고 밝은 눈으로 왔더라

교회에는 생명수 = 생명의 말씀이 있어야 하며 이 생명수가 소경되었던 우리의 영안에 눈을 뜨게 하여 준다는 것을 믿으시기 바랍니다

실로암에는 생명수가 있었으며 이 물이 통하여(운동력 살아서) 우리(나)의 눈을 밝게 하여 줍니다

사랑하는 성도 여러분 각인의 영광이 다르다는 것을 알고 계셔야 합니다.

예수님이 계시는 교회 /생명의 말씀이 있는 교회/ 성령님이 함께하는 교회에서 /나의 구원을 이루어 가시길 권합니다.

(겔 47:1) 그가 나를 데리고 전 문에 이르시니 전의 전면이 동을 향하였는데 그 문지방 밑에서 물이 나와서 동으로 흐르다가 전 우편 제단 남편으로 흘러내리더라

생명수가 흐르는 제단(교회)에서 모든 고침을 받으시고 하나님께 영광 올리시길 축원합니다

(고전 15:40~41) 하늘에 속한 형체도 있고 땅에 속한 형체도 있으나 하늘에 속한 자의 영광이 따로 있고 땅에 속한 자의 영광이 따로 있으니 41해의 영광도 다르며 달의 영광도 다르며 별의 영광도 다른데 별과 별의 영광이 다르도다 =아멘=

10, 마음에 기록된 말씀

본문 (고후 3:2절) 너희가 우리의 편지라 우리 마음에 썼고 뭇 사람이 알고 읽는 바라.

우리가(나) 예수님을 영접하고 믿는(요1:12~13) 하나님의 자녀라면

하나님의 언약에 말씀을 생각에 두고 마음에 새겨 달려가면서도 읽을 수 있는 하나님의 자녀와 백성이 되어야 합니다

(히 8:10) 또 주께서 가라사대 그 날 후에 내가 이스라엘 집으로 세울 언약이 이것이니 내 법을 저희 생각에 두고 저희 마음에 이것을 기록하리라 나는 저희에게 하나님이 되고 저희는 내게 백성이 되리라

우리안에 하나님의 말씀이 없으면 예수님을 믿는다는 우리들은 외식하는 자며 바리세인과 서기관들처럼 회칠한 무덤일 것이다

(마 23:27) 화 있을진저 외식하는 서기관들과 바리새인들이여 회칠한 무덤 같으니 겉으로는 아름답게 보이나 그 안에는 죽은 사람의 뼈와 모든 더러운 것이 가득하도다

이렇게 마른뼈들 같은 자에게 하나님께서는 에스겔에서 "이상"을 통하여 하나님의 말씀을 대언하여 생기를 불어넣으라고 명하고 있습니다.

〈참조〉(창 2 : 7절) 여호와 하나님이 흙으로 사람을 지으시고 생기를 그 코에 불어 넣으시니 사람이 생령이 된지라. (생명의 숨을 그의 콧구멍에 불어넣으시니 사람이 살아 있는 혼이 되니라.〈 K J B〉)

(겔 37:9) 또 내게 이르시되 인자야 너는 생기를 향하여 대언하라 생기에게 대언하여 이르기를 주 여호와의 말씀에 생기야 사방에서부터 와서 이 사망을 당한 자에게 불어서 살게 하라 하셨다 하라

하나님의 생명에 말씀은 대언의 영을(계 19:10) 통하여 선포할 때 예수님의 증거가 나타났습니다.

그래서 살리는 것은 영이니 육은 무익함이라.

(요 6:63) 살리는 것은 영이니 육은 무익하니라 내가 너희에게 이른 말이 영이요 생명이라

영이요 생명의 말씀을 먹기 위해서는 입을 벌여야 먹을 수 있습니다.

하나님을 영접하고 믿는 자들이 하나님의 말씀을 한 귀로 듣고 한

귀로 흘러보내기 때문에 영적으로 자라지 못하여 어린아이의 신앙과 믿음으로 건물 된 예배당을 다니고 있다.

그러나 부활 생명으로 거듭난 자녀들은 입으로(겔2:8) 하나님이 주시는 젖을 먹고 (벧전 2:2) 싸고 (벧전 2:1)하면서 강하여지고 자라나 (눅 2:40) 하나님의 지혜와 은혜가 충만하여 구원을 이루어 가므로 인하여 하나님과 그의 아들을 아는 것과 믿는 것에 장성한 분량까지 자라나(엡 4:13) 의의 군병으로 하나님께 귀히 쓰임 받는 것이다

이런 자들이 하나님의 자녀이며(요1:12~13) 빛에 자녀들이다. (요 1:4)

이렇게 장성한 분량까지 자라기 위해서는 하나님의 말씀 영이요 생명의 말씀을 먹고(겔 2:8) 아구까지 채워야 흘러내려서 이웃에게도 나누어 줄수 있습니다.

(요 2 : 7) 예수께서 저희에게 이르시되 항아리에 물을 채우라 하신즉 아구까지 채우니 하나님의 말씀은 영이요 생명임 육신의 생각은 사망이니라.

(롬 8 : 5~6) 육신을 좇는 자는 육신의 일을, 영을 좇는 자는 영의 일을 생각하나니 6, 육신의 생각은 사망이요 영의 생각은 생명과 평안이니라.

영이요 생명의 말씀이(생명수) 아구까지 채우니 그때부터 하나님의 말씀이 살아서 운동력이 있어(히 4:12) 물이 변하여 포도주(피=생명 레 17:11)가 되는 역사가 일어 납니다.

이 생명수가 우리에게(나) 들어온 만큼 영이 자라나며 하나님의 지혜와 은혜와 (눅 2:40) 복이 하나님께로 부터 내려옵니다

1. 하나님의 형상을 닮아간다

어린아이가 자라가면서 자기 부모님의 형상과 지체를 닮아가듯이 예수님을 영접하고 믿는 우리들도 부활 생명으로 거듭나면 (벧전1:3)

갓난아이들 같이 자라가면서 구원을 이루어 가면서 하나님의 아들에 형상과 지체가 나타나기 시작합니다

(벧전 2:2)갓난 아이들같이 순전하고 신령한 젖을 사모하라 이는 이로 말미암아 너희로 구원에 이르도록 자라게 하려 함이라

하나님께서는 흙으로 사람을 지으셨습니다.(창 2:7) 흙에 생기가 들어가므로 인하여 생명이 (신령한 사람) 됩니다. (흙에 생명수가 들어가야 하나님의 형상이 나타나기 시작합니다)

즉 우리에게 영이요 생명의 말씀이 들어와야 하나님의 형상과 지체로 (창 1:26~27) 만들어 진다는 것을 알기 바랍니다

혼인 잔치가(천국) 아무에게나 열리지 않습니다. 내 안에서 아구까지 생명수가 찰 때 이웃과 더불어 천국 잔치를 할 수 있는 것입니다.

그러기 위해서는 하나님의 아들을 아는 것과 믿는 것에 장선한 분량까지 잘 아나 슬기로운 다섯 처녀처럼(마25:1~13) 기름을 가지고 깨어 있기를 바랍니다

(엡 4:13) 우리가 다 하나님의 아들을 믿는 것과 아는 일에 하나가 되어 온전한 사람을 이루어 그리스도의 장성한 분량이 충만한 데까지 이르리니

영이요 생명의 말씀을 먹을 때 (겔 2:8 먹으면 하나가 됩니다.) 예수님과 하나가 되어 그때부터 그리스도 예수의 마음이 됩니다. (빌 2:5)

그래서 하나님의 말씀, 영이요 생명의 말씀은 어려서 부터 생각에 두게 하고 마음에 새기게 하여야 합니다.

2. 구원에 이르는 지혜가 임함이라.

(딤후 3:15~17) 또 네가 어려서부터 성경을 알았나니 성경은 능히 너로 하여 금 그리스도 예수 안에 있는 믿음으로 말미암아 구원에

이르는 지혜가 있게 하느니라. 16. 모든 성경은 하나님의 감동으로 된 것으로 교훈과 책망과 바르게 함과 의로 교육하기에 유익하니 17, 이는 하나님의 사람으로 온전케 하며 모든 선한 일을 행하기에 온전케 하려 함이니라.

어려서부터 하나님께서 주시는 생명의 말씀을 먹으면서 자라나면 (눅 2 : 40) 하늘에 지혜와 은혜가 충만하여서 강하여지며 구원에 이르도록 교훈과 책망과 바르게 함으로 교육하여 선한 일을 행하기에 온전케 됨이라.

(1) 경건에 이르도록 훈련해야 한다.

훈련을 시작할 때는 미약할지라도 참음으로 인내하면 나중에는 결실로 나타남이라.

(욥 8 : 7) 네 시작은 미약하였으나 네 나중은 심히 창대하리라

경건에 이르기 위해서는 망령되고 허탄한 신화를 버려야 한다.

(딤전 4:7~8) 망령되고 허탄한 신화를 버리고 오직 경건에 이르기를 연습하라 8. 육체의 연습은 약간의 유익이 있으나 경건은 범사에 유익하니 금생과 내생에 약속이 있느니라

꼭 경건에 훈련을 하여야 예수님의 형상과 지체를 닮아갑니다.

우리의(나) 의로는 할 수 없으나 생명의 말씀을 먹으면서 자라나면 살아서 역사하시는 (히 4:12) 생명의 말씀이 성령을 통하여 도와서 경건에 이루도록 인도하여 주십니다

(요 16:13) 그러하나 진리의 성령이 오시면 그가 너희를 모든 진리 가운데로 인도하시리니 그가 자 의로 말하지 않고 오직 듣는 것을 말하시며 장래 일을 너희에게 알리시리라

예수님을 믿고 건물 된 예배당에 다니시는 많은 신자들이(종교인) 경건의 모양으로 또는 입으로만 (마 7:21) 주님을 부르며 믿음 생활을

하는데 이런 자들에게서 하나님께서는 돌아서라 하십니다

(딤후 3 : 5)경건의 모양은 있으나 경건의 능력은 부인하는 자니 이 같은 자들에게서 네가 돌아서라

여호와 하나님께서는 우리의(나) 모양을 보시는 것이 아니라 우리의(나) 능력과 중심을 보십니다(삼상 16:7)

(2) 영이요 생명의 말씀을 먹는 자는 그리스도의 고난을 체험합니다.

거듭난 성도들이 생명의 말씀을 먹으면서 강하여지면 경건의 모양으로 믿음 생활을 하는 사람들과 세상 사람들로부터 미움과 시기를 받아 그때부터 그리스도의 시험과 고난에 동참하기 시작하면서 경건에 훈련을 받아 갑니다

(딤후 1: 8) 그러므로 네가 우리 주의 증거와 또는 주를 위하여 간힌 자 된 나를 부끄러워 말고 오직 하나님의 능력을 좇아 복음과 함께 고난을 받으라.

거듭난 성도들은 고난 가운데 서도 예수님의 십자가의 사랑을 (롬 5 : 8) 체험 함으로 인하여 성령안에서 그리스도의 몸된 교회를 세워가는데 지체로서(고전 12:27) 함께 참여합니다.

(골 1:24)내가 이제 너희를 위하여 받는 괴로움을 기뻐하고 그리스도의 남은 고난을 그의 몸된 교회를 위하여 내 육체에 채우노라.

(3) 그리스도의 고난에 참여하면 내 마음의 갑옷으로 입혀집니다

(벧전 4:1) 그리스도께서 이미 육체의 고난을 받으셨으니 너희도 같은 마음으로 갑옷을 삼으라 이는 육체의 고난을 받은 자가 죄를 그쳤음이니

그리스도의 고난을 내 육체에 채울때 하나님의 능력이 임합니다

(고전 1:18) 십자가의 도가 멸망하는 자들에게는 미련한 것이요 구원을 얻는 우리에게는 하나님의 능력이라.

3. 생명의 말씀이 내 안에 들어오면 불순물(골3:5, & 벧전2:1)을 제거함이라.

(욥23 :10) 나의 가는 길을 오직 그가 아시나니 그가 나를 단련하신 후에는 내가 정금 같이 나오리라

하나님께서는 우리를 "불" 가운데서 단련시키어 불순물을 빼냅니다

(히 12 : 29) 우리 하나님은 소멸하는 불이심이니라. 그래서 우리 안에 있는 괴악하고 악독한 불순물을(막 7:21-23) 생명의 말씀을 먹고 다 배설물로 내어 버려야 함

(고전 5 :6~8) 너희의 자랑하는 것이 옳지 아니하도다. 적은 누룩이 온 덩어리에 퍼지는 것을 알지 못하느냐 7, 너희는 누룩 없는 자인데 새 덩어리가 되기 위하여 묵은 누룩을 내어 버리라 우리의 유월절 양 곧 그리스도께서 희생이 되셨느니라 8, 이러므로 우리가 명절을 지키되 묵은 누룩도 말고 괴악하고 악독한 누룩도 말고 오직 순전함과 진실함의 누룩 없는 떡으로 하자

불순물이 (엡 4: 22) 빠져나가면 참 마음과 온전한 믿음으로 하나님께 나아갈 수 있습니다.

(히 10 : 22) 우리의 마음에 뿌림을 받아 양심의 악을 깨닫고 몸을 맑은 물로 (겔 36:25) 씻었으니 참 마음과 온전한 믿음으로 하나님께 나아가자

(1) 이런 자들이 성령으로 난 자들입니다. (요 1:13)

(요 3 : 6) 육으로 난 것은 육이요 성령으로 난 것은 영이니

이런 자들은 어린양이 인도하는 대로 따라가는 자들입니다

(계 14 : 4) 이 사람들은 여자로 더불어 더럽히지 아니하고 정절이 있는 자라 어린 양이 어디로 인도하든지 따라가는 자며 사람 가운데서 구속받아 처음 익은 열매로 하나님과 어린 양에게 속한 자들이니

(2) 하나님의 역사를 따라 수고함이라.

(빌 2:13) 너희 안에서 행하시는 이는 하나님이시니 자기의 기쁘신 뜻을 위하여 너희로 소원을 두고 행하게 하시나니

그래서 예수님을 영접하고 믿는 성도라면 영이요 생명의 말씀(천국복음)을 먹고 하나님의 아들을 아는 것과 믿는 것에 장성한 분량까지 자라나(엡4:13) 성령을 통하여 내 속에서 역사하는 능력으로 예수님의 증인에 "삶"(전도, 선교)을 살아가야 합니다

(골 1: 29) 이를 위하여 나도 내 속에서 능력으로 역사하시는 이의 역사를 따라 힘을 다하여 수고하느라

이런 자들이 예수님의 제자이며 그리스도의 몸된 일꾼들입니다

(골 1: 25) 내가 교회 일꾼 된 것은 하나님이 너희를 위하여 내게 주신 경륜을 따라 하나님의 말씀을 이루려 함이니라

(3) 그래서 하나님의 일꾼 된 자들은 전도와 선교을 하여야 합니다

(골1: 28)우리가 그를 전파하여 각 사람을 권하고 모든 지혜로 각 사람을 가르침은 각 사람을 그리스도 안에서 완전한 자로 세우려 함이니

이렇게 그리스도 안에서 완전 한자 (장성한자)로 의 의군병으로 자란 난 자들이 그리스도 반석 위에 교회를 (집) 짓는 자들입니다.

(마7:24~25) 그러므로 누구든지 나의 이 말을 듣고 행하는 자는 그 집을 반석 위에 지은 지혜로운 사람 같으리니 25, 비가 내리고 창수가 나고 바람이 불어 그 집에 부딪히되 무너지지 아니하나니 이는 주초를 반석 위에 놓은 연고요.

(4) 이런 자들은 남을 나보다 낮게 여기며 겸손과 진실함으로 사랑의 교제를 나눔 (빌 2 : 3) 아무 일에든지 다툼이나 허영으로 하지 말고 오직 겸손한 마음으로 각각 자기보다 남을 낮게 여기고 그래서 그리스도의 사랑으로 성령 안에서 그리스도의 몸이 오늘날에도 세워지고 있음을 깨닫길 (요 1: 5) 바랍니다

(엡2 : 2 0~22 너희는 사도들과 선지자들의 터 위에 세우심을 입은 자라 그리스도 예수께서 친히 모퉁이 돌이 되셨느니라 21, 그의 안에서 건물마다 서로 연결하여 주 안에서 성전이 되어 가고 22, 너희도 성령 안에서 하나님의 거하실 처소가 되기 위하여 예수 안에서 함께 지어져 가느니라

(예) 반석이시며 (고전 10:4) 모퉁이 돌이 되신 (벧전 2 : 6) 예수님 없이 집을 지면 바람이 불면 다 무너져 죽음을 맞이합니다. (욥1:19)

이럴 때 만물이 그리스도의 몸인 교회에 순종함이라

(엡 1:22~23) 또 만물을 그 발아래 복종하게 하시고 그를 만물 위에 교회의 머리로 주셨느니라 23, 교회는 그의 몸이니 만물 안에서 만물을 충만케 하시는 자의 충만이니라

하나님께서는 우리(나)가 장성한 자가 되어 이 땅에서 왕 같은 제사장으로서 (벧전 2 :9) 이 땅을 지배하고 다스리기를 원하십니다

그렇게 하기 위해서는 어려서부터 하나님의 말씀을 마음 판에 새겨서 달려가면서도 읽을 수 있는 하나님의 백성들이 되시길 축원합니다.

(신 6 : 6~7) 오늘날 내가 네게 명하는 이 말씀을 너는 마음에 새기고 7, 네 자녀에게 부지런히 가르치며 집에 앉았을 때든지 길에 행할 때든지 누웠을 때든지 일어날 때든지 이 말씀을 강론할 것이며

(강론 : 기본적인 원리나 말씀을 설명하는 것입니다.)

11. 참된 복음

본문 (롬 1:14~17절) 헬라인이나 야만이나 지혜 있는 자나 어리석은 자에게 다 내가 빚진 자라 15, 그러므로 나는 할 수 있는 대로 로마에 있는 너희에게도 복음 전하기를 원하노라 16, 내가 복음을 부끄러워하지 아니하노니 이 복음은 모든 믿는 자에게 구원을 주시는 하

나님의 능력이 됨이라 첫째는 유대인에게요 또한 헬라인에게 로다.
17, 복음에는 하나님의 의가 나타나서 믿음으로 믿음에 이르게 하나니
기록된바 오직 의인은 믿음으로 말미암아 살리라 함과 같으니라.

참된 복음에는 하나님의 의가 되시는 예수님이 나타나며 참된 복음
하늘에서 내려온 산 떡을 먹으면 (요 6:51) 급진적으로 변화된 사람도
있지만 먹는 만큼 조금씩 변화된 사람도 있음

(요 6:51) 나는 하늘로서 내려온 산 떡이니 사람이 이 떡을 먹으면
영생하리라 나의 줄 떡은 곧 세상의 생명을 위한 내 살이로라 하시니라

예수님께서 주시는 참 복음에는 세상의 누룩이 하나도 섞여 있지
않아(출 12:15) 참된 복음을 먹는 자마다 속 사람이 거듭나서 자라나
며 물이 변하여 포도주가 되듯(요 2:7~9) 말과 행동이 변하여 생명의
빛을 (요 1:4)나타내 그리스도의 생명의 향기를 날려(고후 2:14-16)
이 땅에서 빛과 소금에 맛을(시 119:103) 나타냅니다

그래서 예수님을 영접하고 하나님의 자녀가 (요 1:12-13)된 자들은
참된 복음을 먹어야 합니다

(겔 2:8) 인자야 내가 네게 이르는 말을 듣고 그 패역한 족속같이
패역 하지 말고 네 입을 벌리고 내가 네게 주는 것을 먹으라 하시기로

1. 참된 복음을 먹어야 구원에 이르는 지혜가 나타남

(딤후 3:15~17) 또 네가 어려서부터 성경을 알았나니 성경은 능히
너로 하여 금 그리스도 예수 안에 있는 믿음으로 말미암아 구원에
이르는 지혜가 있게 하느니라 16, 모든 성경은 하나님의 감동으로
된 것으로 교훈과 책망과 바르게 함과 의로 교육하기에 유익하니 17,
이는 하나님의 사람으로 온전케 하며 모든 선한 일을 행하기에 온전
케 하려 함이니라.

구원이란 모든 죄와 매임에서 해방되어 자유함을 누리는 것임(고
통, 좌절, 질병, 시기, 등에서 벗어나는 것입니다)

(1) 하나님의 감동으로 쓰여진 성경에 말씀을 통하여 교훈이 옵니다. (분별의 축복)

말씀에는 맛을 느끼므로 인하여 체험을 하며 하나님의 법도를 알아감 (시 119:103~105) 주의 말씀의 맛이 내게 어찌 그리 단지요 내 입에 꿀보다 더하나이다. 104, 주의 법도로 인하여 내가 명철케 되었으므로 모든 거짓 행위를 미워하나이다 105, 주의 말씀은 내 발등이요 내 길에 빛입니다.

참된 복음에 말씀의 맛을 알고 먹고 자라서 장성한 분량까지 자라난 자들이 예수님의 오실 일을 예비하시며 세상에 나아가 복음을 외칩니다.

〈침례〉 요한=석청을 먹었음(석청은 반석에서 나는 꿀임 반석은=고전 10:4)

(마 3:3~4) 저는 선지자 이사야로 말씀하신 자라 일렀으되 광야에 외치는 자의 소리가 있어 가로되 너희는 주의 길을 예비하라 그의 첩경을 평탄케 하라 하였느니라 4, 이 요한은 약대 털옷을 입고 허리에 가죽띠를 띠고 음식은 메뚜기와 석청이었더라

"요한이 먹은 음식 "메뚜기와 석청"

하나님의 말씀은 영이요 생명임(요6:63) 오직 영적으로 하나님의 말씀을 깨달을 때 복음으로 역사함(살아남)

"석청"=석청은 바위굴에서 따는 꿀입니다. (바위=반석) 성경에서 반석은(고전 10:4) 예수 그리스도를 상징하고 있습니다. 세례요한은 "반석"이 되시는 예수 그리스도께서 주시는 꿀을 음식으로 먹었습니다. 성경에서 "꿀"은 (시 119:103)에 주님의 말씀에(천국 복음) 비유하여 말씀하고 있습니다. 즉 세례요한은 예수님께서 주시는 참된 복음을 영에 양식으로 먹음으로 인하여 메뚜기도 먹을 수 있었습니다.

"메뚜기"=메뚜기는 성경에서 재앙을 의미합니다(출 10:4~5)

〈참조〉메뚜기: (사 40:22절) 그는 땅 위 궁창에 앉으시나니 땅의 거민들은 메뚜기 같으니라 그가 하늘을 차일 같이 펴셨으며 거할 천막같이 베푸셨고

(나훔 3:17절) 너의 방백은 메뚜기 같고 너의 대장은 큰 메뚜기 떼가 추운 날에는 울타리에 깃들였다가 해가 뜨면 날아감과 같으니 그 있는 곳을 알 수 없도다

다시금 강조하겠습니다. 하나님의 말씀은 영이요 생명입니다.

(민13:33) 거기서 또 네피림 후손 아낙 자손 대장부들을 보았나니 우리는 스스로 보기에도 메뚜기 같으니 그들의 보기에도 그와 같았을 것이니라

하나님의 은혜로 애굽의 종살이에서 해방되어 하나님의 은혜로 광야에서 하나님이 주시는 만나를 먹으면서 모세의 인도함을 받으며 부족의 대표로 뽑혀 정담 꾼으로서 가나안 땅의 실상을 보고 온 자들이 자신들을 스스로 "메뚜기"로 칭하고 있습니다.

이런 "메뚜기" 같은 자들은 "석청"을 먹는(시 119:103) 자들에게는 밥(음식)이라는 것을 깨달으시기 바랍니다.

세상이 아무리 어렵고 재앙이 임한다 하더라도 참된 복음을 (석청) 먹고 장성한 분량까지(엡4:13) 자란 의의 군병 갈렙과 여호수아와 같은 자들에게는 "밥"(메뚜기) 으로 보인다는 것을 알기 바랍니다.

그래서 예수님을 영접하고 믿는 성도라면 성경을 어려서부터 교훈 삼아 배워야 하며 영이요 생명의 말씀으로 (참된 진리 복음) 가르쳐야 합니다.

(신 6:6~7) 오늘날 내가 네게 명하는 이 말씀을 너는 마음에 새기고 7, 네 자녀에게 부지런히 가르치며 집에 앉았을 때에든지 길에 행할 때든지 누웠을 때든지 일어날 때든지 이 말씀을 강론할 것이며

(2)가르치다 보면 책망할 것이 다 드러납니다.

(엡5:13) 그러나 책망을 받는 모든 것이 빛으로 나타나나니 지혜로운 자녀들은 아비의 훈계를 잘 듣습니다.

(잠 13:1) 지혜로운 아들은 아비의 훈계를 들으나 거만한 자는 꾸지람을 즐겨 듣지 아니하느니라

(잠 1:18) 훈계를 저버리는 자에게는 궁핍과 수욕이 이르거니와 경계를 지키는 자는 존영을 얻느니라

하나님은 빛이시며 하나님의 생명 말씀은 (천국 복음) 살아서 운동력이 있으며 예리한 "검"보다도 더 예리함 그래서 우리가(나) 하나님 앞에 서면 다 드러나게 되어있음 (거짓, 시기, 미움, 질투, 질병, 문둥이병 등등)

(히 4:12~13) 하나님의 말씀은 살았고 운동력이 있어 좌우에 날선 어떤 검보다도 예리하여 혼과 영과 및 관절과 골수를 찔러 쪼개기까지 하며 또 마음의 생각과 뜻을 감찰하나니 13 지으신 것이 하나라도 그 앞에 나타나지 않음이 없고 오직 만물이 우리를 상관하시는 자의 눈 앞에 벌거벗은 것같이 드러나느니라

그래서 하나님께서는 내가 거룩하고 너희도 거룩하라 말씀하고 계십니다 (벧전 1:15-16,) 진실하고 성결한 하나님의 자녀들이 됩시다. = 아멘=

(3) 하나님께서는 우리를(나) "의"로 교육함(의=롬1:17)

〈참조〉(행2 :17절) 하나님이 가라사대 말세에 내가 내 영으로 모든 육체에게 부어 주리니 너희의 자녀들은 예언할 것이요 너희의 젊은이들은 환상을 보고 너희의 늙은이들은 꿈을 꾸리라.

(요 16:13) 그러하나 진리의 성령이 오시면 그가 너희를 모든 진리 가운데로 인도하시리니 그가 자의로 말하지 않고 오직 듣는 것을 말하시며 장래 일을 너희에게 알리시리라

(4) 선한 일들 하게 하기 위하여 온전하게끔 장성하게 자라게 함이라.

(마 5:48) 그러므로 하늘에 계신 너희 아버지의 온전하심과 같이 너희도 온전하라

우리들이(나) 온전하기 위해서 하나님과 하나님이 보내신 아들 예수 그리스도를 아는 것과 믿는 것에 장성한 분량까지 자라나야 합니다.

(엡4:13) 우리가 다 하나님의 아들을 믿는 것과 아는 일에 하나가 되어 온전한 사람을 이루어 그리스도의 장성한 분량이 충만한 데까지 이르리니

2. 온전한 사람이 되기 위해서는 산 떡을 먹어야 합니다.

(요 6:35) 예수께서 가라사대 내가 곧 생명의 떡이니 내게 오는 자는 결코 주리지 아니할 터이요 나를 믿는 자는 영원히 목마르지 아니하리라

산 떡을(요 6:51) 먹는 자들만이 영생이 있으며 영생이 (부활 생명) 있는 자들에게는 성경에 이름과 같이 그 배에서 생명수가 솟아나기 때문에(렘 17:13, & 계 22:1) 목마르지도 않고 사마리아 여인처럼 물동이를 머리에 이는 수고를 하지 않습니다

내 안에서 생명의 말씀이 통하여 살아서 운동력을 할 때 (히 4:12) 생명수가 솟아나 물동이를 버릴 수 있으며 동네 사람들에게도 "메시아"예수 그리스도를 증거 하며 세례요한처럼 외칠 수 있습니다

(요 4:28~29) 여자가 물동이를 버려두고 동네에 들어가서 사람들에게 이르되 29.나의 행한 모든 일을 내게 말한 사람을 와 보라 이는 그리스도가 아니냐 하니

이 예수님이 말씀이 육신이 되어 우리 가운데 함께 하시는(요1:14) 하나님 아버지의 독생자이시며 생명의 말씀이시며 천국복음 입니다

(요7:38) 나를 믿는 자는 성경에 이름과 같이 그 배에서 생수의 강이 흘러나리라 하시니 이 생수를 갔다주면은 물 떠온 종들은 알고 있으나(요 2:9) 연회장은 물로 된 포도주를 맛보고 어디서 났는지 알지 못

하되 물 떠온 하인들은 알더라 연회장이 신랑을 불러

사랑하는 성도 여러분 하루빨리 성령세례를 받고(마 3:11) 거듭나서 어린아이같이 신령한(벧전 2 : 2) 젖 맛을 맛보고 말씀 분별에 은혜을 입기를 예수님의 이름으로 축원합니다.

예수님께서도 (마 4:4)에서 사람이 떡으로만 살 것이 아니요. 하나님의 입으로 나오는 모든 말씀으로 살 것이라 하였습니다. 참된 천국복음에 맛을 꼭 알고 분변하고(히 5:14) 단단한 식물을(출12:15-16) 먹고(무교 병=누룩이 없는 떡) 식물과 함께(갖추고) 성회에 참여하여 하나님께 참된 예배를 드리시길 바랍니다.

3. 이런 자들이 그리스도"인"이며 하나님을 아바 아버지라 부를 수 있는 진정한 하나님의 자녀들입니다. (양자)(롬 8:14-16)

(롬 8:9~11) 만일 너희 속에 하나님의 영이 거하시면 너희가 육신에 있지 아니하고 영에 있나니 누구든지 그리스도의 영이 없으면 그리스도의 사람이 아니라 10. 또 그리스도께서 너희 안에 계시면 몸은 죄로 인하여 죽은 것이나 영은 의를 인하여 산 것이니라 11.예수를 죽은 자 가운데서 살리신 이의 영이 너희 안에 거하시면 그리스도 예수를 죽은 자 가운데서 살리신 이가 너희 안에 거하시는 그의 영으로 말미암아 너희 죽을 몸도 살리시리라.

그리스도의 영이 내 안에 있어야 마지막 날에 죽을 몸도 살립니다.

(요 6:40) 내 아버지의 뜻은 아들을 보고 믿는 자마다 영생을 얻는 이것이니 마지막 날에 이를 다시 살리리라 하시니라

그래서 하나님께서는 말씀이 육신이 되어 우리 가운데 계신 예수님을 영접하고 (요 1:12)하나님께로서 거듭난 자녀들이(벧전 1:3-4) 되어 산소망을 갖고 하늘에 기업을 이어가기를 원하십니다

(요3:6) 육으로 난 것은 육이요 성령으로 난 것은 영이니 내가 성령으로 거듭나기 위해서는 예수님과 합하여야 함 (고전 6:17) 주와 합

하는 자는 한영이니라.

4. 주와 합한 영들만이(롬 8:9) 그리스도의 몸 된 교회를 아가페 사랑으로 함께 지어져(세워) 갑니다

(엡 2:20~22) 너희는 사도들과 선지자들의 터 위에 세우심을 입은 자라 그리스도 예수께서 친히 모퉁이 돌이 되셨느니라 21, 그의 안에서 건물마다 서로 연결하여 주 안에서 성전이 되어 가고 22, 너희도 성령 안에서 하나님의 거하실 처소가 되기 위하여 예수 안에서 함께 지어져 가느니라.

(1)집을 짓는 데는 모퉁이 돌이 필요함

(벧전 2:4~8) 사람에게는 버린 바가 되었으나 하나님께는 택하심을 입은 보배로운 산 돌이신 예수에게 나아와 5, 너희도 산 돌같이 신령한 집으로 세워지고 예수 그리스도로 말미암아 하나님이 기쁘게 받으실 신령한 제사를 드릴 거룩한 제사장이 될지니라 6, 경에 기록하였으되 보라 내가 택한 보배롭고 요긴한 모퉁이 돌을 시온에 두노니 저를 믿는 자는 부끄러움을 당치 아니하리라 하였으니 7, 그러므로 믿는 너희에게는 보배이나 믿지 아니하는 자에게는 건축자들의 버린 그 돌이 모퉁이의 머릿돌이 되고 8. 또 한 부딪히는 돌과 거치는 반석이 되었다. 하니라 저희가 말씀을 순종치 아니하므로 넘어지나니 이는 저희를 이렇게 정하신 것이라.

(모퉁이 돌 위에 짓지 아니하면 (욥 1:19) 다 죽음 (마 7:26-27)

구원을 주시는 분은 모퉁이 돌이 되시는 예수님뿐입니다. (행 4:12)

(2) 구원을 이루어 주시는 머릿돌이 되시는 예수님

(벧전 2:7) 그러므로 믿는 너희에게는 보배이나 믿지 아니하는 자에게는 건축자들의 버린 그 돌이 모퉁이의 머릿돌이 되고 그러므로 예수님을 영접하고 믿는 성도들은 생명의 말씀이 되시는 예수님을(천

국복음) 듣고 보고 손으로 만진바가 되어 영원한 생명을 증거하는 증인의 삶을 누리기를 축원합니다. (요일 1:1~2) =아멘=

제 4 장. 율법과 하나님은

12, 율법과 복음

본문 (갈 2:16) 사람이 의롭게 되는 것은 율법의 행위에서 난 것이
아니요 오직 예수 그리스도를 믿음으로 말미암는 줄 아는 고로 우리도
그리스도 예수를 믿나니 이는 우리가 율법의 행위에서 아니고 그리스도를
믿음으로서 의롭다 함을 얻으려 함이라 율법의 행위로서는 의롭다 함을
얻을 육체가 없느니라

예수님을 영접하고 믿는 성도라면 세상의 지혜도 세상 사람들보다는
더 가져서 마귀의 지략을 다 알고 마귀를 대적해야 하며 마귀는 율밥을
갖고 믿는 자들을 유혹하여 사망으로 끌고 갑니다. 그래서 예수님께
서는 우리에게(나) 뱀 같이 지혜롭고 비둘기같이 순결하라 말씀하고
계십니다.

(마 10:16) 보라 내가 너희를 보냄이 양을 이리 가운데 보냄과 같도다
그러므로 너희는 뱀같이 지혜롭고 비둘기같이 순결하라

〈참조〉선생 = (고전 4:15 절) 그리스도 안에서 일만 스승이 있으되
아비는 많지 아니하니 그리스도 예수 안에서 복음으로써 내가 너희를
낳았음이라.

마귀는 예수님을 영접하고 믿는 자들에게 먹음 직도하고 보암직도
하고 지혜롭게 할 만큼 탐스러운 것들로 (창 3:6) 유혹하며 예수님을
믿더라도 경건에 모양으로 종교인으로서 (딤후 3:5) 나의 "의"로 하나
님을 찾으라 하며 아볼로 처럼 물세례만 받고 예수에 관한 것을 열심
히 배워서(행 18:24~25) 선생 노릇 하면서 많은 종교인들을 즉 입으
로만 주여 주여하면서 마음은 하나님께 멀리 떠난 자로(마7:21)서 이
땅에서 착하게 살아 가도록하여 끝내는 사망의 길로 인도합니다

〈참조〉(사 29:13절) 주께서 가라사대 이 백성이 입으로는 나를 가

까이하며 입술로는 나를 존경 하나 그 마음은 내게서 멀리 떠났나니 그들이 나를 경외함은 사람의 계명으로 가르침을 받았을 뿐이라

또 한 조상들의 유전과 사람의 계명으로 가르쳐 예수님에 대하여는 열심을 내게 하면서도 하나님의 계명과 율례와 규례를 지켜 행할 수 없도록 성령에 대하여 있음도 듣지도 못하게 합니다.

(행 19: 2) 가로되 너희가 믿을때에 성령을 받았느냐 가로되 아니라 우리는 성령이 있음도 듣지 못하였노라.

오직 성령을 통하여 하나님의 깊은 뜻을 깨달을수 있으며 성령이 임하지 하고 서는 하나님의 율례와 규례를 (겔 36:26-27)지켜 행할 수 없읍니다

(고전 2:10) 오직 하나님이 성령으로 이것을 우리에게 보이셨으니 성령은 모든 것 곧 하나님의 깊은 것이라도 통달하시느니라

그래서 세례 요한도 회개의 물세례만 받지 말고 불과 성령으로 성령세례를 받으라고(마3:11) 권하고 있습니다.

(마 3:11) 나는 너희로 회개케 하기 위하여 물로 세례를 주거니와 내 뒤에 오시는 이는 나보다 능력이 많으시니 나는 그의 신을 들기도 감당치 못하겠노라 그는 성령과 불로 너희에게 세례를 주실 것이요

그래서 예수님을 영접한 하나님의 자녀라면 (요 1:12-13)성령세례를 받고(롬6:5-6) 에수님과 한영으로 (고전 6:17) 부활 생명이(영생) 내 안에 임해야 합니다(벧전 1:3)

이런 자들은 마귀가 미혹하거나. 유혹하여도 죄를 미워하고 짓지 아니하기 때문에 마귀의(뱀) 밥이 안됩니다(창 3:14)

(요일 3:9) 하나님께로서 난 자마다 죄를 짓지 아니하나니 이는 하나님의 씨가 그의 속에 거함이요 저도 범죄 치 못하는 것은 하나님께로서 났음이라.

그래서 새 언약의 일꾼들은 의문으로 (율법)하지 않고 영으로 (복음) 일하며 살리는 것임이니라

(고후3:6) 저가 또 우리로 새 언약의 일꾼 되기에 만족케 하셨으니 의문으로 하지 아니하고 오직 영으로 함이니 의문은 죽이는 것이요 영은 살리는 것임이니라.

1. 율법과 복음의 차이점

(1) 율법은? 하나님의 말씀을 내가 지켜서 의로움을 얻고자하는 자를 말함

이런 자는 사람이 주체가 되며 사람의 공로로(노력으로) 하나님께 제사를(예배) 드립니다. 예) 가인(창 4:3~5)

사람이 하나의 우상(허상)을 세워 놓고 종교인들처럼 "도"를 쌓아가듯 열심으로 나의 "의"로 공 드리는 것입니다.

(2) 복음은? 기쁜 소식을 말함(좋은 소식) 이 세상에는 없고 오직 하나님이 주신 소식이어야 기쁜 소식입니다.

기쁜 소식은 하나님께서 시작하는 것이어야 기쁘고 좋은 소식입니다.

(창 1:1) 태초에 하나님이 천지를 창조 하시니라

(렘 33:2) 일을 행하시는 여호와 그것을 지어 성취하는 여호와 그 이름을 여호와라 하는 자가 이같이 이르노라.

하나님이 우리와 함께 하시면서 주시는 소식이 기쁜 소식입니다.

(삿 6:12) 여호와의 사자가 기드 온에게 나타나 이르되 큰 용사여 여호와께서 너와 함께 하시도다

여호와 하나님께서 기드 온에 와서 주시는 말씀이 기쁜 소식입니다.

(3) 마귀와 율법

마귀는 율법이란 기계를 갖고 육신에서 (보이는것) 일하며 늘 정죄함으로 사망으로 인도합니다.

(고전 15:55~56) 사망아 너의 이기는 것이 어디 있느냐 사망아 너의 쏘는 것이 어디 있느냐 56, 사망이 쏘는 것은 죄요 죄의 권능은 율법이라

마귀는 우리(나)를 율법을 갖고 참소합니다

〈참조〉(욥 1:6~10절) 하루는 하나님의 아들들이 와서 여호와 앞에 섰고 사단도 그들 가운데 왔는지라. 7, 여호와께서 사단에게 이르시되 네가 어디서 왔느냐 사단이 여호와께 대답하여 가로되 땅에 두루 돌아 여기저기 다녀왔나이다. 8, 여호와께서 사단에게 이르시되 네가 내 종 욥을 유의하여 보았느냐 그와 같이 순전하고 정직하여 하나님을 경외하며 악에서 떠난 자가 세상에 없느니라. 9, 사단이 여호와께 대답하여 가로되 욥이 어찌 까닭 없이 하나님을 경외하리이까. 10, 주께서 그와 그 집과 그 모든 소유물을 산울로 두르심이 아니니이까 주께서 그 손으로 하는 바를 복되게 하사 그 소유물로 땅에 널리게 하셨음이 니이다.

(슥 3:1~5) 대제사장 여호수아는 여호와의 사자 앞에 섰고 사단은 그의 우편에 서서 그를 대적하는 것을 여호와께서 내게 보이시니라 2,여호와께서 사단에게 이르시되 사단아 여호와가 너를 책망하노라 예루살렘을 택한 여호와가 너를 책망하노라 이는 불에서 꺼낸 그슬린 나무가 아니냐 하실때에 3, 여호수아가 더러운 옷을 입고 천사 앞에 섰는지라 4,여호와께서 자기 앞에 선 자들에게 명하사 그 더러운 옷을 벗기라 하시고 또 여호 수아 에게 이르시되 내가 네 죄과를 제하여 버렸으니 네게 아름다운 옷을 입히리라 하시기로 5,내가 말하되 정한 관을 그 머리에 씌우소서 하매 곧 정한 관을 그 머리에 씌우며 옷을

입히고 여호와의 사자는 곁에 섰더라

그래서 하나님께서는 남의 허물이 보일 때는 먼저 내 눈에 대들 보부터 빼라 말씀하고 계십니다

(4)하나님과 복음

하나님께서는 성령이란 복음 기계로 우리 안에서 영으로 일을 하십니다. 성령은 우리의 외모를 보시지 아니하시며(삼상 16:7) 우리의 중심을 보시며 우리를 살리는 역사의 일을 행하십니다

고전 12:3 그러므로 내가 너희에게 알게 하노니 하나님의 영으로 말하는 자는 누구든지 예수를 저주할 자라 하지 않고 또 성령으로 아니하고는 누구든지 예수를 주시라 할 수 없느니라

성령이 임한 자라야 주를 그리스도라 시인하며 (롬 8:9) 성령이 내 안에서 역사하는 자들이 하나님의 음성을 듣고 분변 합니다(히 5:14)

2. 율법과 복음의 관계

(1) 율법을 주신 목적 : 죄를 깨닫게 하기위해서 주셨습니다.

(롬 3:20) 그러므로 율법의 행위로 그의 앞에 의롭다 하심을 얻을 육체가 없나니 율법으로 는 죄를 깨달음이니라

오직 율법은 우리에게 몽학 선생이 되어 그리스도 예수께로 인도합니다

(갈 3:24) 이같이 율법이 우리를 그리스도에게로 인도하는 몽학선생이 되어 우리로 하여금 믿음으로 말미암아 의롭다 함을 얻게 하려 함이니라

죄를 깨달으면 예수님께로 가서 회개하고 죄 사함을 받아야 함 (엡 1:7)

(롬 2:13) 하나님 앞에서는 율법을 듣는 자가 의인이 아니요 오직 율법을 행하는 자라야 의롭다 하심을 얻으리니

(2) 복음을 준 목적

복음을 듣고 믿는 자들에게 하나님의 자녀가 되는 권세를 주시기 위함임

(요 1:12~13) 영접하는 자 곧 그 이름을 믿는 자들에게는 하나님의 자녀가 되는 권세를 주셨으니 13, 이는 혈통으로나 육정으로나 사람의 뜻으로 나지 아니하고 오직 하나님께로서 난 자들이니라

복음에만 하나님의"의"가 되시는 예수님이 나타납니다.

(롬 1:17) 복음에는 하나님의 의가 나타나서 믿음으로 믿음에 이르게 하나니 기록된 바 오직 의인은 믿음으로 말미암아 살리라 함과 같으니라

복음을 통하여 하나님의 능력이 나타남

(롬1:16) 내가 복음을 부끄러워하지 아니하노니 이 복음은 모든 믿는 자에게 구원을 주시는 하나님의 능력이 됨이라 첫째는 유대인에게요 또한 헬라인에게로다.

이렇게 복음이(예수님) 임한 자들은 오직 부름의 상을 바라보며 표적이 뚜렷합니다

(빌 3:12~14) 내가 이미 얻었다 함도 아니요 온전히 이루었다 함도 아니라 오직 내가 그리스도 예수께 잡힌 바 된 그것을 잡으려고 좇아가노라 13, 형제들아 나는 아직 내가 잡은 줄로 여기지 아니하고 오직 한 일 즉 뒤에 있는 것은 잊어버리고 앞에 있는 것을 잡으려고 14, 푯대를 향하여 그리스도 예수 안에서 하나님이 위에서 부르신 부름의 상을 위하여 좇아가노라.

이런 자들이 하나님의 은혜아래 있는 자이며(엡 2:8) 의에 군병으로서 사명의식이 뚜렷하고 세상에 생명을 나타내는 복음의 증인들임

(롬 6:13~14) 또한 너희 지체를 불의의 병기로 죄에게 드리지 말고 오직 너희 자신을 죽은 자 가운데서 다시 산 자같이 하나님께 드리며 너희 지체를 의의 병기로 하나님께 드리라 14죄가 너희를 주관치 못하리니 이는 너희가 법아래 있지 아니하고 은혜 아래 있음이니라

그래서 율법으로는 죄를 깨닫고 살기 위해서는 복음을 믿어야 합니다. 복음에도 내가 주체가 되어 믿는 믿음이 아니라 하나님의 주권 아래서 창세전에 계획하신 하나님의 경륜 가운데서 (엡 1:4~9) 때가 찬 경륜 가운데서 각인의 때를 따라 예정 하신데로 우리를(나) 택하시어 구속하시어서 예수님을 믿게 하심으로 하나님과 화평을 이르고(골 1:20) 십자가의 사랑으로(엡 1:10) 이웃과도 하나 되어 그리스도 안에서 천국되어 살아갈 수 있도록 은혜를 베풀어 주신 하나님을 찬양합시다

(롬 4:7~9) 그 불법을 사하심을 받고 그 죄를 가리우심을 받는 자는 복이 있고 8, 주께서 그 죄를 인정치 아니하실 사람은 복이 있도다 함과 같으니라 9, 그런즉 이 행복이 할례자에게뇨 혹 무할례자에게도뇨 대저 우리가 말하기를 아브라함에게는 그 믿음을 의로 여기셨다 하노라

오직 믿음으로 말미암아 살리라

(롬 10:10) 사람이 마음으로 믿어 의에 이르고 입으로 시인하여 구원에 이르느니라

=할렐루야, 아멘=

13, 여호와 하나님

본문 (창 4:26절) 셋도 아들을 낳고 그 이름을 에노스라 하였으며 그때에 사람들이 비로소 여호와의 이름을 불렀더라

구약 성경에는 여호와 하나님과 관계된 이름이 일곱 가지가 있으며 이를 "여호와의 복합 명칭이라" 부릅니다

그 일곱 가지의 이름 속에는 여호와 하나님이 어떤 분이신지 구체적으로 계시되어 있으며 여호와 하나님의 이름은 우리의 생명과 구원과 밀접한 관계가 있음을 알 수 있습니다.

여호와 하나님의 이름은 피조물인 우리(나) 인간의 구원과 생명을 위하여 "계시" 되었으며 신앙생활은 여호와 하나님을 바로 알고 바로 믿고 그를 경배하며 찬양하며 따르는 것입니다

그 하나님이 스스로 계시는 분이시며 우리를(나) 구원하실 여호와 하나님 이십니다(사 43:11)

(출 3:14) 하나님이 모세에게 이르시되 나는 스스로 있는 자니라 또 이르시되 너는 이스라엘 자손에게 이같이 이르기를 스스로 있는 자가 나를 너희에게 보내셨다 하라

이 하나님은 우리가 필요한 것을 공급해 주시는 분이시며 예비하여 주시는 분입니다

1. 여호와 이레 [준비] (The Lord will provide)

(창 22:13~14) 아브라함이 눈을 들어 살펴본즉 한 숫양이 뒤에 있는데 뿔이 수풀에 걸렸는지라 아브라함이 가서 그 숫양을 가져다가 아들을 대신하여 번제로 드렸더라 14 아브라함이 그 땅 이름을 여호와이레라 하였으므로 오늘까지 사람들이 이르기를 여호와의 산에서

준비되리라 하더라

여호와 하나님은 우리를 치료하시는 능력의 하나님이십니다

2. 여호와 라파 [치료] (The Lord is healer)

(출 15:26) 가라사대 너희가 너희 하나님 나 여호와의 말을 청종
하고 나의 보기에 의를 행하며 내 계명에 귀를 기울이며 내 모든 규례
를 지키면 내가 애굽 사람에게 내린 모든 질병의 하나도 너희에게 내
리지 아니하리니 나는 너희를 치료하는 여호와임이니라

하나님은 우리 편이 되시며 우리의 깃발이시며 악의(마귀) 세력과
싸워 승리하는 분이십니다

3. 여호와 닛시 [승리] (The Lord is my banner)

(출 17:8~15) 때에 아말렉이 이르러 이스라엘과 르비딤에서 싸우
니라 9. 모세가 여호 수아에게 이르되 우리를 위하여 사람들을 택하
여 나가서 아말렉과 싸우라 내일 내가 하나님의 지팡이를 손에 잡고
산꼭대기에 서리라 10. 여호수아가 모세의 말대로 행하여 아말렉과
싸우고 모세와 아론과 훌은 산꼭대기에 올라가서 11. 모세가 손을 들
면 이스라엘이 이기고 손을 내리면 아말렉이 이기더니 12. 모세의 팔
이 피곤하매 그들이 돌을 가져다가 모세의 아래에 놓아 그로 그 위에
앉게 하고 아론과 훌이 하나는 이편에서, 하나는 저편에서 모세의 손
을 붙들어 올렸더니 그 손이 해가 지도록 내려오지 아니한지라 13.
여호수아가 칼날로 아말렉과 그 백성을 쳐서 파하니라

14. 여호와께서 모세에게 이르시되 이것을 책에 기록하여 기념하게
하고 여호수아의 귀에 외워 들리라 내가 아말렉을 도말하여 천하에서
기억함이 없게 하리라 15. 모세가 단을 쌓고 그 이름을 여호와 닛시라

하고

〈참조〉(벧전 2:5절) 너희도 산 돌같이 신령한 집으로 세워지고 예수 그리스도로 말미암아 하나님이 기쁘게 받으실 신령한 제사를 드릴 거룩한 제사장이 될지니라

(단 2:34절) 왕이 보신즉 사람의 손으로 하지 아니하고 뜨인 신상의 철과 진흙의 발을 쳐서 부숴 뜨리매 하나님은 우리에게 자유와 평강을 주시는 분이시다

4. 여호와 샬롬 [평화] (The Lord is peace)

(삿 6:24) 기드온이 여호와를 위하여 거기서 단을 쌓고 이름을 여호와샬롬이라 하였더라 그것이 오늘까지 아비에셀 사람에게 속한 오브라에 있더라

5. 여호와 로이[주님은 나의 목자] (The Lord is my shepherd)

하나님은 "나의 목자"로 우리 한사람 한사람 이름을 부르시며 돌보시며 인도하시고 보호하고 계십니다

(시 23:1~6) 여호와는 나의 목자시니 내가 부족함이 없으리로다 2, 그가 나를 푸른 초장에 누이시며 쉴 만한 물가으로 인도하시는 도다 3,내 영혼을 소생시키시고 자기 이름을 위하여 의의 길로 인도하시는 도다 4. 내가 사망의 음침한 골짜기로 다닐지라도 해를 두려워하지 않을 것은 주께서 나와 함께 하심이라 주의 지팡이와 막대기가 나를 안위하시나이다 5. 주께서 내 원수의 목전에서 내게 상을 베푸시고 기름으로 내 머리에 바르셨으니 내 잔이 넘치나이다 6. 나의 평생에 선하심과 인자하심이 정녕 나를 따르리니 내가 여호와의 집에 영원히 거하리로다.

6. 여호와 찌드케누 [주님은 우리의 "의"] (The Lord is our righteousness)

하나님은 우리(나)의 "의"가 되시며 하나님을 믿는 자는 정죄를 당하지 않습니다 (렘 23:6) 그의 날에 유다는 구원을 얻겠고 이스라엘은 평안히 거할 것이며 그 이름은 여호와 우리의 의라 일컬음을 받으리라

7. 여호와 삼마 [주님이 함께 하시다] (The Lord is there)

하나님은 항상 우리와 영원히 함께 하시는 분이시다 (하나님께서 거기 계시다)

(겔 48:35) 그 사면의 도합이 일만 팔천 척이라 그 날 후로는 그 성읍의 이름을 여호와 삼마라 하리라. 이러한 여호와 하나님의 이름이 애수님을 통하여 "계시" 됩니다 "예수님을 통하여 계시된 하나님"

예수님께서는 하나님의 독생자로서 말씀이 육신으로(요 1:14) 오시어 여호와 하나님이 어떤 분이신지 계시해 주셨습니다

(1) 예수님을 통하여 계시된 하나님은 어떤 분이신가?

하나님은 "우리의 주(Lord)"가 되시는 분이시며 태초에 천지를 창조하시는 (창 1:1) 분이시며 오늘날에도 온 세상을 붙들고 계시면서 만위 가운데서 만물을 통치하시는 분이십니다

(엡 1:22~23) 또 만물을 그 발 아래 복종하게 하시고 그를 만물 위에 교회의 머리로 주셨느니라 23. 교회는 그의 몸이니 만물 안에서 만물을 충만케 하시는 자의 충만이니라

하나님이 세상을 통치하심을 믿기에 우리는 두려워하지 않고 평안을 얻게 됩니다. 그래서 예수님께서는 바다(세상) 더러 잠잠하라 명하십니다.

(막4:38~39) 예수께서는 고물에서 베개를 베시고 주무시더니 제자들이 깨우며 가로되 선생님이여 우리의 죽게 된 것을 돌아보지 아니하시나이까 하니 39. 예수께서 깨어 바람을 꾸짖으시며 바다더러 이르시되 잠잠하라 고요하라 하시니 바람이 그치고 아주 잔잔하여 지더라.

예수님께서는 하나님의 기쁘신 뜻을 좇아 일을 행하셨으므로 늘 하나님께서 함께 하셨습니다.

(요 8:29) 나를 보내신 이가 나와 함께 하시도다 내가 항상 그의 기뻐하시는 일을 행하므로 나를 혼자 두지 아니하셨느니라

하나님 아버지께서는 항상 예수님과 함께 하시고 예수님의 기도를 들어 주시고 응답하여 주셨습니다.

(요 11:41~42) 돌을 옮겨 놓으니 예수께서 눈을 들어 우러러보시고 가라사대 아버지여 내 말을 들으신 것을 감사하나이다 42. 항상 내 말을 들으시는 줄을 내가 알았나이다 그러나 이 말씀 하옵는 것은 둘러선 무리를 위함이니 곧 아버지께서 나를 보내신 것을 저희로 믿게 하려 함이니라.

예수님은 십자가에서의 죽음을 앞둔 때에도 아버지의 뜻을 구하여서 오직 아버지의 뜻대로 이루시기를 바랍니다

(마 26:39) 조금 나아가사 얼굴을 땅에 대시고 엎드려 기도하여 가라사대 내 아버지여 만일 할 만하시거든 이 잔을 내게서 지나가게 하옵소서 그러나 나의 원대로 마옵시고 아버지의 원대로 하옵소서 하시고 이런 점에서 예수님은 우리(나)의 믿음 생활의 "본"이 되십니다. 우리도 범사에 하나님 아버지의 뜻을 좇아 살아야 하늘에 선령한 복을 받고 누리며 이 땅에서도 천국되어 살아 갈수 있습니다

(예) 에녹 (창 5:21~24) 하나님과 동행하는 삶

"하나님과 동행하는 "삶"의 유익과 축복

우리는 이 땅에서도 하나님의 자녀로 부르심을 받음(요1:12~13)

하나님의 자녀이므로 인하여 하늘에서 좋은 선물이 내려옴(약1:17)

(2) 세상에서 하나님 아버지의 보호를 받습니다.

하나님과 그의 아들 예수님을 알고 믿고 의지하는 사람들은 하나님의 인도와 보호와 복을 누리는 "삶"을 살아갑니다.

(시 18:2) 여호와는 나의 반석이시요 나의 요새시요 나를 건지시는 자시요 나의 하나님 이시요 나의 피할 바위시요 나의 방패시요 나의 구원의 뿔이시요 나의 산성 이 시로다.

(3) 많은 사람들의 생명과 유익을 위해서 쓰임 받는 자가 됩니다

진정으로 하나님과 그의 아들 예수님을 알고 믿는 사람들은 이 세상에서 많은 사람들의 영혼을 구원하는 길로 인도합니다

이런 사람들은 하나님의 임재 속에서 기쁨과 즐거움과 보람속에서 심령천국을 누리는 자이며 하늘에 별과 같은 존재들입니다.

(단 12:3) 지혜 있는 자는 궁창의 빛과 같이 빛날 것이요 많은 사람을 옳은 데로 돌아오게 한 자는 별과 같이 영원토록 비취리라

=할렐루야, 아멘=

14. 예수님은 누구신가?

본문 (빌 2:6~11절) 그는 근본 하나님의 본체시나 하나님과 동등됨을 취할 것으로 여기지 아니하시고 7. 오히려 자기를 비어 종의 형체를 가져 사람들과 같이 되었고 8. 사람의 모양으로 나타나셨으매 자기를 낮추시고 죽기까지 복종하셨으니 곧 십자가에 죽으심이라 9. 이러므로 하나님이 그를 지극히 높여 모든 이름 위에 뛰어난 이름을 주

사 10. 하늘에 있는 자들과 땅에 있는 자들과 땅 아래 있는 자들로 모든 무릎을 예수의 이름에 꿇게 하시고 11. 모든 입으로 예수 그리스도를 주라 시인하여 하나님 아버지께 영광을 돌리게 하셨느니라

예수님을 영접하고(요 1:12) 믿는 우리는 예수님을 하나님의 독생자 아들로서 뿐만 아니라 하나님과 함께 모든 세계를 지으셨으며 (히1:2~3) 하나님의 영광의 광채요 본체의 형상이시며 말씀이 (요 1:1) 육신이 되어 우리 가운데 계시는 (요1:14) 분이시라는 것을 알기 바랍니다.

(히 1:2~3) 이 모든 날 마지막에 아들로 우리에게 말씀하셨으니 이 아들을 만유의 후사로 세우시고 또 저로 말미암아 모든 세계를 지으셨느니라 3. 이는 하나님의 영광의 광채시요 그 본체의 형상이시라 그의 능력의 말씀으로 만물을 붙드시며 죄를 정결케 하는 일을 하시고 높은 곳에 계신 위엄의 우편에 앉으셨느니라

〈참조〉(딤전 2:5절) 하나님은 한 분이시오. 또 하나님과 사람 사이에 중보도 한 분이시니 곧 사람이신 그리스도 예수라.

하나님께서는 그가 창조한 사람이(창 1:26-27) 하나님과의 언약을 어기고 선악과를 따먹음으로 인하여 죄 가운데서 타락한 사람을 구원코자 하였으나 사람 가운데서는 신령한 사람이 한 사람도 없음을 보시고 자기의 "의"로 중재자를 보내 주셨는데 그분이 예수님이십니다.

(사 59:16) 사람이 없음을 보시며 중재자 없음을 이상히 여기셨으므로 자기 팔로 스스로 구원을 베푸시며 자기의 의를 스스로 의지하사. 예수님은 우리를 구원하시기 위하여 오신 하나님의 오른팔에 능력이십니다.

1. 하나님의 능력의 팔

(출 15:6) 여호와여 주의 오른손이 권능으로 영광을 나타내 시니이다. 여호와여 주의 오른손이 원수를 부수시니이다.

하나님의 오른팔이 권능으로 영광을 나타내는 방법은 하나님의 "의"이시며 오른팔의 권능이 되시는 예수님을 이 땅에 보내시어 그의 하시는 일을 통하여 하나님의 영광을 나타내는 것입니다

(요 3:16~17) 하나님이 세상을 이처럼 사랑하사 독생자를 주셨으니 이는 저를 믿는 자마다 멸망치 않고 영생을 얻게 하려 하심이니라 17. 하나님이 그 아들을 세상에 보내신 것은 세상을 심판하려 하심이 아니요 저로 말미암아 세상이 구원을 받게 하려 하심이라

2. 나의 구원자

하나님께서 내 땅에 보내신 예수님을 마음으로 영접하고 믿는 자들에게 영생을 얻게 하셨읍니다

(고전 1:24) 오직 부르심을 입은 자들에게는 유대인이나 헬라인이나 그리스도는 하나님의 능력이요 하나님의 지혜니라. 하나님께서 오직 예수님을 통하여 우리를 구원할 권세를 주셨습니다.

(행 4:12) 다른 이로서는 구원을 얻을 수 없나니 천하 인간에 구원을 얻을 만한 다른 이름을 우리에게 주신 일이 없음이니라 하였더라

우리(나)를 구원 하실분은 오직 예수님 한분 이십니다

3. 말씀이 육신이 되어 오신 예수님
말씀이(요1:1) 육신이 되어(요 1:14)우리 가운데 오셨으며 사람의 모양으로 오시어(빌 2:8) 하나님의 영광을 나타내 주셨읍니다 (십자가에서) = (골 1:20)

예수님은 우리의(나) 죄를 속량하시기 위하여 이땅에 오셨습니다

(갈 3:13)그리스도께서 우리를 위하여 저주를 받은 바 되사 율법의 저주에서 우리를 속량

/하셨으니 기록된바 나무에 달린 자마다 저주 아래 있는 자라 하였음이라

십자가에서 피와 물을 흘러 주시어(요 19:34) 우리의 죄를 다사해 주시어(엡 1:7) 하나님의 영광에 이르게 하여 주신 하나님을 찬양합시다

(롬 3:23~26) 모든 사람이 죄를 범하였으매 하나님의 영광에 이르지 못하더니 24, 그리스도 예수 안에 있는 구속으로 말미암아 하나님의 은혜로 값없이 의롭다 하심을 얻은 자 되었느니라 25, 이 예수를 하나님이 그의 피로 인하여 믿음으로 말미암는 화목제물로 세우셨으니 이는 하나님께서 길이 참으시는 중에 전에 지은 죄를 간과하심으로 자기의 의로우심을 나타내려 하심이니 26, 곧 이 때에 자기의 의로우심을 나타내사 자기도 의로우시며 또한 예수 믿는 자를 의롭다 하려 하심이니라

이러하신 예수님을 우리는 마음으로 영접하고 입으로 시인하여 구원을 얻는 은혜를 입으시길 축원합니다.

(롬 10:10) 사람이 마음으로 믿어 의에 이르고 입으로 시인하여 구원에 이르느니라

4. 수고하고 무거운 짐진 자들아 다 내게로 오라

우리를 구속하시고 구원하시는 예수님께서는 오늘날에도 죄로 인하여 세상에서 고통, 질병 등등 무거운 짐을 지고 살아가는 자들에게어서"오라""오라" 부르고 계십니다

(마 11:28~30) 수고하고 무거운 짐진 자들아 다 내게로 오라 내가

너희를 쉬게 하리라 29, 나는 마음이 온유하고 겸손하니 나의 멍에를 메고 내게 배우라 그러면 너희 마음이 쉼을 얻으리니 30, 이는 내 멍에는 쉽고 내 짐은 가벼움이라 하시니라

흑암의 권세 아래서 종노릇하며 무거운 짐 진자들이 예수님께로 오면 하나님께서는 자기의 사랑 하는 아들의 나라로 인도하여 주십니다

(골1:13~14) 그가 우리를 흑암의 권세에서 건져내사 그의 사랑의 아들의 나라로 옮기셨으니 14, 그 아들 안에서 우리가 구속 곧 죄 사함을 얻었도다

하나님의 아들에 나라로 옮겨진 하나님의 자녀들은(요 1:12-13) 예수안에서 결코 정죄함을 당하지 않습니다.

(롬 8:1~2) 그러므로 이제 그리스도 예수 안에 있는 자에게는 결코 정죄함이 없나니 2, 이는 그리스도 예수 안에 있는 생명의 성령의 법이 죄와 사망의 법에서 너를 해방하였음이라

5. 영생을 얻는 자

하나님의 아들에 나라로 옮겨진 하나님의 자녀들은 생명의 성령의 법아래서(언약) 영원히 "에녹"과 같이 (창 5:21~24)하나님과 살게 되는 것입니다

(요 5:24) 내가 진실로 진실로 너희에게 이르노니 내 말을 듣고 또 나 보내신 이를 믿는 자는 영생을 얻었고 심판에 이르지 아니하나니 사망에서 생명으로 옮겼느니라

생명의 성령에 법아래 있는 자들은 예수님의 생명 안에 있기 때문에 마귀가 찾지 못하고 이런 자들에게는 그리스도 예수님의 보혈에 십자가 피 공료가 있기 때문에 귀신이 한길로 왔다가 일곱 길로 도망갑니다.

하나님의 아들의 나라에서 살기 위해서는 간절한 마음으로 주님을 찾고 주님의 이름을 불러 야합니다.

(렘 33:3) 너는 내게 부르짖으라 내가 네게 응답하겠고 네가 알지 못하는 크고 비밀한 일을 네게 보이리라

하나님께서는 내가(간절한 마음으로) 부르짖을 때 응답하십니다.

(롬 10:13) 누구든지 주의 이름을 부르는 자는 구원을 얻으리라

예수님을 찾고 찾으며 부르짖는 자가 예수님의 부르심을 입습니다.

(고전1:24) 오직 부르심을 입은 자들에게는 유대인이나 헬라인이나 그리스도는 하나님의 능력이요 하나님의 지혜니라

예수님 안에서 있는 자들은 하나님의 능력과 지혜를 갖기 위해서는 내 안에 있는 영이 자라나야 합니다. (속사람이 자라나야 함)

(눅 2:40) 아기가 자라며 강하여지고 지혜가 충족하며 하나님의 은혜가 그 위에 있더라

이런 자들에게 하나님의 기름 부음이 임하며 성령의 역사 하심이 능력으로 권능을 나타냅니다.

(요일 2:27) 너희는 주께 받은바 기름 부음이 너희 안에 거하나니 아무도 너희를 가르칠 필요가 없고 오직 그의 기름 부음이 모든 것을 너희에게 가르치며 또 참되고 거짓이 없으니 너희를 가르치신 그대로 주 안에 거하라

이렇게 구원하시고 하나님의 자녀 삼아서 지혜와 권세를 주시어 많은 사람들을 구원하시기 위하여 오늘도 우리를 하나님께서는 지명하여 부르고 계십니다

(사 43:1) 야곱아 너를 창조하신 여호와께서 이제 말씀하시느니라 이스라엘아 너를 조성하신 자가 이제 말씀하시느니라 너는 두려워 말라 내가 너를 구속하였고 내가 너를 지명하여 불렀나니 너는 내 것

이라.

하나님 우리의 창조자이시며 우리의(나) "주님"이심을 말씀하고 계시며 우리의(나) 구세주가 되심을 말씀하고 계십니다

6. 중보자이신 예수님

(딤전 2:5) 하나님은 한 분이시오 또 하나님과 사람 사이에 중 보도 한 분이시니 곧 사람이신 그리스도 예수라

예수님은 중보자로서 하나님의 뜻을 온전히 이루시는 분이십니다.

(요 4:34) 예수께서 이르시되 나의 양식은 나를 보내신 이의 뜻을 행하며 그의 일을 온전히 이루는 이것이니라

(마 6:10) 나라이 임하옵시며 뜻이 하늘에서 이룬 것같이 땅에서도 이루어지이다.

하늘에서와 땅에서 하나님의 뜻을 이루실 분은 오직 십자가를 통하여 하늘과 땅을 통일시킨 예수님 뿐이십니다

(엡 1:10) 하늘에 있는 것이나 땅에 있는 것이 다 그리스도 안에서 통일되게 하려 하심이라

예수님을 통하여 통일됨으로 우리도 하나님과 화목되어 (골 1:20) 이 땅에서도 천국되어 살게 됨을 깨닫기 바랍니다

(골 1:20) 그의 십자가의 피로 화평을 이루사 만물 곧 땅에 있는 것들이나 하늘에 있는 것들을 그로 말미암아 자기와 화목케 되기를 기뻐하심이라

7. 기도의 중보자가 되시는 예수님

우리의 죄로 (사 59:2) 막히었던 하늘 문을 예수님께서 십자가로 통일시켜 주심으로 인하여 예수님의 이름으로 기도하여야만 중보자 되신 예수님의 기도를 하나님께서 응답하여 주십니다

(요 14:3) 가서 너희를 위하여 처소를 예비하면 내가 다시 와서 너희를 내게로 영접하여 나 있는 곳에 너희도 있게 하리라

예수님의 이름으로 구하여야 하나님 우편에 깨신 예수님께서 중보하여 주십니다

(롬 8:34) 그는 하나님 우편에 계신 자요. 우리를 위하여 간구하시는 자시니라.

(요 14:14) 내 이름으로 무엇이든지 내게 구하면 내가 시행하리라.

그래서 예수님을 영접하고 믿는 성도라면 산 떡이 되시는 (요 6:51) 예수님(요일1:1~2)을 먹어야 예수님과 하나가 됩니다.(고전 6:17) 먹어야 하나가 됩니다. (겔 2:8)

8. 산 떡이 되시는 예수님

(요 6:51) 나는 하늘로서 내려온 산 떡이니 사람이 이 떡을 먹으면 영생하리라 나의 줄 떡은 곧 세상의 생명을 위한 내 살이로라 하시니라

하나님의 말씀은 영이요 생명입니다. (요 6:63)

제 5 장. 성령님은 하나님

15, 성령님은 누구이신가?

본문 (요일 5:7절) 증거 하는 이는 성령이시니 성령은 진리니라. 하나님을 믿는 많은 기독교인들이 하나님과 예수님에 대하여서는 알고 믿는다고 하면서도 성령에 다해여 말씀을 하면은 무관심 하거나 거부감을 나타내면서 너만 예수 믿느냐 나도 예수 믿는다면서 성령에 대하여 알려고도 하지 않습니다.

〈참조〉 (마 7:21,절) 나더러 주여 주여 하는 자마다 천국에 다 들어 갈 것이 아니요 다만 하늘에 계신 내 아버지의 뜻대로 행하는 자라야 들어가리라.

(마 25:12절) 대답하여 가로되 진실로 너희에게 이르노니 내가 너희를 알지 못하노라 하였느니라.

이들은 하나님과 예수님에 대하여서는 열심을 내면서도 성령에 대하여는 알지도 못하니 사실은 이 사람들은 하나님과 예수님에 대하여 알고 믿는다고 하지만 하나님과 예수님에 대하여 알지 못하고 있음을 성경에서는 증거하고 있습니다.

(고전 2:10) 오직 하나님이 성령으로 이것을 우리에게 보이셨으니 성령은 모든 것 곧 하나님의 깊은 것이라도 통달하시느니라.

성령이 아니고는 하나님을 알수 없는데 자기는 하나님과 예수님을 알고 믿는다고 하니 성령세례를 받고 체험하고 믿는 자로서는 안타까울 뿐입니다

예) 저 자신은 바이든 대통령을 잘 알고 있습니다 그러나 제가 백악관에 한번도 초청을 받지 못하였습니다. 왜! 그랬을까요? 바이든 대통령이 저를 모르기 때문입니다. 이와 마찬가지로 나 자신은 하나님을 안다고 믿었으나 하나님께서 나를 모르시면 아무 소용이 없습니다.

(행 18:24~25) 알렉산드리아에서 난 아볼로라 하는 유대인이 에베소에 이르니 이 사람은 학문이 많고 성경에 능한 자라 25, 그가 일찍 주의 도를 배워 열심으로 예수에 관한 것을 자세히 말하며 가르치나 요한의 세례만 알 따름이라.

현시대에도 이볼로처럼 학문이 많고 성경에 대하여 능하며 열심으로 배워서 "예수에 대하여" 가르치며 선생 노릇하는 (고전 4:15) 많은 목회자들이 있는 걸로 알고 있습니다. 이런 사람들은 (사 29:13) 그들의 안에 "씨"가 없어서(벧전 1:23) 영이요 생명의 말씀(요 6:63)이 없어서 선생노릇하며 가르칠수는 있으나 그의 안에 "씨"가 없어서 복음으로 애를 낳을 수 없음을 알아야 할 것입니다.

오늘도 사도바울이 묻고 계십니다

(행 19:2) 가로되 너희가 믿을때에 성령을 받았느냐 가로되 아니라 우리는 성령이 있음도 듣지 못하였노라.

간곡이 권면 합니다. 성령세례를 받지 못하고 목회를 하시는 목사님들께서는 "성령세례"를 받으시고 하나님과 예수님을 믿는다는 기독교인들을 바른길로 인도하시길 축원합니다(잠 16:25절)

(행 18:26) 그가 회당에서 담대히 말하기를 시작하거늘 브리스길라와 아굴라가 듣고 데려다가 하나님의 도를 더 자세히 풀어 이르더라 (아볼로 목회자를 성령 체험한 브리스길라와 아굴라가 (집사격)하나님의 말씀을 자세히 풀어(성령에 대하여) 가르치고 계십니다)

〈참조〉(잠 16:25절) 어떤 길은 사람의 보기에 바르나 필경은 사망의 길이니라

예) (요 2:9절: 연회장=목회자는 물로된 포도주를 모르는데 물 떠온 하인들(종)은 알고 있습니다.

그래서 "세례요한도" 성령세례를 꼭 받으라고 말씀하고 있습니다

(마 3:11) 나는 너희로 회개케 하기 위하여 물로 세례를 주거니와 내 뒤에 오시는 이는 나보다 능력이 많으시니 나는 그의 신을 들기도 감당치 못하겠노라 그는 성령과 불로 너희에게 세례를 주실 것이요

오늘날 많은 신도들이 "거듭나지" 못하고 선생노릇 하는 목회자들의 양육을 받으면서 믿음 생활을 하고 있다는 사실조차도 알지 못하고 있으니----?(각인이 생각해 봅시다)

(잠 16 : 25절) 어떤 길은 사람의 보기에 바르나 필경은 사망의 길이니라

1. 성령이란 무엇인가?

성경은 말씀하고 계십니다. 성부 하나님과 성자 하나님 사이에서 나오는 하나님의 "능력이나" "감화력"이나 추상적인 "힘"이나 "기운"이 아니고 성령은 인격적인 존재요 능력을 소유하고 있으며 개성을 가지신 존재라고 말씀하고 있습니다.

(개성이란 용어의 개념: 자력, 감정, 의지의 세 요소를 소유한 인격적인 속성을 의미하는 것이다)

성령은 인격적인 속성을 소유하고 있다

(사 11:2) 여호와의 신 곧 지혜와 총명의 신이요 모략과 재능의 신이요 지식과 여호와를 경외하는 신이 그 위에 강림하시리니 감정을 소유하고 있다.

(롬 8:26) 이와 같이 성령도 우리 연약함을 도우시나니 우리가 마땅히 빌 바를 알지 못하나 오직 성령이 말할 수 없는 탄식으로 우리를 위하여 친히 간구하시느니라.

성령은 우리(나) 안에서 그리스도의 사랑을(빌 2:5) 증거 하게 하십니다.

(롬 15 : 30) 형제들아 내가 우리 주 예수 그리스도로 말미암고 성령의 사랑으로 말미암아 너희를 권하노니 너희 기도에 나와 힘을 같이하여 나를 위하여 하나님께 빌어 성령은 의지를 소유하고 있다.

(고전 12 : 11) 이 모든 일은 같은 한 성령이 행하사 그 뜻대로 각 사람에게 나눠 주시느니라

(행 16 : 6~7) 성령이 아시아에서 말씀을 전하지 못하게 하시거늘 브루기아와 갈라디아 땅으로 다녀가 7 무시아 앞에 이르러 비두니아로 가고자 애쓰되 예수의 영이 허락지 아니하시는지라.

(2) 성령은 인격적인 활동을 하신다. 성령은 언약에 말씀을 생각나게 하시며 가르치신다. (요 14 : 26) 보혜사 곧 아버지께서 내 이름으로 보내실 성령 그가 너희에게 모든 것을 가르치시고 내가 너희에게 말한 모든 것을 생각나게 하시리라.

성령은 예수님을 증거 하신다.

(요 15 : 26) 내가 아버지께로서 너희에게 보낼 보혜사 곧 아버지께로서 나오시는 진리의 성령이 오실때에 그가 나를 증거하실 것이요.

그래서 성령이 임한자들은 그의 안에 성령에 불이 (마 3 : 11) 있어서 예수님에 대해여 증거할때 보면 불같은 생명의 말씀이 있습니다.

성령은 우리의 연약함을 아시고 함께 중보하여 주십니다

(롬 8 : 26) 이와 같이 성령도 우리 연약함을 도우시나니 우리가 마땅히 빌 바를 알지 못하나 오직 성령이 말할 수 없는 탄식으로 우리를 위하여 친히 간구하시느니라.

성령은 우리(나)에게 말씀하십니다

(딤전 4 : 1) 그러나 성령이 밝히 말씀하시기를 후일에 어떤 사람들이 믿음에서 떠나 미혹케 하는 영과 귀신의 가르침을 좇으리라 하셨으니 성령은 우리(나)에게 명령하신다.

(행 13 : 2) 주를 섬겨 금식할 때에 성령이 가라사대 내가 불러 시키는 일을 위하여 바나바와 사울을 따로 세우라 하시니

(3) 성령은 인격적인 취급을 받으신다

모욕을 당하신다

(히 10 : 29) 하물며 하나님 아들을 밟고 자기를 거룩하게 한 언약의 피를 부정한 것으로 여기고 은혜의 성령을 욕되게 하는 자의 당연히 받을 형벌이 얼마나 더 중하겠느냐 너희는 생각하라

속임을 당하신다.

(행 5 : 3) 베드로가 가로되 아나니아야 어찌하여 사단이 네 마음에 가득하여 네가 성령을 속이고 땅값 얼마를 감추었느냐 훼방을 당하신다.

(마 12 : 31~ 32) 그러므로 내가 너희에게 이르노니 사람의 모든 죄와 훼방은 사하심을 얻되 성령을 훼방하는 것은 사하심을 얻지 못하겠고 32, 또 누구든지 말로 인자를 거역하면 사하심을 얻되 누구든지 말로 성령을 거역하면 이 세상과 오는 세상에도 사하심을 얻지 못하리라

근심하신다.

(엡 4 : 30) 하나님의 성령을 근심하게 하지 말라 그 안에서 너희가 구속의 날까지 인치 심을 받았느니라.

(4) 성령은 인격적인 신분으로 소개되었다. 예수님에 대하여 증인이 되신다.

(히 10 : 15) 또한 성령이 우리에게 증거 하시되 (영문 성경에는"성령은 또한 우리에게 한 증인이 되신다"라고 기록되어있음)

(요 15 : 26) "그가 나를 증거하실 것이요"

(요 16 : 7~8) "내가 그를 너희에게 보내리니"

(요 16 : 13 ~ 14) "그가 너희를 모든 진리 가운데로 인도하시리니"

이상의 모든 증거를 살펴 볼때 성령은 단순한 능력이나 감화력이나 기운이 아니라 예수님을 알고 느끼고 깨닫고 행하는 인격적인 존재요 개성을 가지신 제3위의 하나님이심을 명백하게 알 수 있습니다.

2. 성령은 누구신가?

예수님이 약속하신 보혜사 성령은 위로자, 함께 하도록 보내심을 받는 자, 연약함을 도우는 자입니다.

(요 14 : 16) 내가 아버지께 구하겠으니 그가 또 다른 보혜사를 너희에게 주사 영원토록 너희와 함께 있게 하시리니

(보혜사 뜻: 위로자〈Comforter〉헬)"파라클레토스"곁에 있도록 부르심을 받는 자 라는 뜻 입니다)

성령님은 예수님께서 보내주시겠다고 약속하신 보혜사이며 나에게(우리) 성령이 임하였을 때 하나님의 권능이 임하므로 인하여 예수님의 증인이 될 수 있습니다.

(행 1 : 8) 오직 성령이 너희에게 임하시면 너희가 권능을 받고 예루살렘과 온 유대와 사마리아와 땅끝까지 이르러 내 증인이 되리라 하시니라.

(요 1 : 8) 그는 이 빛이 아니요 그 빛에 대하여 증거하려 온 자라.

(1) 임마누엘 하시는 성령님

(요 14 : 16) 내가 아버지께 구하겠으니 그가 또 다른 보혜사를 너희에게 주사 영원토록 너희와 함께 있게 하시리니 우리에게(나) 임한 성령을 통하여 영적 체험과 영에 인도함을 받으므로 인하여(롬 8 : 14) 실상의 믿음으로(히 11 : 1) 예수님에 대하여 증거 함으로 오늘날 부활 생명으로 살아서 역사하시는 예수님을 증거(히 11 : 2) 할 수 있는 것입니다

(겔 36 : 26 ~ 27) 또 새 영을 너희 속에 두고 새 마음을 너희에게 주되 너희 육신에서 굳은 마음을 제하고 부드러운 마음을 줄 것이며 27. 또 내 신을 너희 속에 두어 너희로 내 율례를 행하게 하리니 너희가 내 규례를 지켜 행할지라.

(2)도우시는 성령님

(롬 8 : 26) 이와 같이 성령도 우리 연약함을 도우시나니 우리가 마땅히 빌 바를 알지 못하나 오직 성령이 말할 수 없는 탄식으로 우리를 위하여 친히 간구하시느니라.

그래서 예수님을 영접하고 믿는 성도들은 두렵고 떨림으로 성령을 근심하지 않게 하여야 하며 날마다 정직한 영으로 나의 마음을 정하게 하여야 합니다(엡 5 : 26, & 벧전 1 : 15-16)

(시 51 : 10~11) 하나님이여 내 속에 정한 마음을 창조하시고 내 안에 정직한 영을 새롭게 하소서 11. 나를 주 앞에서 쫓아내지 마시며 주의 성신을 내게서 거두지 마소서 누구든지 말로 인자를 거역하면 사하심을 받으려니와 성령을 모독하는 자는 사하심을 받지 못하리라 (눅 12 : 10)

성령에 대한 하나님의 약속은 인간에게 주실 수 있는 선물 가운데 가장 크고 좋은 선물이며 내 안에서 (임마 누엘) 역사 하시는 성령님의 도움을 언제나 받을 수 있는 하나님의 자녀입니다

3. 성령님의 핵심 사역

내가 진실로 진실로 너희에게 이르노니 나를 믿는 자는 나의 하는 일을 저도 할 것이요 또한 이보다 큰것도 하리니 이는 내가 아버지께로 감이니라(요 14 : 12)

(1) 성령의 외적 사역

성령이 아니고서는 예수님을 주라 시인하지 못하며 하나님의 영으로 (롬 8 : 14) 인도함을 받는 자만이 하나님의 아들이기 때문에 하나님을 아바 아버지라 부를 수 있음(롬 8 : 14~16)

(고전 12 : 3) 그러므로 내가 너희에게 알게 하노니 하나님의 영으로 말하는 자는 누구든지 예수를 저주할 자라 하지 않고 또 성령으로 아니 하고는 누구든지 예수를 주시라 할 수 없느니라.

(2) 하나님의 자녀로 거듭나는 사역.

(행 2 : 38) 베드로가 가로되 너희가 회개하여 각각 예수 그리스도의 이름으로 세례를 받고 죄 사함을 얻으라 그리하면 성령을 선물로 받으리니 하나님께서는 오늘날 우리를(나) 통하여서도 예수님의 제자들에게 역사하셨던 권능으로 내 안에 계시는 성령을 통하여 창조에 역사을 이루어 가고 있음을 믿으시기 바랍니다.

(행 18 : 14~17) 사마리아에서의 역사하심을 보라.

(행 10 : 44) 베드로가 이 말할때에 성령이 말씀 듣는 모든 사람에게 내려오시니

(행 19 : 6~7) 바울이 그들에게 안수하매 성령이 그들에게 임하므로 방언도 하고 예언도 하니 7. 모두 열두 사람쯤 되니라

(3) 예수님 처럼 살도록 하는 사역.

(마 10 : 20) 말하는 이는 너희가 아니라 너희 속에서 말씀하시는 자 곧 너희 아버지의 성령이시니라 (요 14 :17, & 고후 1 : 21~22, & 요 12 : 49~50)

〈성경 말씀 참고 하시고 은혜의 시간 되시길 주님 이름으로 축복합니다.〉

16. 성령을 부어주신 이유와 목적

본문 (요 3 : 34~36절) 하나님의 보내신 이는 하나님의 말씀을 하나니 이는 하나님이 성령을 한량없이 주심이니라 35. 아버지께서 아들을 사랑하사 만물을 다 그 손에 주셨으니 36. 아들을 믿는 자는 영생이 있고 아들을 순종치 아니하는 자는 영생을 보지 못하고 도리어 하나님의 진노가 그 위에 머물러 있느니라.

예수님께서 우리(나)에게 약속하신 하나님께로서 오는 진리에 성령이 임하면 (요 15 : 26), 굳었던 마음이 부드러워지며(겔 36 : 26), 그때부터 위엣 것을 찾으며 위엣 것을 생각하며 땅에 것을 생각하지 않고 땅의 지체를 죽이기 시작 합니다(골 3 : 5)

(골 3 : 1~3) 그러므로 너희가 그리스도와 함께 다시 살리심을 받았으면 위엣 것을 찾으라 거기는 그리스도께서 하나님 우편에 앉아 계시느니라 2. 위엣 것을 생각하고 땅엣 것을 생각지 말라 3.이는 너희가 죽었고 너희 생명이 그리스도와 함께 하나님 안에 감추었음이니라.

〈참조〉(갈 2 : 20절) 내가 그리스도와 함께 십자가에 못 박혔나니 그런즉 이제는 내가 산 것이 아니요 오직 내 안에 그리스도께서 사신 것이라 이제 내가 육체 가운데 사는 것은 나를 사랑하사 나를 위하여 자기 몸을 버리신 하나님의 아들을 믿는 믿음 안에서 사는 것이라.

위엣 것을 생각하다 보면 소망이 이 땅에서의 소망이 아니기 때문에 보이지 않는 하늘에 소망과 하나님에 기업에 더 관심을 갖게 됩니다.

(롬 8 : 24~25) 우리가 소망으로 구원을 얻었으매 보이는 소망이 소망이 아니니 보는 것을 누가 바라리요. 25. 만일 우리가 보지 못하

는 것을 바라면 참 음으로 기다릴지니라.

성령이 내 안에 임하시면 새로운 피조물로(고후 5 : 17) 거듭나며 하나님께서 새로운 창조에 역사에 일을 시작하십니다

(시 104 : 30) 주의 영을 보내어 저희를 창조하사 지면을 새롭게 하시나이다

1. 하나님의 생명으로 살게 하기 위한 것입니다

성령을 우리(나)에게 보내주신 목적은 하나님의 생명이 우리(나)에게 믿음으로 나타나게 하려는 것입니다

(갈 3 : 5) 너희에게 성령을 주시고 너희 가운데서 능력을 행하시는 이의 일이 율법의 행위에서냐 듣고 믿음에서냐.

구약시대에는 율법 가운데 살았으나 예수님이 오시어 십자가에서 율법을 다 이루어 주심으로 인하여(요 19 : 30) 율법으로 인하여 죽었던 우리가 예수님으로 인하여 거듭난 삶을 사는 것이다(벧전 1 : 3)

(갈 2 : 19) 내가 율법으로 말미암아 율법을 향하여 죽었나니 이는 하나님을 향하여 살려 함이니라.

그래서 예수님을 영접하고(요 1 : 12~13) 믿는 성도라면 옛사람을 (지체) 십자가에 못 박혀죽고(골3:5 & 엡4:22) 부활생명으로 거듭나야 합니다(벧전1:3)

〈참조〉(롬 5 : 8, 절) 우리가 아직 죄인 되었을 때에 그리스도께서 우리를 위하여 죽으심으로 하나님께서 우리에게 대한 자기의 사랑을 확증하셨느니라.

(롬 6 : 5 - 6 절)만일 우리가 그의 죽으심을 본받아 연합한 자가 되었으면 또한 그의 부활을 본받아 연합한 자가 되리라. 6, 우리가 알거니와 우리 옛사람이 예수와 함께 십자가에 못 박힌 것은 죄의 몸이

멸하여 다시는 우리가 죄에게 종 노릇 하지 아니하려 함이니

(갈 2 : 20) 내가 그리스도와 함께 십자가에 못 박혔나니 그런즉 이제는 내가 산 것이 아니요 오직 내 안에 그리스도께서 사신 것이라 이제 내가 육체 가운데 사는 것은 나를 사랑하사 나를 위하여 자기 몸을 버리신 하나님의 아들을 믿는 믿음 안에서 사는 것이라

하나님의 십자가의 사랑은 율법의 완성이며 하나님의 사랑은 아가페 사랑으로 신적인 사랑으로서 성령을 통하여 우리에게 나타내 주시며 우리를 통하여 그리스도 안에서 내 이웃을 내 몸과 같이 사랑할 수 있도록 역사하십니다

그래서 하나님께서도 이러한 사랑에 일을 할 수 있도록 나사렛 예수에게 성령과 능력을 기름 붓듯 부어 주셨습니다.

(행 10 : 38) 하나님이 나사렛 예수에게 성령과 능력을 기름 붓듯 하셨으매 저가 두루 다니시며 착한 일을 행하시고 마귀에게 눌린 모든 자를 고치셨으니 이는 하나님이 함께 하셨음 이라.

성령에 기름 부음이 임하여야 하나님의 권능과 능력이 우리(나)을 통하여 역사 하신다는 것을 믿으시기 바랍니다

나에게 성령이 임하였다 하여 바로 하나님께서 주시는 권능과 능력이 나타나는 것이 아니라 하나님과의 관계가 얼마나 가까이함에 따라 창조에 역사로 나타난다는 것을 깨닫기 바랍니다

우리가(나) 하나님의 아들을 아는 것과 믿는 것에 장성한 분량까지 자라야 하며(엡 4 : 13) 단단한 식물을 먹고 지각을 사용하여 선악을 분별할 수 있는(히 5 : 14) 자에게 하나님께서 함께하실 줄 믿습니다. (요 3 : 34)

(엡 4 : 13) 우리가 다 하나님의 아들을 믿는 것과 아는 일에 하나가 되어 온전한 사람을 이루어 그리스도의 장성한 분량이 충만한 데

까지 이르리니

2. 만물을 다스리게 하기 위함입니다

(요 3 : 34~35) 하나님의 보내신 이는 하나님의 말씀을 하나니 이는 하나님이 성령을 한량없이 주심이니라 35, 아버지께서 아들을 사랑하사 만물을 다 그 손에 주셨으니 하나님께서는 아들을 사랑하사 만물을 다 그 손에 주셨습니다. 그래서 만물을 내 손으로 다스리고 싶으면 하나님의 아들들이 되셔야 합니다(나는 하나님의 아들인지 각인이 한번 생각해 봅시다)

(롬 8 : 14~16) 무릇 하나님의 영으로 인도함을 받는 그들은 곧 하나님의 아들이라 15, 너희는 다시 무서워하는 종의 영을 받지 아니하였고 양자의 영을 받았으므로 아바 아버지라 부르짖느니라 16, 성령이 친히 우리 영으로 더불어 우리가 하나님의 자녀인 것을 증거하시나니 내 안에 성령이 임한 자여야 성령께서 내가 하나님의 자녀(아들)인지 증거 하여 주십니다. 이런 자들에게 하나님께서는 무엇이든 구하라 말씀하고 계십니다.

(요 15 : 7) 너희가 내 안에 거하고 내 말이 너희 안에 거하면 무엇이든지 원하는 대로 구하라 그리하면 이루리라.

이런 자들게에게 만물이 그 발아래 복종하며 (엡 1 : 22)왕 같은 제사장으로 (벧전 2 : 9) 아름다운 덕을 이 땅에 나타나게 하기 위해서 하늘에 신령한 복을 하나님께서 내려 주신다는 것을 알기 바랍니다

(창 1 : 28) 하나님이 그들에게 복을 주시며 그들에게 이르시되 생육하고 번성하여 땅에 충만하라, 땅을 정복하라, 바다의 고기와 공중의 새와 땅에 움직이는 모든 생물을 다스리라 하시니라

그러므로 성령이 임하여서 하나님의 아들을 아는 것에 장성한 분량

까지 자라난 자들. 의의 군병들은 예수님께서 이 땅에서 행하시며 "본"을 보여주신 일보다 더 할 수 있다는 것을 믿으시기 바랍니다.

(요 14 : 12) 내가 진실로 진실로 너희에게 이르노니 나를 믿는 자는 나의 하는 일을 저도 할 것이요 또한 이보다 큰 것도 하리니 이는 내가 아버지께로 감이니라

그래서 예수님을 영접하고 믿는 기독교인이라면 하나님의 율례와 규례의 말씀에(겔 36 : 27) 순종하고 자정한 위치에서 맡은바 충성할 때 하늘 위로부터 하나님께서 능력을 입혀 주심을 알기 바랍니다.

(눅 24 : 49) 볼지어다 내가 내 아버지의 약속하신 것을 너희에게 보내리니 너희는 위로부터 능력을 입히울 때까지 이 성에 유하라 하시니라.

성령을 통하여 하나님의 능력이 역사하시며 성령에 기름 부음을 충만케 받아야 무한한 창조에 역사가 능력으로 나타남

(행 1 : 8) 오직 성령이 너희에게 임하시면 너희가 권능을 받고 예루살렘과 온 유대와 사마리아와 땅끝까지 이르러 내 증인이 되리라 하시니라.

3. 생명의 말씀이 살아서 역사 하십니다

영원한 생명이 되시며 내 안에서 인격으로 역사하시는 성령께서 생명의 말씀이(천국 복음) 생각나게 하시어 예수님을 증거 하게 하십니다.

(요 15 : 26) 내가 아버지께 로서 너희에게 보낼 보혜사 곧 아버지께로서 나오시는 진리의 성령이 오실때에 그가 나를 증거하실 것이요

하나님께서는 말씀이 육신이 되어 우리 가운데(요 1 : 14) 거하시는 예수님을 통하여 하나님의 영광과 진리에 "본"을 나타내 주셨습니다

(요 1 : 14) 말씀이 육신이 되어 우리 가운데 거하시매 우리가 그 영광을 보니 아버지의 독생자의 영광이요 은혜와 진리가 충만하더라

말씀이 육신이 되어 우리 가운데 거하시는 예수님께서는 성령을 통하여 오늘날에도 우리 가운데서 생명의 말씀으로 창조에 역사를 이루시고 계십니다

(히 4 : 12 ~ 13) 하나님의 말씀은 살았고 운동력이 있어 좌우에 날 선 어떤 검보다도 예리하여 혼과 영과 및 관절과 골수를 찔러 쪼개기까지 하며 또 마음의 생각과 뜻을 감찰하나니 13. 지으신 것이 하나라도 그 앞에 나타나지 않음이 없고 오직 만물이 우리를 상관하시는 자의 눈앞에 벌거벗은 것같이 드러나느니라.

하나님의 말씀은 살아서 운동력이 있기 때문에 위급함에 처한 하나님의 자녀에게 생명의 말씀을 보내어 구원해 주십니다.

(시 107 : 20) 저가 그 말씀을 보내어 저희를 고치사 위경에서 건지시는 도다. =아멘=

그래서 하나님을 믿고 예수님을 영접한 성도라면 필히 성령세례를 받고 성령에 기름 부음을 충만히 받아 하나님의 능력과 권능을 덧입힘 받아 온 열방에 나아가 천국 복음을 증거 하는 예수님의 증인에 "삶"을 살아 가시 길 축원합니다

(요 15 : 17) 내가 이것을 너희에게 명함은 너희로 서로 사랑하게 하려 함이로라.

17. 성령 하나님

본문(요 14 : 26절) 보혜사 곧 아버지께서 내 이름으로 보내실 성령 그가 너희에게 모든 것을 가르치시고 내가 너희에게 말한 모든 것을

생각나게 하시리라

1. 성령은 누구이신가?

성령은 삼위 하나님 중에서 세 번째 분으로 영원 전부터(엡 1 : 4)
존재하신 분이시며 성부 성자 성령은 동일하게 지존하게 자존 하시는
분이시다.

(출 3 : 14)하나님이 모세에게 이르시되 나는 스스로 있는 자니라
또 이르시되 너는 이스라엘 자손에게 이같이 이르기를 스스로 있는
자가 나를 너희에게 보내셨다 하라

성령 하나님은 선지자들에게 영감을 주었으며 예수 그리스도의 생
애에 능력을 충만케 하셨습니다.

예수님께서는 이 땅에서 "죄"가운데서 사는 인간들에게 "죄"를 깨
닫게 하시고 이에 반응하는 사람들을 거듭나게 하시어 다시금 창조에
역사로 하나님의 형상을 (성부 성자 성령) 닮아가는 사람들로 그리스도
안에서 교회의 지체로 살아 가게 하셨습니다. (창 1 : 26-27. & 고전
12 : 27. & 엡 2 : 20-22)

성령 하나님은 영적 은사들을 교회에 부여하시며 교회에 능력을 베
풀어 주셔서 예수 그리스도를 증거 하도록 하시며 교회를 진리 가운
데로 인도하십니다.

(요 15 : 26) 내가 아버지께로서 너희에게 보낼 보혜사 곧 아버지께
로서 나오시는 진리의 성령이 오실때에 그가 나를 증거하실 것이요.

2. 성령님은 하나님이시다.

성경은 성령을 비인격적인 어떤 힘이 아닌 한 인격체로서 한 본질
(본체)의 하나님이십니다.

(요 16 : 14) 그가 내 영광을 나타내리니 내 것을 가지고 너희에게 알리겠음이니라

삼위일체 하나님에 대해 언급하는 성경 절 들에서도 성령을 한 인격체로 언급하고 있습니다.

(마 28 : 19) 그러므로 너희는 가서 모든 족속으로 제자를 삼아 아버지와 아들과 성령의 이름으로 세례를 주고

(고후 13 : 13) 주 예수 그리스도의 은혜와 하나님의 사랑과 성령의 교통하심이 너희 무리와 함께 있을지어다

성령은 개성을 갖고 계신분이여서 죄인과는 함께하지 않습니다.

(창 6 : 3) 여호와께서 가라사대 나의 신이 영원히 사람과 함께 하지 아니하리니 이는 그들이 육체가 됨이라 그러나 그들의 날은 일백이십 년이 되리라 하시니라

성령 하나님은 우리를 생명의 말씀으로 가르칩니다. (요 1 : 1, & 요 6 : 63)

(눅 12 : 12) 마땅히 할 말을 성령이 곧 그때에 너희에게 가르치시리라 하시니라. 성령 하나님은 우리의 행함을 보시고 죄와 의와 장차 심판에 대하여 말씀하시고 책망하십니다.

(요 16 : 8) 그가 와서 죄에 대하여, 의에 대하여, 심판에 대하여 세상을 책망하시리라

성령 하나님은 교회의 일에 간섭하시며 지시하시고 명령하십니다

(행 13 : 2) 주를 섬겨 금식할 때에 성령이 가라사대 내가 불러 시키는 일을 위하여 바나바와 사울을 따로 세우라 하시니 성령 하나님은 우리를(나) 도우시고 중보 하여 주십니다.

(롬 8 : 26) 이와 같이 성령도 우리 연약함을 도우시나니 우리가 마땅히 빌 바를 알지 못하나 오직 성령이 말할 수 없는 탄식으로 우리

를 위하여 친히 간구하시느니라.

성령 하나님은 우리를 거룩함에 동참할 수 있도록 성화 되게 하십니다.

(벧전 1 : 2) 곧 하나님 아버지의 미리 아심을 따라 성령의 거룩하게 하심으로 순종함과 예수 그리스도의 피 뿌림을 얻기 위하여 택하심을 입은 자들에게 편지하노니 은혜와 평강이 너희에게 더욱 많을지어다

이러한 모든 과정은 단순한 힘이나 능력으로 행해질 수 없으며 삼위의 한 분이시며 한 인격체인 성령 하나님만이 할 수 있습니다.

성경은 성령을 속이는 것을 하나님을 속이는 것으로 비유하고 있읍니다

(행 5 : 3~4) 베드로가 가로되 아나니 아야 어찌하여 사단이 네 마음에 가득하여 네가 성령을 속이고 땅 값 얼마를 감추었느냐 4. 땅이 그대로 있을 때에는 네 땅이 아니며 판 후에도 네 임의로 할 수가 없더냐 어찌하여 이 일을 네 마음에 두었느냐 사람에게 거짓말한 것이 아니요 하나님께로다.

〈참조〉(마 12 : 31~32절) 그러므로 내가 너희에게 이르노니 사람의 모든 죄와 훼방은 사하심을 얻되 성령을 훼방하는 것은 사하심을 얻지 못하겠고 32. 또 누구든지 말로 인자를 거역하면 사하심을 얻되 누구든지 말로 성령을 거역하면 이 세상과 오는 세상에도 사하심을 얻지 못하리라.

예수님께서는 모든 죄는 다 용서받을 수 있지만 성령을 훼방하는 죄는 이 세상과 오는 세상에서도 사하심을 얻지 못한다 하셨습니다

성경은 성령과 신적(영적) 속성들을 관련시키고 있으며 사도 바울도 그분을(성령님) 생명의 성령이라 하였습니다

(롬 8 : 2) 이는 그리스도 예수 안에 있는 생명의 성령의 법이 죄와

사망의 법에서 너를 해방하였음이라. (예수님께서는 그분을 진리의 성령이라 부르셨습니다.)

(요 16 : 13) 그러하나 진리의 성령이 오시면 그가 너희를 모든 진리 가운데로 인도하시리니 그가 자의로 말하지 않고 오직 듣는 것을 말 하시며 장래 일을 너희에게 알리시리라.

성령 하나님은 전능하시며 사랑과 거룩함은 그분의 본성 중 일부임을 계시하고 있으며 그분의 영적 은사들을 그의 뜻대로 각인에게 나누어 주십니다.

(고전 12 : 11)이 모든 일은 같은 한 성령이 행하사 그 뜻대로 각 사람에게 나눠 주시느니라

성령 하나님은 편재하시며 하나님의 자녀들과 영원히 함께하십니다.

(임마누엘 = (마 1 : 23절) 보라 처녀가 잉태하여 아들을 낳을 것이요 그 이름은 임마누엘이라 하리라 하셨으니 이를 번역한즉 하나님이 우리와 함께 계시다 함이라.

(요 14 : 16) 내가 아버지께 구하겠으니 그가 또 다른 보혜사를 너희에게 주사 영원토록 너희와 함께 있게 하시리니

〈참조〉(출 15 : 6절) 여호와여 주의 오른손이 권능으로 영광을 나타내시니 이다. 여호와여 주의 오른손이 원수를 부수시니 이다.

우리는 (나) 하나님의 영양권 아래에서 생존하는 피조물이며 하나님의 손에서 벗어날 수 없습니다.

(시 139 : 7~10) 내가 주의 신을 떠나 어디로 가며 주의 앞에서 어디로 피하리 이까 8. 내가 하늘에 올라갈지라도 거기 계시며 음부에 내 자리를 펼지라도 거기 계시니 이다. 9. 내가 새벽 날개를 치며 바다 끝에 가서 거할지라도 10 곧 거기서도 주의 손이 나를 인도하시며 주의 오른손이 나를 붙드시리 이다.

성령 하나님은 전지하시며 하나님의 깊은 것이라도 통달하시며 우리의 생각과 마음과(히 4 : 12 ~ 13) 심령을 불 꽃 같은 눈으로 지켜보고 계십니다.

(고전 2 : 10~11) 오직 하나님이 성령으로 이것을 우리에게 보이셨으니 성령은 모든 것 곧 하나님의 깊은 것이라도 통달하시느니라 11. 사람의 사정을 사람의 속에 있는 영 외에는 누가 알리요 이와 같이 하나님의 사정도 하나님의 영 외에는 아무도 알지 못하느니라.

3. 성령 하나님의 사역과 사명

하나님의 사역들에는 성령과 관련되어 있으며 창조와 부활 모두에 그분이(성령 하나님) 관여하고 계십니다.

예) 욥은 하나님의 신이 나를 지으셨고 전능자의 기운이 나를 살리시느라 증거 하고 있습니다.

(욥 33 : 4) 하나님의 신이 나를 지으셨고 전능자의 기운이 나를 살리시느니라

하나님은 부활 생명으로 예수님을 죽은자 가운데서 살리신 것 같이 우리 안에서(임마누엘) 임재 하시는 성령으로 말미암아 우리의(나) 죽을 몸도 살리십니다

(롬 8 : 11) 예수를 죽은 자 가운데서 살리신 이의 영이 너희 안에 거하시면 그리스도 예수를 죽은 자 가운데서 살리신 이가 너희 안에 거하시는 그의 영으로 말미암아 너희 죽을 몸도 살리시리라

1) 성령 하나님은 우리를 도우신다

(요 14 : 16) 내가 아버지께 구하겠으니 그가 또 다른 보혜사를 너희에게 주사 영원토록 너희와 함께 있게 하시리니 (보혜사=돕는자, 위

로자 상담자, 간구 자, 중보자, 대업자를 의미함)

성령은 우리를 진리에 말씀으로 가르치시며 성경 말씀을 생각나게 하여 많은 이들에게 그리스도를 증거 하게 하신다.

(요 14 : 26) 보혜사 곧 아버지께서 내 이름으로 보내실 성령 그가 너희에게 모든 것을 가르치시고 내가 너희에게 말한 모든 것을 생각나게 하시리라

(요 15 : 26)내가 아버지께로서 너희에게 보낼 보혜사 곧 아버지께로서 나오시는 진리의 성령이 오실 때에 그가 나를 증거하실 것이요

2) 성령의 사명은 죄에 대하여 의에 대하여 심판에 대하여 세상을 책망 하십니다.

(요 16 : 8) 그가 와서 죄에 대하여, 의에 대하여, 심판에 대하여 세상을 책망하시리라

〈참조〉죄에 대하여 (요 16 : 9절) 죄에 대하여라 함은 저희가 나를 믿지 아니함이요.

성령은 모든 사람으로 하여금 그리스도의 의를 받아들이도록 강권 하시며 심판에 대해 경고하시는데 심판은 죄로 어두워진 심령들에게 회개와 회심을 필요를 깨닫도록 하는 강력한 도구입니다.

3) 성령님은 그리스도를 임재케 하신다.

성령님은 그리스도의 임재를 가능케 하시며 성령을 통하여 그 분을 언제든지 어느 곳에나 계실 수 있습니다.

(요 14 : 16~17) 조금 있으면 너희가 나를 보지 못하겠고 또 조금 있으면 나를 보리라 하신 대 17. 제자 중에서 서로 말하되 우리에게 말씀하신 바 조금 있으면 나를 보지 못하겠고 또 조금 있으면 나를 보리라 하시며 또 내가 아버지께로 감이라 하신 것이 무슨 말씀이뇨

하고, 하나님 아버지와 그의 아들 대신 예수 그리스도께서 성도들도 당신들의 거처로 삼아 살 수 있는 것도 성령을 통해서이며 성도들이 그리스도 안에 머물수 있는 것도 오직 성령을 통해서다.

(요 14 : 13) 예수께서 대답하여 가라사대 사람이 나를 사랑하면 내 말을 지키리니 내 아버지께서 저를 사랑하실 것이요 우리가 저에게 와서 거처를 저와 함께 하리라.

4) 성령은 교회 활동을 주관하신다

성령은 사도들의 교회를 치리하는 일에 깊이 관여했으며 선교사를 선발할 때 교회는 기도와 금식을 통하여 그분의 지도와 인도함을 얻었습니다.

(행 13 : 2~4) 주를 섬겨 금식할 때에 성령이 가라사대 내가 불러 시키는 일을 위하여 바나바와 사울을 따로 세우라 하시니 3, 이에 금식하며 기도하고 두 사람에게 안수하여 보내니라 4, 두 사람이 성령의 보내심을 받아 실루기아에 내려가 거기서 배 타고 구브로에 가서

개인적으로도 성령의 인도하심에 자신을 맡기면 성령에 기름 부음이 충만하였습니다.

(행 13 : 9) 바울이라고 하는 사울이 성령이 충만하여 그를 주목하고 (행 13 : 52) 제자들은 기쁨과 성령이 충만하니라. (행 16 : 6~7) 성령이 아시아에서 말씀을 전하지 못하게 하시거늘 브루기아와 갈라디아 땅으로 다녀가 7, 무시아 앞에 이르러 비두니아로 가고자 애쓰되 예수의 영이 허락지 아니하시는지라.

5) 성령 하나님은 교회에 특별한 은사들을 주신다

성령은 하나님의 자녀들에게 특별한 은사를 부여해 주셨으며 구약 시대에는 선지자 제사장 왕 위에 임하셨습니다.

(삿 3 : 10, 9~10) 옷니엘 에게 임하셨음

(삿 6 : 34) 여호와의 신이 기드온에게 강림하시니....

(삿 11 : 29)이에 여호와의 신이 입다에게 임하시니....

성령 하나님은 예언하는 능력을 주었습니다.

(민 11 : 17) 내가 강림하여 거기서 너와 말하고 네게 임한 신을 그들에게도 임하게 하리니 그들이 너와 함께 백성의 짐을 담당하고 너 혼자 지지 아니하리라

(삼하 23 : 2) 여호와의 신이 나를 빙자하여 말씀하심이여 그 말씀이 내 혀에 있도다.

성령은 하나님의 백성을 통치하는 자로 사울과 다윗에게 기름을 부을 때 그들에게 임하였습니다.

(삼상 10 : 6) 네게는 여호와의 신이 크게 임하리니 너도 그들과 함께 예언하고 변하여 새사람이 되리라.

(삼상 10 : 10) 그들이 산에 이를 때에 선지자의 무리가 그를 영접하고 하나님의 신이 사울에게 크게 임하므로 그가 그들 중에서 예언하니 (삼상 16 : 13) 사무엘이 기름 뿔을 취하여 그 형제 중에서 그에게 부었더니 이날 이후로 다윗이 여호와의 신에게 크게 감동되니라 사무엘이 떠나서 라마로 가니라.

어떤 백성들에게는 성령의 충만하심을 통해 독특한 공예기술과 여러 가지 재주가 임하였습니다. (출 28 : 3, & 출 31 : 3)

초대 교회 당시 그리스도께서 당신의 은사들을 교회에게 부여하신 것도 성령을 통하여서 각인에게 부어 주셨습니다.

(행 2 : 38) 베드로가 가로되 너희가 회개하여 각각 예수 그리스도의 이름으로 세례를 받고 죄 사함을 얻으라 그리하면 성령을 선물로 받으리니 성령은 복음을 땅끝까지 전파하시는데 필요한 은사를 주시

는 분이십니다

(행 1 : 8) 오직 성령이 너희에게 임하시면 너희가 권능을 받고 예루살렘과 온 유대와 사마리아와 땅끝까지 이르러 내 증인이 되리라 하시니라.

6) 성령 하나님은 신자들의 심령을 거듭나게 하고 성도들로 성화되어 가도록 교훈과 책망으로 간섭하시며 인도하십니다

죄를 자복하게 하시는 일, 회개하게 하시는 일 새로운 피조물로 거듭나게 하시는 일을 성령님께서 하십니다.

예수님께서도 물과 성령으로 거듭남의 필요를 강조하셨습니다.

(요 3 : 5) 예수께서 대답하시되 진실로 진실로 네게 이르노니 사람이 물과 성령으로 나지 아니하면 하나님 나라에 들어갈 수 없느니라.

예수님께서는 승천 직전에도 아버지와 아들과 성령의 이름으로 세례를 받으라고 명령하였습니다.

(마 28 : 19) 그러므로 너희는 가서 모든 족속으로 제자를 삼아 아버지와 아들과 성령의 이름으로 세례를 주고 바울 사도도 성령세례의 중요함을 알고 (엡 5 : 18) 술 취하지 말라 이는 방탕한 것이니 오직 성령 충만을 받으라. 하나님은 우리에게 당신의 자비를 좇아 구원하시며 예수 그리스도로 말미암아 성령 충만으로 풍성히 부어주십니다.

(딛 3 : 5~6) 우리를 구원하시되 우리의 행한 바 의로운 행위로 말미암지 아니하고 오직 그의 긍휼하심을 좇아 중생의 씻음과 성령의 새롭게 하심으로 하셨나니

6. 성령을 우리 구주 예수 그리스도로 말미암아 우리에게 풍성히 부어 주사

7) 성령님은 복음이 효과적으로 전해지도록 역사하십니다.

복음의 사역에 그토록 힘이 없는 것은 성령의 부재 때문에 지식, 재능, 능변, 각종 천부적 이거 나 후천적인 기질을 소유하고 있다 할지라도 하나님의 영 성령께서 임재하지 않는다면 그 누구의 마음도 감동 시킬 수 없으며 한 사람의 죄인도 그리스도께로 돌아오게 할 수 없습니다.

　　반면에 우리가(나) 그리스도와 연결되어 성령의 은사를 받아 갖고 있다면 가장 보잘 것 없고 무식한 제자라 할지라도 각인의 심령들에게 영향을 끼치는 능력을 나태낼 것입니다.

제 6 장. 말씀의 축복

18. 만 나

본문 (출 16 : 15) 이스라엘 자손이 보고 그것이 무엇인지 알지 못하여 서로 이르되 이것이 무엇이냐 하니 모세가 그들에게 이르되 이는 여호와께서 너희에게 주워 먹게 하신 양식이라.

만나는 하나님께서 백성에게 공급해 주시는 일용할 양식이며 만나는 하나님이 하늘에서 내려 주시는데 아무도 모르게 밤에 내려 주십니다.

(민 11 : 9) 밤에 이슬이 진에 내릴 때에 만나도 같이 내렸더라.

여호와 하나님께서는 우리에게(나) 일용할 양식을 내려 주면서 하나님의 백성들이 율법을 준행하는지 시험하고 계심을 알기 바랍니다

(출 16 : 4) 때에 여호와께서 모세에게 이르시되 보라 내가 너희를 위하여 하늘에서 양식을 비같이 내리리니 백성이 나가서 일용할 것을 날마다 거둘 것이라 이같이 하여 그들이 나의 율법을 준행하나 아니하나 내가 시험하리라.

이 만나를 신약성경 요한복음(6:31~33)에서는 하늘에서 내려 준 떡에 비유하고 있습니다.

(요 6 : 31 ~33) 기록된바 하늘에서 저희에게 떡을 주워 먹게 하였다 함과 같이 우리 조상들은 광야에서 만나를 먹었나이다. 32. 예수께서 이르시되 내가 진실로 진실로 너희에게 이르노니 하늘에서 내린 떡은 모세가 준 것이 아니라 오직 내 아버지가 하늘에서 내린 참 떡을 너희에게 주시나니 33. 하나님의 떡은 하늘에서 내려 세상에게 생명을 주는 것이니라.

이 떡(만나)을 먹어야 주리지 않고 영원히 목마르지 않습니다.

(요 6 : 35) 예수께서 가라사대 내가 곧 생명의 떡이요 내게 오는 자는 결코 주리지 아니할 터이요 나를 믿는 자는 영원히 목마르지 아

니하리라

그래서 예수님을 영접하고 믿는 (요 1 : 12) 기독교인이라면 썩을 양식을 위하여 일하지 말고 영생하도록 있는 양식을 위하여 일해야 합니다.

(요 6 : 27) 썩은 양식을 위하여 일하지 말고 영생하도록 있는 양식을 위하여 하라 이 양식은 인자가 너희에게 주리니 인자는 아버지 하나님의 인치신 자니라

1. 만나는 작고 보잘것이 없다.

그래서 작은 사람만 먹을 수 있다.(하나님의 말씀은 영이요 생명이라 (요 6 : 63)

(어린아이 = 작은자 = 겸손 한자을 뜻함) (어린아이는 누군가를 의지해야 한다)

(마 18 : 2~4) 예수께서 한 어린아이를 불러 저희 가운데 세우시고 3. 가라사대 진실로 너희에게 이르노니 너희가 돌이켜 어린아이들과 같이 되지 아니하면 결단코 천국에 들어가지 못하리라 4. 그러므로 누구든지 이 어린아이와 같이 자기를 낮추는 그이가 천국에서 큰 자니라

하나님께서는 작고 보잘 것이 없어도 겸손 한자(거듭 난자)를 사용하여 세상 사람들을 부끄럽게 하십니다

(고전 1 : 27~29) 그러나 하나님께서 세상의 미련한 것들을 택하사 지혜 있는 자들을 부끄럽게 하려 하시고 세상의 약한 것들을 택하사 강한 것들을 부끄럽게 하려 하시며 28, 하나님께서 세상의 천한 것들과 멸시받는 것들과 없는 것들을 택하사 있는 것들을 폐하려 하시나니 29, 이는 아무 육체라도 하나님 앞에서 자랑하지 못하게 하려 하심이라

(사 53 : 2-3, & 삼상 15 : 17, & 삼상 16 : 6~13)

(삼상 15 : 17) 사무엘이 가로되 왕이 스스로 작게 여길 그때에 이스라엘 지파의 머리가 되지 아니하셨나이까 여호와께서 왕에게 기름을 부어 이스라엘 왕을 삼으시고, 그래서 하나님의 자녀들은 늘 낮은 자리에서 겸손한 마음으로 남을 나보다 낮게 섬기는 믿음의 자녀들이 되어야 합니다.

2. 만나는 둥글고 모가 없다 (별나지 않다는 뜻)

관용하는 마음, 아량의 마음, 온유한 마음을 가진 자, 남을 포용할 수 있는 자, 남을 배려하는 자입니다.

(약 3 : 17) 오직 위로부터 난 지혜는 첫째 성결하고 다음에 화평하고 관용하고 양순하며 긍휼과 선한 열매가 가득하고 편벽과 거짓이 없나니 남을 배려하고 겸손하여 돌출 나지 않는 자

〈참조〉(빌 2 : 5절) 너희 안에 이 마음을 품으라 곧 그리스도 예수의 마음이니.

(마 11 : 28~30) 수고하고 무거운 짐 진 자들아 다 내게로 오라 내가 너희를 쉬게 하리라 29. 나는 마음이 온유하고 겸손하니 나의 멍에를 메고 내게 배우라 그러면 너희 마음이 쉼을 얻으리니 30. 이는 내 멍에는 쉽고 내 짐은 가벼움이라 하시니라

(골 3 : 12) 그러므로 너희는 하나님의 택하신 거룩하고 사랑하신 자처럼 긍휼과 자비와 겸손과 온유와 오래 참음을 옷입고, (엡 4 : 3) 서로 인자하게 하며 불쌍히 여기며 서로 용서하기를 하나님이 그리스도 안에서 너희를 용서하심과 같이 하라.

3. 만나는 서리 같고 이슬같이 모양이 없다 (형태가 없다 서리 같이 고운가루)

(출 16 : 14) 그 이슬이 마른 후에 광야 지면에 작고 둥글며 서리같이 세미한 것이 있는지라

하나님의 말씀은 잡고 보여 줄 수가 없다

(욥 29 : 22) 내가 말한 후에 그들이 말을 내지 못하였었나니 나의 말이 그들에게 이슬같이 됨이니라.

(신 32 : 2) 나의 교훈은 내리는 비요 나의 말은 맺히는 이슬이요. 연한 풀 위에 가는 비요 채소 위에 단비로다.

그래서 예수님을 영접하고 믿는 성도라면 거듭나야 합니다.

(요 3 : 7~8) 내가 네게 거듭나야 하겠다 하는 말을 기이히 여기지 말라 8, 바람이 임의로 불매 네가 그 소리를 들어도 어디서 오며 어디로 가는지 알지 못하나니 성령으로 난 사람은 다 이러하니라.

4. 만나는 세미하다 (참조 왕상 19 : 11~13절)

하나님의 말씀은 들을 수 있는 사람 만(창 1 : 26 ~27)들을 수 있습니다. (하나님의 말씀은 하나님께서 귀를 열어 주어야 들을 수가 있습니다.) =(마 13 : 15~16)

하나님의 말씀은 하나님의 자녀만(롬 8 : 14~16) 들을 수 있습니다. 그래서 예수님을 영접하고 믿는 성도라면(요 1 : 12~13) 물과 성령으로 거듭나야 하나님께서 성경을 통하여 하시는 세미한 음성을 들을 수 있습니다.

(요 3 : 5) 예수께서 대답하시되 진실로 진실로 네게 이르노니 사람이 물과 성령으로 나지 아니하면 하나님 나라에 들어갈 수 없느니라

〈참조〉(시29:3절) 여호와의 소리가 물 위에 있도다. 영광의 하나님이 뇌성을 발하시니 여호와는 많은 물 위에 계시도다

하나님에 말씀을 듣기 위해서는 우리(나)의 옛사람을 벗어 버려야 하며, 또한 심령을 새롭게 하여 다시금 하나님의 창조에 역사하심으

로 하늘에 형상을 입어야 합니다(고전 15 : 49, & 창 1 : 26~27)

① (엡 4:22) 너희는 유혹의 욕심을 따라 썩어져 가는 구습을 좇는 옛사람을 벗어 버리고

② (엡 4 : 23~24)오직 심령으로 새롭게 되어 24 하나님을 따라 의와 진리의 거룩함으로 지으심을 받은 새 사람을 입으라.

③ (골 3 : 9~10) 너희가 서로 거짓말을 말라 옛사람과 그 행위를 벗어 버리고 10, 새 사람을 입었으니 이는 자기를 창조하신 자의 형상을 좇아 지식에까지 새롭게 하심을 받는 자니라

5. 만나는 갓씨 같고 희다

(출 16 : 31)이스라엘 족속이 그 이름을 만나라 하였으며 깟씨 같고도 희고 맛은 꿀 섞은 과자 같았더라

예수님을 영접하고 믿는 성도라면 내 안에 썩지 아니할 씨가(벧전 1 : 23) 있어야 하며 이 "씨"가 자라나서 (눅 2 : 40) 열매를 맺어야 곳간에(천국)(마 3:12) 들어 갈 수 있습니다.

언제나 나의(우리) 믿음이 자라서 열매를 맺을까? 염려할 필요는 없습니다. 시작은 미약하나 나중은 창대할 걸 (욥 8 : 7) 믿고 열심히 표적만 보고 (빌 3 : 14) 나아가다 보면은 열매을 맺고 있을 것입니다. (갈 5 : 22~23 성령의 열매)

(갈 5:22~23) 오직 성령의 열매는 사랑과 희락과 화평과 오래 참음과 자비와 양선과 충성과 23, 온유와 절제니 이같은 것을 금지할 법이 없느니라.

"희다" = 깨끗하다"

예수님을 영접하고 믿는다는 기독교인들이 옛사람의 마음(렘 17 : 9, & 막7 : 21~22) 만물보다 거짓되고 심히 부패한 마음으로 하나님 앞에 나와 경배와 찬양으로 예배를 드릴 때 과연 하나님은 받으실까? (각

인이 생각해 봅시다)

만물보다 거짓되고 부패한 나의(우리) 마음을 깨끗하게(거듭나게) 하기 위해서는 오직 예수님께서 십자가에서 흘러주신(요 19 : 34) 생명수로 씻어야 깨끗하여(희게) 진다(겔 35 : 26)

(엡 5:26~27) 이는 곧 물로 씻어 말씀으로 깨끗하게 하사 거룩하게 하시고 27, 자기 앞에 영광스러운 교회로 세우사 티나 주름 잡힌 것이나 이런 것들이 없이 거룩하고 흠이 없게 하려 하심이니라.

〈참조〉(시 29 : 3절) 여호와의 소리가 물 위에 있도다. 영광의 하나님이 뇌성을 발하시니 여호와는 많은 물 위에 계시도다.

하나님의 자녀라면(롬 8 : 14~16) 날마다 생명수를 먹고(겔 2 : 8) 씻어 깨끗한 마음과 몸으로 하나님 앞에 나아가야 할 것입니다.

6. 만나의 맛

(민 11 : 8) 백성이 두루 다니며 그것을 거두어 맷돌에 갈기도 하며 절구에 찧기도 하고 가마에 삶기도 하여 과자를 만들었으니 그 맛이 기름 섞은 과자 맛 같았더라

예수님을 영접하고 믿는 성도라면 그 사람들에게는 성령에 기름 냄새가 나야 할 것입니다. (행 10 : 38)

(시 133 : 1~3) 형제가 연합하여 동거함이 어찌 그리 선하고 아름다운고, 2, 머리에 있는 보배로운 기름이 수염 곧 아론의 수염에 흘러서 그 옷깃까지 내림 같고 3, 헐몬의 이슬이 시온의 산들에 내림 같도다 거기서 여호와께서 복을 명하셨나니 곧 영생이로다.

〈참조〉(골 1 : 18절) 그는 몸인 교회의 머리라 그가 근본이요 죽은 자들 가운데서 먼저 나신 자니 이는 친히 만물의 으뜸이 되려 하심이요

이런 자들에게는 꿀맛 같은 선한 말로 많은 영혼들을 선한 길로 인도합니다. (출 16 : 31 이스라엘 족속이 그 이름을 만나라 하였으며

갓씨 같기도 희고 맛은 꿀 섞인 과자 같았더라)

(잠 16 : 24) 선한 말은 꿀 송이 같아서 마음에 달고 뼈에 양약이 되느니라.

하나님의 자녀라면 주의 말씀의 맛이 어떠한지 알아야 할줄 믿씁니다

(시 119 : 103) 주의 말씀의 맛이 내게 어찌 그리 단지요 내 입에 꿀보다 더하니이다.

예) 세례요한은 반석에서 나오는 꿀을 먹고 예수님의 오실 길을 예비하였습니다. "광야에 외치는 소리를" 하기 위해서는 반석에서 (고전 10 : 4) 나오는 꿀(생명의 말씀)을 먹어야 (겔 2 : 8) 복음을 전할 수 있다는 것을 알기 바랍니다. (깨닫기 바랍니다)(요 1 : 5)

(마 3 : 4) 이 요한은 약대 털옷을 입고 허리에 가죽띠를 띠고 음식은 메뚜기와 석청이었더라. (석청 : 바위 속에서 따는 꿀)

7. 만나의 모양은 진주 같았더라. 진주는 빛이 나는 귀한 보석임

예수님을 영접하고 거듭난 성도라면 그때부터 영적으로 자라 가면서 (벧전 2 : 2 먹고→벧전 2 : 1 싸고→눅 2 : 40자라고→히 5 :13 ~14 단단한 음식(양식)을 먹고→ 엡 4 : 13 장성한 분량까지) 자라는 동안 많은 고난 시험 풍파를 거치면서(체험 신앙) 하나님의 아들을 아는 것과 믿는 것에 장성한 분량까지 자라난 자들이 진주같이 귀한 보석들이며 생명의 빛을(요 1 : 9) 세상에 비취는 빛들 입니다(계 21 : 21)

(롬 8 : 18) 생각건대 현재의 고난은 장차 우리에게 나타날 영광과 족히 비교할 수 없도다.

그래서 예수님을 믿는 성도라면 인내가 필요하며(히 10 : 36-39) 푯대만을 바라보고 하나님이 위에서 부르신 부름의 상을 위하여 (빌 3 : 14) 언약의 말씀에 순종하며 따라가는 하나님의 자녀들이(롬 8:14~16) 되시기를 바랍니다(계 14 : 4)

(벧전 5 : 1) 너희 중 장로들에게 권하노니 나는 함께 장로 된 자요 그리스도의 고난의 증인이요 나타날 영광에 참여할 자로라.

19. 생명의 길

본문:(요 14 : 6절) 예수께서 가라사대 내가 곧 길이요 진리요 생명이니 나로 말미암지 않고는 아버지께로 올 자가 없느니라

하나님의 은혜로 예수님을 영접하고(요 1 : 12) 믿는 많은 기독교인들이 죽어서 (히 9 : 27) 천국에 가야지 하는 바람으로 믿음 생활을 하면서 예배당에 다니는 분들이 있음을 부인하지 못할 것입니다(각인이 생각해 봅시다)

(잠 16 : 25) 어떤 길을 사람의 보기에 바르나 필 경은 사망의 길이니라. 그러나 하나님께서는 나더러 주여 주여 하는 자마다 천국에 다 들어갈 것이 아니요. 다만 하늘에 계신 내 아버지의 뜻대로 행하는 자라야 들어가리라(마 7 : 21) 말씀하고 계십니다.

〈참조〉 (사 59 : 2절) 오직 너희 죄악이 너희와 너희 하나님 사이를 내었고 너희 죄가 그 얼굴을 가리워서 너희를 듣지 않으시게 함이니. 하나님께서는 선악과를 따먹고 (창 3 : 6) 마귀의 종이 된 죄인들에게는 하나님의 나라에 갈 수 있는 길을 열어주지 않음으로 인하여 하나님의 나라 천국에 갈 수 있는 자가 한 사람도 없게 되었습니다.

(롬 3 : 10)기록한바 의인은 없나니 하나도 없으며 그러나 하나님은 사랑이시라(요일 4 : 8) 하나님이 세상을 이처럼 사랑하사 독생자를 주셨으니 이는 저를 믿는 자마다 멸망치 않고 영생을 얻게 하려 하심이라(요 3 : 16)

예수님을 보내주시어 십자가에서 죽기까지(롬 5 : 8) 하나님의 사랑을 나타내 주시고 피 흘려 주시어 죄사 함 시켜서(엡 1 : 7) 예수님의 희생으로 천국에 가는 길을 열어 주신 하나님의 은혜를 찬

양할 찌어다.

(딤전 2 : 5~6) 하나님은 한 분이시오. 또 하나님과 사람 사이에 중보도 한 분이시니 곧 사람이신 그리스도 예수라 6. 그가 모든 사람을 위하여 자기를 속전으로 주셨으니 기약이 이르면 증거 할 것이라

하나님의 아가페 사랑으로 예수님을 통하여 십자가로 인하여 새롭고 산길을 열어주시어 하나님과 화목하게 하여 주신(엡 2 : 16) 희생에 감사드립니다.

(히 10 : 19~20)그러므로 형제들아 우리가 예수의 피를 힘입어 성소에 들어갈 담력을 얻었나니 20. 그 길은 우리를 위하여 휘장 가운데로 열어 놓으신 새롭고 산길이요 휘장은 곧 저의 육체니라.

예수님께서는 하나님께 나아가는 길을 십자가에서 열어 놓으셨듯 우리가(나) 하나님의 나라에 들어가려면 자신의 십자가를 지고 예수님을 따르라 하셨습니다.

(막 8 : 34)무리와 제자들을 불러 이르시되 아무든지 나를 따라오려거든 자기를 부인하고 자기 십자가를 지고 나를 좇을 것이니라.

이 길은 힘들고 좁은 길이여서 예수님을 믿는다는 기독교인들도 힘들어합니다.

(마 7 : 13~14) 좁은 문으로 들어가라 멸망으로 인도하는 문은 크고 그 길이 넓어 그리로 들어가는 자가 많고 14, 생명으로 인도하는 문은 좁고 길이 협착하여 찾는 이가 적음이니라.

예수님을 영접하고 믿는 많은 기독교인들이 넓은 길로 평안히 가려하지 좁고 협착한 생명의 길은 찾은 이가 적음을 적시하지 않을 수 없습니다.

그래서 오늘날 예수님을 영접하고 믿는 성도 여러분이라면 어린양이 (계 14 : 4) 이끄는 데로 따라가는 자들이 되시길 기원하며 표적이 되시는 예수님만 바라보고 하늘에서 부르는 부름의 상을 위하여 좇아

가시길 바랍니다

(빌 3: 14)푯대를 향하여 그리스도 예수 안에서 하나님이 위에서 부르신 부름의 상을 위하여 좇아가노라.

The one way 그리하여야 (길 안내판)을 보고 천국 길로 바르게 나아 갈수 있습니다.

〈참조〉 (사 43 :18절) 너희는 이전 일을 기억하지 말며 옛적 일을 생각하지 말라.

(렘 31: 21~22)처녀 이스라엘아 너를 위하여 길표를 세우며 너를 위하여 표목을 만들고 대로 곧 네가 전에 가던 길에 착념하라. 돌아오라 네 성읍들로 돌아오라. 22. 패역 한 딸아 네가 어느 때까지 방황하겠느냐 여호와가 새 일을 세상에 창조하였나니 곧 여자가 남자를 안으리라. 여호와 하나님께서는 새로운 길과 길표(길 안내판)까지 세워주면서 거듭난 하나님의 자녀들에게 들어오라 하십니다. 이 길이 거룩한 길이며 생명에 길이며 천국 가는 길입니다. =할렐루야=

(사 35 : 8) 거기 대로가 있어 그 길을 거룩한 길이라 일컫는 바 되리니 깨끗지 못한 자는 지나지 못하겠고 오직 구속함을 입은 자들을 위하여 있게 된 것이라 우매한 행인은 그 길을 범치 못할 것이며

〈참조〉 (엡 5 : 26~27절) 이는 곧 물로 씻어 말씀으로 깨끗하게 하사 거룩하게 하시고. 26. 자기 앞에 영광스러운 교회로 세우사 티나 주름 잡힌 것이나 이런 것들이 없이 거룩하고 흠이 없게 하려 하심이니라.

(겔 36 : 25절) 맑은 물로 너희에게 뿌려서 너희로 정결케 하되 곧 너희 모든 더러운 것에서와 모든 우상을 섬김에서 너희를 정결케 할 것이며. (딤전 4 : 5절) 하나님의 말씀과 기도로 거룩하여짐이니라

이 길은 하나님이 임재하는 성산으로 가는 길이며 이곳에서 하나님의 말씀이 선포됩니다.

(미가 4 : 1~2)말일에 이르러는 여호와의 전의 산이 산들의 꼭대기에 굳게 서며 작은 산들 위에 뛰어나고 민족들이 그리로 몰려갈 것이라 2, 곧 많은 이방이 가며 이르기를 오라 우리가 여호와의 산에 올라가서 야곱의 하나님 전에 이르자 그가 그 도로 우리에게 가르치실 것이라 우리가 그 길로 행하리라 하리니 이는 율법이 시온 에서부터 나올 것이요 여호와의 말씀이 예루살렘에서부터 나올 것임이라. 이 길은 부정한 짐승들은 찾지 못합니다

(욥 28 :7~8)그 길은 솔개도 알지 못하고 매의 눈도 보지 못하며 8, 위엄스러운 짐승도 밟지 못하였고 사나운 사자도 그리로 지나가지 못하였느니라

〈참조〉(시 49 : 20절) 존귀에 처하나 깨닫지 못하는 사람은 멸망하는 짐승 같도다.

하나님의 나라에 가기 위해서는 옛사람을 (엡 4 : 22) 벗어 버려야 합니다.

(골 3 : 8~9)이제는 너희가 이 모든 것을 벗어 버리라 곧 분과 악의와 훼방과 너희 입의 부끄러운 말이라

9, 너희가 서로 거짓말을 말라 옛사람과 그 행위를 벗어 버리고

우리의 겉 사람(옛사람)은 날마다 벗어 버리고 그리스도 안에서 거듭난(벧전 1 : 3) 속사람이 능력으로 강건하여져서 하나님을 찾아가야 합니다.

〈참조〉 겉 사람의 모습 = (고후4 : 16절) 그러므로 우리가 낙심하지 아니하노니 겉 사람은 후 패 하나 우리의 속은 날로 새롭도다

(엡 3 : 16~17) 그 영광의 풍성을 따라 그의 성령으로 말미암아 너희 속 사람을 능력으로 강건하게 하옵시며 17, 믿음으로 말미암아 그리스도께서 너희 마음에 계시게 하옵시고 너희가 사랑 가운데서 뿌리가 박히고 터가 굳어져서. 이런자들이 심령 안에서 하나님께서 자

기의 기쁘신 뜻을 위하여 창조에 역사의 일을 행하십니다

(빌 2 :13) 너희 안에서 행하시는 이는 하나님이시니 자기의 기쁘신 뜻을 위하여 너희로 소원을 두고 행하게 하시나니.

(골 1: 29)이를 위하여 나도 내 속에서 능력으로 역사하시는 이의 역사를 따라 힘을 다하여 수고하노라.

속 사람이 강건하여지고 표적이 뚜렷한 사람은 (빌 3 : 14) 정절이 있는 자로서 어린양이 어디로 인도하든지 따라서 (계14:4) 세계 열방에 다니며 예수님의 천국 복음을 전하는 하나님의 일꾼입니다

(골 1 : 25) 내가 교회 일꾼 된 것은 하나님이 너희를 위하여 내게 주신 경륜을 따라 하나님의 말씀을 이루려 함이니라

이런 자들에게는 하나님의 말씀이 심히 가까이 있으며 입에 있어서 영이요 생명의 말씀을 대언 선포할 수 있습니다.

(신 30 :14)오직 그 말씀이 네게 심히 가까와서 네 입에 있으며 네 마음에 있은즉 네가 이를 행할 수 있느니라.

〈참조〉 (히 8 : 10, 절) 또 주께서 가라사대 그 날 후에 내가 이스라엘 집으로 세울 언약이 이것이니 내 법을 저희 생각에 두고 저희 마음에 이것을 기록하리라 나는 저희에게 하나님이 되고 저희는 내게 백성이 되리라.

(단 12 : 3절) 지혜 있는 자는 궁창의 빛과 같이 빛날 것이요 많은 사람을 옳은 데로 돌아오게 한 자는 별과 같이 영원토록 비취리라

이렇게 하나님의 말씀을 생각에 두고 마음에 새긴 사람들은 이전일을 기억하지 아니하며 옛적 일도 생각지 아니하고 오직 많은 영혼들을 생명의 길로 인도하기 위하여 광야에 길과 사막에 강을 내시는 하나님의 창조에 역사에 동참하는 자들입니다.

(사 43 : 18~19) 너희는 이전 일을 기억하지 말며 옛적 일을 생각하지 말라 19보라 내가 새 일을 행하리니 이제 나타낼 것이라 너희가

그것을 알지 못하겠느냐 정녕 내가 광야에 길과 사막에 강을 내리니

이런 자들을 통하여 생명 나무의 길이 열리며(창 3 : 24) 생명 나무의 과실을 먹는 자마다 영생하여 하나님과 영원히 천국에서 에녹처럼 동행하는(창5 : 24) "삶"을 영위하실 겁니다

20, 사르 밧 과부집으로 가자

본문(눅 4 : 25~26절) 내가 참으로 너희에게 이르노니 엘리야 시대에 하늘이 세 해 여섯 달을 닫히어 온 땅에 큰 흉년이 들었을 때에 이스라엘에 많은 과부가 있었으되 26, 엘리야가 그중 한 사람에게도 보내심을 받지 않고 오직 시돈 땅에 있는 사렙다의 한 과부에게 뿐이 었으며, 세상에는 물이(엡 5 : 26 말씀) 많이 있는 것 같지만 궁창 아래의 물(창 1 : 7) 시냇가에 흐르는 물은 언젠가 흉년이 오면 마르게 되어있다 (왕상 17 : 7)

이 세상에는 많은 교회가 있어 궁창 아래의 물(말씀)을 먹이는 교회와 궁창 위의 물(말씀)을 먹이는 교회로 나누어진다. ('물'=말씀 성경에서 "물"은 말씀을 의미합니다.)

(엡 5 : 26) 이는 곧 물로 씻어 말씀으로 깨끗하게 하사 거룩하게 하시고 그래서 예수님께서도 십자가에서 "다 이루시고"(요 19 : 30) 나서 옆구리(허리)를 통하여 피와 물을 흘려주셨습니다(요 19 : 34)

("피" 레17 : 11육체의 생명은 피에 있음이라---그래서 예수님이 십자가에서 흘러주신 "피와 물"을 생명수라 합니다(계 21 : 6, 계 22 : 1)

"왜! 옆구리(허리)를 통하여 피와 물을(생명수) 흘러 주실까요?"

옆구리(허리)는 성경에서 자녀를 생산하는 곳입니다(히 7 : 5, 창 35 : 11)

(창 35 : 11) 그에게 이르시되 나는 전능한 하나님이니라 생육하며 번성하라 국민과 많은 국민이 네게서 나고 왕들이 네 허리에서 나오리

라.

엘리야 시대에 그릿 시냇가에 물이 많이 흐를 때에는 엘리야에게 까마귀들까지도 아침저녁으로 떡과 고기를 가져오지만 그릿 시냇가에 물이 마르면 까마귀도 더이상 떡과 고기를 가져오지 않을 것입니다

"왜! 그렇까요!"

(레 11 : 13 ~ 15절)에는 까마귀는 가증하고 부정한 것이어서 하나님께서는 먹지 말라고 하셨으며(창 8 : 7) 절에는 까마귀는 세상에 물이 있는 땅에만 들락 거리며 왕래하는 것을 알 수 있습니다. (왕상 17 : 5 ~6)

까마귀는 세상 물을 먹고 있는 신도(종교인)들에게 들락거리면서 육신에 떡과 고기를 먹게 하여 사망에 길로 빠뜨리고 있습니다.

(마 4 : 4) 예수께서 대답하여 가라사대 기록되었으되 사람이 떡으로만 살 것이 아니요 하나님의 입으로 나오는 모든 말씀으로 살 것이라 하였느니라 하시니.

"고기"

(민 11 : 4) 이스라엘 중에 섞여 사는 무리가 탐욕을 품으매 이스라엘 자손도 다시 울며 가로되 누가 우리에게 고기를 주어 먹게 할꼬.

예수님을 영접하고(요 1 : 14) 믿은 성도라면 영혼에 양식인 생명수 (생명의 양식)을 먹어여 하는데 예수쟁이 중에 섞여 사는 무리가 입으로만 주여 주여 (마 7 : 21~22)하며 궁창 아래의 물 (유교 병 출 12 : 15) 사람의 계명으로 가르침을(사 29 : 13) 먹는 자들의 양식 떡과 고기를(땅의 것) 탐욕으로 구하여 영이 어린 자녀들도 따라서 울게 만들어서 떡과 고기를 먹고 육에 속한 사람으로 잠들어 가게 합니다 (고전2:14)

오늘날 많은 교회에 까마귀들이 들락거리면서 세상의 지식과 세상의 지혜를 물어다 주니 온통 교회가 하나님의 율례와 규례는 찾아볼 수 없고 세상의 기업 형태의 교회가 되어 건물 된 교회만 하늘 높은

줄 모르게 높고 넓게 지어 종교인을 생산하는 예루살렘 성전이 되었으니.

(요 2 : 19) 예수께서 대답하여 가라사대 너희가 이 성전을 헐라 내가 사흘 동안에 일으키리라

예수님을 믿는 자들 속에서 혹(민 11 : 4) 섞어 사는 무리 들이 있어 참 성도들을 유혹하여 육신에 탐욕에 물들게 아니한지 또한 세상 풍 습과 제도를 교회 내에 까마귀처럼 물어 나르지 아니한지 항상 깨어서 분변하여 사귀어야 할 것입니다(딤후 3 : 5)

(딤후 3 : 5) 경건의 모양은 있으나 경건의 능력은 부인하는 자니 이같은 자들에게서 네가 돌아서라.

하나님께서는 섞어 사는 무리들이 구한 고기가 아직 잇사이에 있을 때 진노하시며 큰 재앙을 내리 십니다.

(민 11 : 33) 고기가 아직 잇사이에 있어 씹히기 전에 여호와께서 백성에게 대하여 진노하사 심히 큰 재앙으로 치셨으므로.

"왜! 하나님은 잇사이에 있을 때 치시는가?"

부정한 것을 먹으면 하나가 되기 때문입니다(창 2 : 6)

아담과 하와도 선악과를 따먹음으로 인하여 마귀와 하나되어 종노릇 했던 것입니다.

오늘날 교회에 물(말씀)이 넘쳐나고 있습니다. 그러나 그 많은 물 중에 궁 창 위에서 내려 주시는 생명수가 있는 교회는 찾아보기가 쉽지 않다는 것이 안타까울 뿐입니다.

많은 물(말씀)은 있지만 영원히 목마르지 않는(렘 17 : 13) 생명수가 없어서 오늘날에도 사마리아 여인처럼 목말라서 (요 4 : 5~14) 머리에 물동이를 이고 물 뜨러 다니지 아니한지 각인이 생각해 봅시다

"왜! 하나님께서는 흉년이 올때 엘리야 선지자를 사렙다 과부집으로 (교회) 가라 하였는가? (왕상 17 : 8~16)"

첫째. 그 집에는 소제를 드릴 수 있고 (레 2 : 1) 떡을(요 6 : 51) 만들 수 있는 가루 한 움큼이 있었습니다.

둘째. 그 집에는 불이 꺼지지 않도록 하는 기름이 남아 있었습니다

셋째. 그 집에는 아들이 있었습니다.

그래서 하나님께서는 흉년 (가뭄)이 올때 엘리야 선지자를 사렙다 과부집으로 보내어 흉년을 이겨 나갈 수 있도록 인도하여 주셨습니다.

오늘날 많은 교회는 있지만 떡을 만들어서 나누어줄 고운 가루가 있는지 또한 소제를 드릴 가루 된 (깨어진)(신 24 : 6, 갈 2 : 20, 롬6 : 5~6) 성도들이 있는지 아니 물을 수 없습니다.

(신 24 : 6) 사람이 맷돌의 전부나 그 윗 짝 만이나 전집 하지 말지니 이는 그 생명을 전집함 이니라.

1. 고운 가루가 되자

예수님을 영접하고 믿는다는 기독교인들이 깨어지지 않고 옛모습 옛사람(엡 4 : 22) 그대로 건물 된 예배당에 나와 마음은 하나님께 멀리 있으면서 입으로만 주여 주여 부르짖고 (마 7 : 21-22) 하면서 예수님의 산 떡에 (요 6 : 51) 참여하지 못하고 있으니 불행할 따름이다

신약과 구약 맷돌(신 24 : 6) 안에 들어가 깨어지고 부서지고 하여 (갈 2 : 20) 고운 가루가 되어 소제의(레 2 : 1) 재료로 쓰임 받을 텐데 ----!

하나님의 말씀은 살아있고 운동력이 있어(히 4 : 12) 여러분이(나) 생명의 말씀 가운데 들어가면 깨어지고 부서져서 예수님의 산떡에 참여하여 하나 되어 (고전 6 : 17) 하늘에 형상을 입은 자들로 (고전15 : 49) 거듭날 것입니다.

2. 성령에 기름 부음을 받자

오늘날 많은 교회에 기름이 없어 불이 켜져 있는 교회를 찾기가 쉽지 않으며 또한 예비된 기름을 갖고 있은지?(마 25 : 1~12)

예수님께서도 성령에 기름 부음을 받고 착한 일을 행하시며 마귀에게 눌린 모든 자를 고치셨습니다.

(행 10 : 38)하나님이 나사렛 예수에게 성령과 능력을 기름 붓듯 하셨으매 저가 두루 다니시며 착한 일을 행하시고 마귀에게 눌린 모든 자를 고치셨으니 이는 하나님이 함께 하셨음이라.

성령에 기름 부음을 충만하게 받아야 능력으로 행할 수 있으며 포로 된 자에게 자유를 눈먼 자에게 다시 보게 함을 전파할 수 있습니다.

(눅 4 : 18~19)주의 성령이 내게 임하셨으니 이는 가난한 자에게 복음을 전하게 하시려고 내게 기름을 부으시고 나를 보내사 포로 된 자에게 자유를, 눈먼 자에게 다시 보게 함을 전파하며 눌린 자를 자유케 하고 19, 주의 은혜의 해를 전파하게 하려 하심이라 하였더라

성령에 기름 부음이 있는 자들에게 불이 있어(마 3 : 11) 세상에 생명의 빛을 비출 수 있습니다.

(요 1 : 9) 참 빛 곧 세상에 와서 각 사람에게 비취는 빛이 있었나니

(단 12 : 3) 지혜 있는 자는 궁창의 빛과 같이 빛날 것이요 많은 사람을 옳은 데로 돌아오게 한 자는 별과 같이 영원토록 비취리라.

3. 내 안에 하나님의 아들을 모시자

오늘날 교회에 하나님의 아들이신 예수님이 계시는지? 묻지 아니할 수 없다. 과연 예수님이 계시다면 세상 사람들에게 이토록 욕됨을 당할까---?

(요일 5 : 12) 아들이 있는 자에게는 생명이 있고 하나님의 아들이

없는 자에게는 생명이 없느니라.

이 새 대의 교회에 예수님을 영접하고 믿는 기독교인들이 몇명이나 깨어지고 부서져서 고운 가루가(거듭남) 되어 있을까요?(왕하 4 : 41 가루) 이 시대의 교회에 성령세례를 받고(마 3 : 11) 예비 된 기름과 불을 갖고 있는 기독교인들이 몇 명이나 될까요?(마 25 : 1~12)

이 시대의 교회에 하나님의 아들이신 예수님이 살아서 역사 하시는 교회가 얼마나 있을까요? (묻지 않을 수 없습니다.)(요 2 :19~22)

하나님의 말씀은 영이요 생명입니다. (요 6 : 63)

"어떻게 엘리야는 많은 과부들 중에서 사렙다 과부를 알아보았을까요?"

엘리야는 하나님의 말씀을 들을수 있는 영이 깨어 있는자 이었습니다.

(왕상 17 : 8) 여호와의 말씀이 엘리야에게 임하여 가라사대

(계 2 : 7) 귀 있는 자는 성령이 교회들에게 하시는 말씀을 들을지어다 이기는 그에게는 내가 하나님의 낙원에 있는 생명나무의 과실을 주어 먹게 하리라

엘리야 선지자는 성문에 이를 때에 한 과부가 그곳에서 나무 가지를 줍는 것을 보고 알아보았습니다. (왕상 17 : 10)

이 나무 가지는 영적으로 예수님 몸에서(교회) 떨어진 가지입니다 (고전 12 : 27,& 요 15 : 5,& 사 27 :11)

(요 15 : 5) 나는 포도나무요 너희는 가지니 저가 내 안에 내가 저 안에 있으면 이 사람은 과실을 많이 맺나니 나를 떠나서는 너희가 아무것도 할 수 없음이라.

오늘날 이 시대에도 예수님의 몸 된 교회에서 여러 가지 많은 사유로 떨어진 가지(지체) (고전 12 : 27)들이 많이 있지만 사렙다 과부처럼 줍고(선교, 전도) 하고 있는 자들이 얼마나 있는지 아니 물어볼 수가

없습니다.

하나님을 경애하고. 경배하며 예수님을 믿는 성도라면 먹을 것을 만들어 내고 성령에 불로 볶은 곡식을(수5:11) 내어서 남에게도 나누어 주어 많은 영혼들을 하나님께로 인도하여 하늘에 별과 같이 영원히 비취는 세상의 생명의 빛이 되었으면 하는 바람입니다.

그래서 하나님께서는 오늘날 어려운 환경과 시대 을(흉년, 가뭄) 맞이하여 엘리야 선지자와 같이 하나님의 인도함을 받는 자들에게(롬 8:14) 사렙다 과부집으로 (교회) 가서 영이요 생명의 말씀 천국 복음을 먹고(요 6 : 51) 흉년(가뭄)을 이겨 나가기를 바랍니다

(요 6 : 53) 예수께서 이르시되 내가 진실로 진실로 너희에게 이르노니 인자의 살을 먹지 아니하고 인자의 피를 마시지 아니하면 너희 속에 생명이 없느니라 =아멘=

21, 신도를 잡으라

본문 (창15:8~10절) 그가 가로되 주 여호와여 내가 이 땅으로 업을 삼을 줄을 무엇으로 알리이까 9.여호와께서 그에게 이르시되 나를 위하여 삼 년 된 암소와 삼 년 된 암염소와 삼 년 된 숫양과 산비둘기와 집비둘기 새끼를 취할지니라 10.아브람이 그 모든 것을 취하여 그 중간을 쪼개고 그 쪼갠 것을 마주 대하여 놓고 그 새는 쪼개지 아니하였으며

하나님의 말씀은 영이요 생명이며 비유로 말씀하였읍니다

(요6:63) 살리는 것은 영이니 육은 무익하니라 내가 너희에게 이른 말이 영이요 생명이라

하나님의 말씀을 육신의 생각으로 받으면 사망에 이릅니다

롬8:6~7 육신의 생각은 사망이요 영의 생각은 생명과 평안이니라

7.육신의 생각은 하나님과 원수가 되나니 이는 하나님의 법에 굴복치 아니할 뿐 아니라 할 수도 없음이라

그래서 하나님과 예수 그리스도를 아는 것과 믿는 것에 장성한 분량까지 자라나야하며 (엡 4 : 13) 지각을 사용하여 선악을 분별할 수 있어야 하고 (히 5 : 14) 성령이 교회들에게 하시는 말씀을(계 2 : 7) 듣고 깨닫고 만진 바가 되어(체험 신앙)(요일 1 : 1~2) 대언(계19 :10) 선포하여 천국 복음을(생명의 말씀) 전해야 합니다.

(욥 12 : 11)입이 식물의 맛을 분별함같이 귀가 말을 분변 하지 아니하느냐. 그러므로 하나님의 말씀 천국 복음을 대언하시는 분들은 나의 지혜와 지식과 사람들의 유전이 아니라(막 7 : 7~9) 성령을 통하여 하나님이 주신 생명의 말씀 천국 복음만을 대언 선포하여야만 잠자거나 죽었던 영혼에 생기가 들어가 살릴수 있을 것입니다.(겔 37 : 9~10)

(겔 37 : 9~10) 또 내게 이르시되 인자야 너는 생기를 향하여 대언하라 생기에게 대언하여 이르기를 주 여호와의 말씀에 생기야 사방에서부터 와서 이 사망을 당한 자에게 불어서 살게 하라 하셨다 하라 10. 이에 내가 그 명대로 대언하였더니 생기가 그들에게 들어가매 그들이 곧 살아 일어나서 서는데 극히 큰 군대더라

〈참조〉(창2:7절) 여호와 하나님이 흙으로 사람을 지으시고 생기를 그 코에 불어 넣으시니 사람이 생령이 된지라.

"왜! 하나님의 말씀은 대언만 하여야 하는가?"

예수의 영은 대언의 영이기 때문에 (계 19 : 10) 오직 성령을 통허여 하나님의 깊은 곳이라도 알수 있기 때문이며(고전 2 : 10) 어떠한 다른 말씀을 섞으면 유교병이 되어(출 12 : 15) 이스라엘에서 끊어지기 때문입니다.

(출 12 : 15) 너희는 칠일 동안 무교 병을 먹을지니 그 첫날에 누룩을

너희 집에서 제하라 무릇 첫날부터 칠일까지 유교 병을 먹는 자는 이스라엘에서 끊혀지리라.

또 한 성령을 통하지 아니하고는 하나님을 알 수도 없고 (고전 2 : 10) 오직 보혜사 진리의 성령을 통하여서 예수님을 증거 할수 있습니다.

(요 15 : 26)내가 아버지께로서 너희에게 보낼 보혜사 곧 아버지께로서 나오시는 진리의 성령이 오실 때에 그가 나를 증거 하실 것이요

그래서 하나님의 말씀을 대언하시는 분들은 필히 물과 성령으로 거듭나서(요 3 : 5, & 마 3 : 11) 하나님과 그의 아들을 아는 것에 장성한 분량까지 자라나서(엡 4 : 13) 하늘에 비밀인 예수님을 바로 알고 생명의 말씀 천국 복음을 대언 선포하여야 할 줄 믿습니다.

예) 아볼로 (행 18 : 24~25) 알렉산드리아에서 난 아볼로라 하는 유대인이 에베소에 이르니 이 사람은 학문이 많고 성경에 능한 자라 25, 그가 일찍 주의 도를 배워 열심으로 예수에 관한 것을 자세히 말하며 가르치나 요한의 세례만 알 따름이라

세상의 학문이 많고 성경을 많이 읽었을 지라도 "성령세례"를 받지 아니하였으면 "예수에 대하여" 가르치며 선생 노릇 할 수는(고전 4 : 15) 있어도 예수 그리스도를 듣고 만진바가 되어(요일 1 : 1~2, 욥 42 : 5) 예수님에 대하여 증거 할 수가 없다는 것을 알기 바랍니다

그래서 예수님을 믿는 기독교인들이라면 꼭 성령세례를 받아야 합니다.

(행 19 : 5~6) 저희가 듣고 주 예수의 이름으로 세례를 받으니 6, 바울이 그들에게 안수하매 성령이 그들에게 임하시므로 방언도 하고 예언도 하니. 성령이 아니고는 하늘에서 내려오는 은사나 온전한 선물(구원)(엡 2 : 8)을 받을 수 없기 때문에 신도를(종교인) 성도로(기독교인) 변화시켜 구원 시킬 수 없기 때문입니다. (약 1 : 17)

(빌 2 : 12) 그러므로 나의 사랑하는 자들아 너희가 나 있을 때뿐

아니라 더욱 지금 나 없을 때에도 항상 복종하여 두렵고 떨림으로 너희 구원을 이루라.

1. 왜! 신도를 잡아 죽여야 하는가?

본문(창 15 : 8) 이 땅으로 "업"(직업)을 삼으려면 이 땅은 가나안 땅을 의미하는데 가나안 땅을 영적으로 천국을 의미하여 또 다른 의미로는 그리스도의 몸 된 교회를 뜻하고 있읍니다.

그래서 하나님께서는 이 땅(가나안 = 그리스도의 몸된 교회)에서 "업"(직업, 목사, 교사)를 얻고자 하는 자는 본문 (창 15 : 9~10)의 말씀처럼 삼년된 암소와 삼년된 암염소와 삼년된 수양과 산비둘기와 집비둘기 새끼를 잡아 중간을 쪼개라 (죽여라) 하십니다

왜! 새는 쪼개지 말라 했는가 여기서의 새는 비둘기를 의미하며 비둘기는 성경에서 성령을 뜻하고 있습니다.

(마 3 : 16) 예수께서 세례를 받으시고 곧 물에서 올라오실새 하늘이 열리고 하나님의 성령이 비둘기같이 내려 자기 위에 임하심을 보시더니 그래서 새는 쪼개지 않습니다.

(요 19 : 23~24) 군병들이 예수를 십자가에 못 박고 그의 옷을 취하여 네 깃에 나눠 각각 한 깃씩 얻고 속옷도 취하니 이 속옷은 호지 아니하고 위에서부터 통으로 짠 것이라 24. 군병들이 서로 말하되 이것을 찢지 말고 누가 얻나 제비뽑자 하니 이는 성경에 저희가 내 옷을 나누고 내 옷을 제비뽑나이다 한 것을 응하게 하려 함이리라 군병들은 이런 일을 하고.

(요 19 : 23) 말씀에서 솟옷은 속사람인 성령을 의미하여 속옷은 위로부터 통하여 짠 것이라 제비 뽑아서 가져야 합니다. (제비 뽑는다는 것은 하나님께 맡긴다는 것입니다)

그래서 성령은 하나님의 주권 안에서 우리에게 내려 주시는 선물입

니다.(엡 2 : 8) 내가 구원받았다는 것은 나에게 성령이 임했다는 것을 말하며 이런 자들이 영에 인도함을 받는 하나님의 자녀들입니다.

(롬 8 : 14~16) 무릇 하나님의 영으로 인도함을 받는 그들은 곧 하나님의 아들이라 15, 너희는 다시 무서워하는 종의 영을 받지 아니하였고 양자의 영을 받았으므로 아바 아버지라 부르짖느니라 16, 성령이 친히 우리 영으로 더불어 우리가 하나님의 자녀인 것을 증거 하시나니

기독교인들이라면 필 히 성령세례를 (속옷 = 구원에 옷) 받고 의에 겉옷도 입어야(갈 3 : 27) 그리스도의 신부로서 슬기로운 다섯 처녀처럼 예수님과 함께 할 것입니다. (마 25 : 1~13)

2. 왜! 삼년 된 암소를 잡으라 했는가?
여기에서의 "삼"〈셋〉은 확실하다는 의미이며 [다컸다 다자라났다 이만하면 됐다는 뜻으로] 이해하시기 바랍니다.

(전 4 : 12) 한 사람이면 패하겠거니와 두 사람이면 능히 당하나니 삼겹 줄은 쉽게 끊어지지 아니하느니라.

하나님께서는 성경에서 "암소"를 이스라엘 백성으로 말씀하고 있습니다.

(호4:16) 이스라엘은 완강한 암소처럼 완강하니 이제 여호와께서 어린 양을 넓은 들에서 먹임같이 저희를 먹이시겠느냐.

하나님의 말씀은 비유로 말씀 하셨으며 영에 말씀이기 때문에 영적으로 풀어야 복음으로 살아납니다(요 6 : 63)

교회에서 많은 여자 권사님들이 착한 어머니처럼 아멘 아멘 하면서 열심으로 봉사하고 헌신하면서 자녀들도(전도) 잘 낳습니다

그러나 하나님께서는 완강한 암소처럼, 완강하다고 하십니다 착한 척, 겸손한 척, 거듭나지 못하고 태어나서부터 순하게-----

그래서 사람의 눈으로 보면은 참 착하고 참봉사 열심히 하고 참 헌신 잘하고 열심으로 예배에 참석하고 누구보다 앞장 서서 선교, 전도도 잘하고 나무랄 때 없고 저분은 천국에 가시겠구나 많은 사람들에게 칭찬받는 사람인데도 하나님께서는 완강하다 하십니다. (고집이 세다.) (완강하다=완악하다, 반역하다=거듭나지 못한자)

이런 자들은 다시금 천국복음 생명의 말씀을 먹고 영적으로 자라나야 합니다. (벧전 2 : 2먹고, 벧전 2 : 1잘 싸고, 눅 2 : 40자라고, 히5:13-14 분별하고, 엡 4:13 장성하고)

하나님께서는 이렇게 삼년 된 암소를 잡아 번재단에(십자가 = 갈2:20) 올려라 합니다. 이런 자들은 열심으로 예수님을 믿으면서도 자기가 예수님 앞서서 걸어가며 예수님에게 뒤에서 따라오게 합니다 (막 8 : 34 예수님을 따라가야 한다)

(삼상 6 : 12 -14) 암소가 벧세메스 길로 바로 행하여 대로로 가며 갈때에 울고 좌우로 치우치지 아니하였고 블레셋 방백들은 벧세메스 경계까지 따라가니라 13. 벧세메스 사람들이 골짜기에서 밀을 베다가 눈을 들어 궤를 보고 그것의 보임을 기뻐하더니

14. 수레가 벧세메스 사람 여호수아의 밭 큰 돌 있는 곳에 이르러 선지라 무리가 수레의 나무를 패고 그 소를 번제로 여호와께 드리고.

예수님을 영접하고 믿는 성도라면 언약궤를 메거나 뒤에서 따라가야 하는데(수3:11) 암소는 언약궤를 뒤에다 달고 자기가 끌고 가고 있다가 여호수아(호세아, 예수)의 발에서(고전3:9) 큰 돌에 걸려 더이상 가지 못함을 알 수 있습니다(벧전 2 : 5-6)

우리가(나) 예수님을 믿는 자들은 하나님의 뜻 안에서 믿고 행하여야지 아무리 착하고 열심으로 믿어도 거듭나지 못하고 행한 일들은 하나님께서 불법을 행한자라 말씀하고 있읍니다(마 7 : 21-23)

이런 자들을 하나님께서는 잡아서 번재단에 올려라 말씀하고 계십

니다.

3. 삼년 된 암 염소를 잡아라

하나님께서는 심판 날에 구별할 때 세상 사람들과 예수 믿는 사람
으로 구분하는 것이 아니라 예수 믿고 의인이라 칭함을 받은자 (생각
되는 사람) 중에서 악인을 골라낸다는(구분한다는) 것을 깨닫기 바랍
니다.

(마 13 : 49) 세상 끝에도 이러하리라 천사들이 와서 의인 중에서
악인을 갈라내어

(마 25 : 33) 양은 그 오른편에, 염소는 왼편에 두리라.

하나님께서는 예수님을 믿으면서도 하나님의 뜻 안에서 행하라 하
십니다. 암 염소처럼 불법을 행하면서 많은 새끼를(전도, 선도) 나았
쓸 찌라도 심판 날에 악인으로써 왼편에 세우신다는 것을 알기 바랍
니다

하나님의 일은 예수님의 이름과 그리스도의 마음으로 (빌 2 : 5) 하
여야 하는데 염소들은 자기의 의로 하나님의 일을 하니 불법을 행하
는 자며 악인으로 심판에 들어가게 하십니다(창 4 : 5-7)

(마 25 : 44-46) 저희도 대답하여 가로되 주여 우리가 어느 때에
주의 주리신 것이나 목마르신 것이나 나그네 되신 것이나 벗으신 것
이나 병드신 것이나 옥에 갇히신 것을 보고 공양치 아니하더이까 45,
이에 임금이 대답하여 가라사대 내가 진실로 너희에게 이르노니 이
지극히 작은 자 하나에게 하지 아니한 것이 곧 내게 하지 아니한 것이
니라 하시리니 46, 저희는 영벌에, 의인들은 영생에 들어가리라 하시
니라.

4. 삼년 된 수양을 잡아라.

(딤전 3 : 1-5) 미쁘다 이 말이여, 사람이 감독의 직분을 얻으려 하면 선한 일을 사모한다 함이로다. 2. 그러므로 감독은 책망할 것이 없으며 한 아내의 남편이 되며 절제하며 근신하며 아담하며 나그네를 대접하며 가르치기를 잘하며 3. 술을 즐기지 아니하며 구타하지 아니하며 오직 관용하며 다투지 아니하며 돈을 사랑치 아니하며 4. 자기 집을 잘 다스려 자녀들로 모든 단정함으로 복종케 하는 자라야 할지며 5. (사람이 자기 집을 다스릴 줄 알지 못하면 어찌 하나님의 교회를 돌아보리요)

하나님의 교회에서 특히나 장로를 선출할 때 보면은 하나님께 합당한 사람을 선출하여야 할 텐데 서로 당을 지어 끼리끼리 편을 갈리어 자기들에게 잘 보인 사람을 택하지 않나 /또한 목사님께서 교회에 오래 다녔다 해서 좀 부족하더라도 채면 세워주기 위해서 /아니면 그 사람이 부유해서 돈을 많이 내어 교회 살림살이에 도움이 되어서 /장로로 추천하여 사람의 필요에 따라 장로를 선출하지 아니하는지 한번 문의 아니 할 수가 없다.

하나님께서는 교만하지 않고 돈을 사랑하지 않고 비방과 마귀의 올무에 빠지지 않고 이를 탐하지 않는 자를 원하시는데 옛사람, 옛 성품으로 구습에 젖어 있어도 사람의 비위나 잘 맞추어 주는 간사한 자를 장로로 선출 아니하는지 각인이 생각해 봅시다

하나님께서는 거듭나지 못하고 옛사람인 삼년된 수양같이 뿔이난 장로들을 잡아서 번재단에 올리어 다시금 부활 생명으로(롬 6 : 5-6)태어나기를 원하십니다.

(사 75 : 5) 너희 뿔을 높이 들지 말며 교만한 목으로 말하지 말지어다.

(사 75 : 10) 또 악인의 뿔을 다 베고 의인의 뿔은 높이 들리로다

그리스도의 몸된 교회에서 나는 장로다 하면서 형제 자매들 위에

군림하려는 장로들 장로가 무슨 명예욕이나 된듯 교만한 자의 뿔은 교인들의 입에 오르내리며 올무에 걸리게 (메여) 되어 있읍니다

(창 22 : 13) 아브라함이 눈을 들어 살펴본즉 한 숫양이 뒤에 있는데 뿔이 수풀에 걸렸는지라 아브라함이 가서 그 숫양을 가져다가 아들을 대신하여 번제로 드렸더라

하나님께서는 아들을(롬 8 : 14) 대신하여 삼년된 수양 (교만한 장로)을 잡아 번제단에(십자가) 올려서 부활 생명으로 거듭나게 하십니다(갈 2 : 20)

(잠 6 : 2-3) 네 입의 말로 네가 얽혔으며 네 입의 말로 인하여 잡히게 되었느니라.

3. 내 아들아 네가 네 이웃의 손에 빠졌은 즉 이같이 하라 너는 곧 가서 겸손히 네 이웃에게 간구하여 스스로 구원하되.

5. 본문 (창 15 : 8절)에 이 땅에서 (업=목사 직분)을 얻을려면 삼년된 암 염소와, 삼년 된 암소와, 삼년 된 수양을 잡아서 쪼개야 하는데 반으로 쪼개기 위해서는 칼(검)이 필요합니다.

이 땅에서(가나안 땅) 업을(목사) 얻고자 하신 분들은 검을 가지고 계십니까? (눅 22 : 36, & 눅 22 : 38) (목사님들은 각인이 생각해 봅시다)

(엡 6 : 17) 구원의 투구와 성령의 검 곧 하나님의 말씀을 가지라

하나님께서 주시는 검은 어떠한 검 보다도 예리하고 살아서 운동력이 있기 때문에 혼과 영과 관절과 골수까지도 찔러 쪼개기(히 4 : 12) 때문에 모든 것이 벌거 벗은 것같이 다 드러나기 때문에(히 4 : 13) 모든 죄악과 모든 불치병도 다 치유시키시고 구원하여 주십니다

(렘 17 : 10) 나 여호와는 심장을 살피며 폐부를 시험하고 각각 그 행위와 그 행실대로 보응하나니.

"업"(직업, 목사)을 택하신 분들은 신도들을(종교인) 잘 잡아 쪼개어 벌려 놓으면 하나님께서 밤에 아무도 모르게 성령에 불로 인쳐 주시어(창 15 : 17) 모든 죄악과 불치병도 소멸하여 주시고 (히 12 : 29) 나서 언약을 세우시고 가나땅으로 (이 땅) 업을 삼게 하십니다.

(창 15 : 18) 그 날에 여호와께서 아브람으로 더불어 언약을 세워 가라사대 내가 이 땅을 애굽 강에서부터 그 큰 강 유브라데까지 네 자손에게 주노니 그래서 가난한 땅 (이땅)에서 업(직업 목사)을 삼아 하나님과 언약을 세워서 살아가기 위해서는 필히 성령의 검 하나님의 생명의 말씀 (천국복음)을 갖고 많은 신도 (종교인)들을 잡아 쪼개어 번재단 위에 올려놓아야 예수님의 참 제자라 하나님께 인정받을 것입니다. (창 15 : 17~18절)

제 7 장. 말씀의 계명

22. 예수님의 양식

본문(요 6:27절) 썩은 양식을 위하여 일하지 말고 영생하도록 있는 양식을 위하여 하라 이 양식은 인자가 너희에게 주리니 인자는 아버지 하나님의 인치신 자니라.

우리가 무엇을 먹느냐에 따라 먹는 데로 나오는 것이다(먹는다는 것은 하나가 되는 것을 의미하기도 한다)

예수님께서는 우리에게 썩은 양식을 위하여 일하지 말고 영생하도록 있는 양식을 위하여 하라 말씀하고 계시는데 많은 사람들이 우선은 곶감이 달다고 눈에 보이는 먹음직도 하고 보암직도 하고 지혜롭게 할 만큼 탐스러운 실과를 먹기 위해(창 3 : 6절) 일하고 있지 않나 각인이 생각해 봅시다.

나(우리) 자신이 세상으로 부터 좇아 온 것을 구하고 있지 아니한지 분변 하여 봅시다

(요일 2 : 16) 이는 세상에 있는 모든 것이 육신의 정욕과, 안목의 정욕과, 이생의 자랑이니 다 아버지께로 좇아온 것이 아니요 세상으로 좇아온 것이라.

예수님을 영접하고 믿는 성도라면 예수님이 먹는 양식이 무엇인가는 알고 갖다 드려야 할 것이다.

(요 21 : 9~11) 육지에 올라 보니 숯불이 있는데 그 위에 생선이 놓였고 떡도 있더라 10. 예수께서 가라사대 지금 잡은 생선을 좀 가져오라 하신대 11. 시몬 베드로가 올라가서 그물을 육지에 끌어올리니 가득히 찬 큰 고기가 일백쉰세 마리라 이같이 많으나 그물이 찢어지지 아니하였더라

예수님께서는 큰 고기 생선을 좋아하십니다. 생선이라 함은 죽은

고기를 의미하는데 영적으로(갈 2 : 20) 의미하여 큰 고기 하나님께 복을 받고 생육하고 번성하여 여러 바다에서 충만한 고기들입니다.

(창 1 : 21~22) 하나님이 큰 물고기와 물에서 번성하여 움직이는 모든 생물을 그 종류대로, 날개 있는 모든 새를 그 종류대로 창조하시니 하나님의 보시기에 좋았더라 22, 하나님이 그들에게 복을 주어 가라 사대 생육하고 번성하여 여러 바다물에 충만하라 새들도 땅에 번성하라 하시니라

성경에서 하나님의 복을 받는 자는 창세기에 큰 물고기와 나르는 새와 하나님의 형상을 입은 사람에게만 "복"을 주셨습니다

하나님의 말씀은 영이요 생명이며(요 6 : 63) 비유로 말씀하고 계십니다. 그래서 성령을 통하지 아니하고는 (고전 2 : 10)하나님의 말씀을 깨닫지 못한다는 것을 알기 바랍니다.

"큰 고기 일백쉰 세 마리"=(마지막 때 확실히 알곡 된자를 의미하고 있습니다.) 이렇게 알곡이 된자 만을 예수님이 먹으시며 천국 곳간에도 넣습니다.

(마 3 : 12) 손에 키를 들고 자기의 타작 마당을 정하게 하사 알곡은 모아 곡간에 들이고 쭉정이는 꺼지지 않는 불에 태우시리라

1. 예수님의 양식
(요 4 : 34) 예수께서 이르시되 나의 양식은 나를 보내신 이의 뜻을 행하며 그의 일을 온전히 이루는 이것이니라.

예수님의 양식은 하나님의 뜻(언약에 말씀)을 따라 우리를(나) 구원하여 자라게 하여서 영원히 썩지 않을 양식 영생을 얻게 하시어 천국 하나님의 나라로 인도하여 온전히 이루시는 것이 예수님의 양식입니다

(요 6 : 40) 내 아버지의 뜻은 아들을 보고 믿는 자마다 영생을 얻

는 이것이니 마지막 날에 이를 다시 살리리라 하시니라

"마지막 날" 세상 사람들에게는 마지막 날 이지만 예수님을 영접하고 부활 생명으로 거듭난 자들 에게는 첫날 입니다(히 13 : 8)

예수님의 부활에 연합하여 부활 생명 (영생)으로 거듭난 (벧전 1 : 3-4) 성도들이 예수님의 양식이며 이들이 곧 영혼에 양식입니다

(벧전 1 : 3-4) 찬송하리로다 우리 주 예수 그리스도의 아버지 하나님이 그 많으신 긍휼대로 예수 그리스도의 죽은 자 가운데서 부활하심으로 말미암아 우리를 거듭나게 하사 산 소망이 있게 하시며 4. 썩지 않고 더럽지 않고 쇠하지 아니하는 기업을 잇게 하시나니 곧 너희를 위하여 하늘에 간직하신 것이라.

2. 썩지 않을 기업을 잇기 위해서는 부활 생명, 영생이 있어야 합니다. 영생을 얻기 위해서는 예수님을 영접하고 영에 양식을 먹어야 합니다.

(요 6 : 53~54) 예수께서 이르시되 내가 진실로 진실로 너희에게 이르노니 인자의 살을 먹지 아니하고 인자의 피를 마시지 아니하면 너희 속에 생명이 없느니라 54. 내 살을 먹고 내 피를 마시는 자는 영생을 가졌고 마지막 날에 내가 그를 다시 살리리니

그 양식이 오늘날 하나님이 주시는 일용할 양식입니다

(마 6 : 11) 오늘날 우리에게 일용할 양식을 주옵시고

하나님께서는 이 일용할 양식을 위하여 일 하는 자들에게 항상 함께 하십니다.

(요 8 : 29) 나를 보내신 이가 나와 함께 하시도다 내가 항상 그의 기뻐하시는 일을 행하므로 나를 혼자 두지 아니하셨느니라.

오늘날 예수님이 원하시는 일용할 양식은 부활 생명으로 거듭난 성

도들을 통하여 많은 영혼들을 천국으로(하나님 나라) 거두어 들이는 것입니다.

(요 4 : 35~36) 너희가 넉 달이 지나야 추수할 때가 이르겠다 하지 아니하느냐 내가 너희에게 이르노니 눈을 들어 밭을 보라 희어져 추수하게 되었도다. 36, 거두는 자가 이미 삯도 받고 영생에 이르는 열매를 모으나니 이는 뿌리는 자와 거두는 자가 함께 즐거워하게 하려 함이니라.

그래서 예수님을 영접하고 하나님의 자녀가 (롬 8 : 14 ~16) 된 자들은 장성한 분량까지 자아나 (엡 4 : 13) 추수할 일꾼이 되어 많은 영혼들을 하나님께로 인도하여야 합니다

(단 12 : 3) 지혜 있는 자는 궁창의 빛과 같이 빛날 것이요 많은 사람을 옳은 데로 돌아오게 한 자는 별과 같이 영원토록 비취리라

3. 일용 항 양식을 낳기 위해서는 어떻게 하여야 하는가?

하나님께서는 에덴에 있는 자들에게는 식물(양식)을 주셨는데 씨 맺는 모든 채소 와 씨 가진 열매 맺는 모든 나무를 식물로 주셨습니다 (창 1 : 29)

에덴동산에서 쫓겨 나기 전에는 씨 맺는 채소와 씨 가진 열매 맺는 나무가 식물(양식) 이었습니다.

하나님께서 에덴 동산에 있을 때 왜! 씨가 있는 것을 주셨을까요?

"씨" = (벧전 1 : 23) 너희가 거듭난 것이 썩어질 씨로 된 것이 아니요 썩지 아니할 씨로 된 것이니 하나님의 살아있고 항상 있는 말씀으로 되었느니라 (씨=생명의 말씀=예수님) 그래서 하나님께서는 에덴 동산에 있는 자들에게는 씨가 있는 것들만 먹어라 하였습니다.

씨 있는 식물(양식) 누가 내는가?

(창 1 : 12) 땅이 풀과 각기 종류대로 씨 맺는 채소와 각기 종류대로 씨 가진 열매 맺는 나무를 내니 하나님의 보시기에 좋았더라

하나님의 말씀은 비유에 말씀으로 오직 영으로 풀어야 천국 복음이 됩니다. 여기서의 "땅"(시 100 : 1~3) 온 땅이여 여호와께 즐거이 부를지어다 2, 기쁨으로 여호와를 섬기며 노래하면서 그 앞에 나아갈지어다 3, 여호와가 우리 하나님이신 줄 너희는 알지어다 그는 우리를 지으신 자시요 우리는 그의 것이니 그의 백성이요 그의 기르시는 양이로다.

(땅이 = 하나님의 백성이며 하나님의 기르신 양에 비유하셨습니다.)

"풀"(사 40 : 6~7) 말하는 자의 소리여 가로되 외치라 대답하되 내가 무엇이라 외치리이까 가로되 모든 육체는 풀이요 그 모든 아름다움은 들의 꽃 같으니 7, 풀은 마르고 꽃은 시듦은 여호와의 기운이 그 위에 붊이라 이 백성은 실로 풀이로다.

(풀 = 육체로 비유하고 있으며 하나님의 백성으로 말하고 있습니다)

그래서 하나님이 땅과 풀이라면 씨 맺는 채소와 씨 가진 열매 맺는 하나님의 백성들이 되어야 될 줄로 믿습니다.

4. 인간이 에덴동산에서 쫓겨나서 먹는 식물(양식)은?

(창 3 : 18) 땅이 네게 가시덤불과 엉겅퀴를 낼 것이라 너의 먹을 것은 밭의 채소인 즉

왜! 에덴동산에서 쫓겨나서는 씨 없는 밭의 채소를 식물(양식)로 먹어라 했는가?

에덴동산에서 쫓겨난 인간들에게는 하나님의 신이(영)함께 하지 않으며 이런 자들은 하나님의 생명에서 떠난 자 들이기 때문에 그들의 안에 "씨"가 없어(벧전 1 : 23) 씨 맺는 채소와 씨 가진 열매 맺는 나무를

넣수 가 없습니다. 그래서 연약한 채소만 먹으라 하였습니다.

(창 6 : 3) 여호와께서 가라사대 나의 신이 영원히 사람과 함께 하지 아니하리니 이는 그들이 육체가 됨이라 그러나 그들의 날은 일백 이십 년이 되리라 하시니라.

(엡 4 : 18) 저희 총명이 어두워지고 저희 가운데 있는 무지함과 저희 마음이 굳어짐으로 말미암아 하나님의 생명에서 떠나 있도다.

이런 자들에게는 생명의 빛이 없기 때문에 열매를 못 맺을 뿐 아니라 연약한 채소 같습니다.

(롬 14 : 2) 어떤 사람은 모든 것을 먹을 만한 믿음이 있고 연약한 자는 채소를 먹느니라.

5. 노아의 홍수 심판 후 하나님이 허락하신 식물(양식)

(창 9 : 3) 무릇 산 동물은 너희의 식물이 될지라 채소같이 내가 이것을 다 너희에게 주노라.

많은 목사님들이 (창 9 : 3절)을 인용하여 하나님께서 노아 심판 후부터는 고기도 먹어라 했다고 해서 오늘날 동물들을 잡아먹어도 된다고 설교하고 있습니다.

하나님의 말씀은 영이요 생명이며 비밀이 감추어 있기 때문에 성령이 아니고는 하나님의 비밀을 알 수 없다는 것을 알기 바랍니다

(고전 2 : 10) 오직 하나님이 성령으로 이것을 우리에게 보이셨으니 성령은 모든 것 곧 하나님의 깊은 것이라도 통달하시느니라

왜! 하나님께서는 노아 심판 후 에덴에서 쫓겨난 자들에게 주셨던 밭의 채소와 같이 산 동물을 식물 (양식)으로 주셨을까요?

성경에서는 땅 위의 동물 곧 모든 짐승과(창8:19) 동물과 짐승을 동일시 하고 있습니다. (짐승 = 전 3 : 18, & 시 49:20)

〈참조〉(시 73 : 22절) 내가 이같이 우매 무지하니 주의 앞에 짐승이 오나.

(벧후 2 : 12절) 그러나 이 사람들은 본래 잡혀 죽기 위하여 난 이성 없는 짐승 같아서 그 알지 못한 것을 훼방하고 저희 멸망 가운데서 멸망을 당하며, 하나님의 신이 (창 6 : 3) 사람에게서 떠나고 하나님의 생명에서 떠난자들은 (엡 4 : 18)죄로 인하여(사 59 : 2) 하나님을 알수 없습니다. (산동 물, 짐승들이기---)

(삿 2 : 10)그 세대 사람도 다 그 열조에게로 돌아갔고 그 후에 일어난 다른 세대는 여호와를 알지 못하며 여호와께서 이스라엘을 위하여 행하신 일도 알지 못하였더라

〈참조〉(암 5 : 13절) 그러므로 이런 때에 지혜 자가 잠잠하나니 이는 악한 때임이니라

(호 4 : 2) 오직 저주와 사위와 살인과 투절과 간음뿐이요 강포하여 피가 피를 뒤 대임이라.

하나님의 씨가(벧전 1 : 23) 없는 자들은 자기의 마음에 즐거운데로 자기의 의로(악=죄) 생활 함이라(강, 육 약식)

(신 12 : 15) 그러나 네 하나님 여호와께서 네게 주신 복을 따라 각 성에서 네 마음에 즐기는 대로 생축을 잡아 그 고기를 먹을 수 있나니 곧 정한 자나 부정한 자를 무론하고 노루나 사슴을 먹음같이 먹으려니와 하나님이 없는 세상에서는 강한자가 약한 자를 잡아먹어야 살아갈 수 있다.

(미가 7 : 2) 이와 같이 선인이 세상에서 끊쳤고 정직자가 인간에 없도다 무리가 다 피를 흘리려고 매복하며 각기 그물로 형제를 잡으려 하고 내 안에 예수님께서 왕으로 않계시다면 내 마음대로 행동합니다.

(삿 17 : 6) 그때에는 이스라엘에 왕이 없으므로 사람마다 자기 소견에 옳은 대로 행하였더라.

〈참조〉(호 10 : 3절) 저희가 이제 이르기를 우리가 여호와를 두려워 아니하므로 우리에게 왕이 없거니와 왕이 우리를 위하여 무엇을 하리요 하리로다.

그래서 우리에게는 하나님이 계셔야 하며 하나님이 주시는 안식과 기업에 들어가야 합니다

(신 12 : 8~9) 우리가 오늘날 여기서는 각기 소견대로 하였거니와 너희가 거기서는 하지 말지니라 9. 너희가 너희 하나님 여호와의 주시는 안식과 기업에 아직은 이르지 못하였거니와. 하나님은 사랑이시라(요 3 : 16, & 롬 5 :8) 다시금 에덴동산에서처럼 하나님과 화목하고 (골 1 : 20) 이 땅에서도 천국 되어 살아 갈 수 있도록 생명의 씨(영생)가 되시는 예수님을 (요 1 : 14, 벧전 1 : 23) 영혼의 양식으로 이 땅에 보내주시어 우리들(나)에게 먹게 하시어(겔 2 : 8) 예수님과 하나되게 하셨습니다. (엡 1 : 10)

그래서 예수님을 영접한 자들은 영혼에 양식인 하늘에서 내려온 산 떡을 (요 6 : 51) 먹어야 영생을 얻어 영원히 썩지 않을 기업에 동참하게 되는 것입니다.

(요 6 : 53~54)어떤 사람은 모든 것을 먹을 만한 믿음이 있고 연약한 자는 채소를 먹느니라 54. 내 살을 먹고 내 피를 마시는 자는 영생을 가졌고 마지막 날에 내가 그를 다시 살리리니

그러므로 하나님의 자녀라면 말씀이 육신이 되어 오신 예수님 천국 복음 생명의 말씀을 먹고(겔 2 : 8) 자라서 씨 맺는 채소와 씨 가진 열매 맺는 나무가 되어 천국 곳간에도 들어가고(마 3 : 12) 이 땅에서도 생명의 씨가(벧전 1 : 23) 되어 많은 이들에게 식물이(양식) 되기

를 주님에 이름으로 축복합니다 =아멘=

23, 내 이웃을 알자

본문: (레 19 : 18절) 원수를 갚지 말며 동포를 원망하지 말며 이웃을 사랑하기를 네 몸과 같이하라 나는 여호와니라.

하나님께서는 세상을 이처럼 사랑하사 독생자를 우리(나)에게 보내주시어 예수님을 믿는 자마다 멸망치 않고 영생을 얻어 (요 3 : 16) 이 땅에서도 천국 되어 살아 갈 수 있도록 우리에게 죽기까지 하나님의 아가페 사랑을 나타내 주셨습니다. (롬 5 : 8)

(골 1 : 20) 그 의 십자가의 피로 화평을 이루사 만물 곧 땅에 있는 것들이나 하늘에 있는 것들을 그로 말미암아 자기와 화목하게 되기를 기뻐하심이라.

〈참조〉(엡 1 : 10절) 하늘에 있는 것이나 땅에 있는 것이 다 그리스도 안에서 통일되게 하려 하심이라.

(엡 2 : 16절) 이는 저로 말미암아 우리 둘이 한 성령 안에서 아버지께 나아감을 얻게 하려 하심이라.

하나님께서는 예수님의 십자가의 사랑으로 우리에게 하나님과 화목하게 하였으니 너희도 내 이웃을 내 몸과 같이 사랑하며 교회되어 각 지체로서 (고전 12 : 27) 성령 안에서 함께 지어져 가기를 원하십니다.

(엡 2 : 20~22) 너희는 사도들과 선지자들의 터 위에 세우심을 입은 자라 그리스도 예수께서 친히 모퉁이 돌이 되셨느니라 21, 그의 안에서 건물마다 서로 연결하여 주 안에서 성전이 되어 가고 22. 너희도 성령 안에서 하나님의 거하실 처소가 되기 위하여 예수 안에서 함께 지

어져 가느니라

그러나 하나님의 자녀라 하면서 예배당에 모여 함께 예배드리고 찬송하면서도 함께 그리스도의 몸된 교회로 지어져 가고 있으며 내 형제와 자매 같이 사랑하고 있는지 아니 물을수 없다

말세를 만난 이 시대에 영혼을 거슬려 싸우는 육체의 욕심과 이기심에 더 열심을 내지 아니한지?

오직 나의 이기심으로 인하여 나 외엔 이웃에게 관심고 없고 세상 풍속을 쫓으며 조상의 유전을 따라 외식하고 있지 아니한지?

(마 23 : 27~28) 화 있을 전지 외식하는 서기관들과 바리새인들이여 회칠한 무덤 같으니 겉으로는 아름답게 보이나 그 안에는 죽은 사람의 뼈와 모든 더러운 것이 가득하도다. 28, 이와 같이 너희도 겉으로는 사람에게 옳게 보이되 안으로는 외식과 불법이 가득하도다.

그래서 예수님께서는 우리에게(나) 두 계명을 말씀하시며 율법과 선지자의 강령이라고 강조하셨습니다.

(마 22 : 37~40) 예수께서 가라사대 네 마음을 다하고 목숨을 다하고 뜻을 다하여 주 너의 하나님을 사랑하라 하셨으니 38, 이것이 크고 첫째 되는 계명이요 39, 둘째는 그와 같으니 네 이웃을 네 몸과 같이 사랑하라 하셨으니 40, 이 두 계명이 온 율법과 선지자의 강령이니라 예수님께서는 누구든지 하늘에 계신 내 아버지의 뜻대로 하는 자가 내 형제요 자매요 모친이라 하셨습니다. (마 12 : 50)

사랑은 내 이웃에게 악을 행치 아니하나니 그러므로 사랑은 율법의 완성이니라 (롬 13 : 10) 하셨습니다.

(롬 15 : 2) 우리 각 사람이 이웃을 기쁘게 하되 선을 이루고 덕을 세우도록 할지니라.

내 이웃을 내 몸과 같이 사랑하기 위해서는 내가 그리스도의 몸 된

교회의 지체임을 깨닫기 바랍니다

(고전 12 : 27) 너희는 그리스도의 몸이요 지체의 각 부분이라

"그러면 내 이웃은 누구를 말하고 있는가?"

〈참조〉(눅 10 : 29~36절) 말씀 확인.

예수님께서는 자비를 베푸는 자가 네 이웃이라 하셨습니다.

(눅 10 : 37) 가로되 자비를 베푼 자니이다. 예수께서 이르시되 가서 너도 이와 같이 하라 하시니라

〈참조〉(엡 2 : 10절) 우리는 그의 만드신 바라 그리스도 예수 안에서 선한 일을 위하여 지으심을 받은 자니 이 일은 하나님이 전에 예비하사 우리로 그 가운데서 행하게 하려 하심이니라.

하나님께서는 사람이 선을 행할 줄 알고도 행치 아니하면 죄라고 (약 4 : 17) 말씀하고 계십니다.

자비를 베풀기 위해서는 선한 마음도 중요하지만 나에게 무엇인가 있어야 베풀 수 있는데 (눅 10 : 29-36 참조) 오직 사마리아인만이 행위로 자비를 베푸셨으며 사마리아인게는 기름과 포도주와 두 데나리온이 있었음을 알아야 할 것입니다.

1. 왜! 제사장과 레위인은 강도 만난자를 피하여 지나갔을까?

강도 만난 자는 예루살렘(성전)에서 여리고(세상)로 내려가다가 강도를 만났습니다. 예루살렘에는 큰 성전이 있는 곳이므로 강도 만난 자는 오늘날 큰 교회에 갔다가 "예배"를 올리고 집으로 돌아가는 길에 강도를 만나 옷도 빼앗기고 거반 죽을 정도로 터지고 버려져 있음을 (눅 10 : 30)에서 알 수 있습니다. 그러한 자를 제사장도 예배를 마치고 집으로 가시다가 강도 만난자를 보았는데 그냥 피하여 지나갔습니다. (제사장=오늘날 목사)

또한 레위인도 그곳에 이르러 그를 보고 피하여 갔습니다. (눅 10 : 32) 성경에서 제사장은 하나님의 전에서 제사를(예배) 주관하는 자며 레위인은 하나님의 전에서 제사장을 도와 일하는 자입니다.

위의 두 사람 제사장(목사)과 레위인 (전도사, 부목사)이 강도 만난 자를 (교인) 피하여 지나갔던 것은 선한 목자가 아니라 삯군 이었음을 알 수 있습니다.

(요 10 : 12~13) 삯꾼은 목자도 아니요 양도 제 양이 아니라 이리가 오는 것을 보면 양을 버리고 달아나나니 이리가 양을 늑탈하고 또 헤치느니라. 13, 달아나는 것은 저가 삯꾼인 까닭에 양을 돌아보지 아니함이니

그래서 이 시대에는 (막 1 : 20절 : 곧 부르시니 그 아비 세배대를 삯군들과 함께 배에 버려두고 예수를 따라 가니라)

오늘날 삯군이 인도하는 교회를 버려야 합니다 (떠나야 합니다)

(아비 = (요 8:44), 삯군 = (요 10:12-13), 배 = 교회) 이 셋을 버리고 예수를(요 1 : 14) 따라가야 합니다. (예수 = 복음 = 생명의 말씀)

삯군들의 영은 강도와 같으므로 이웃에게 도둑질하고 죽이고 멸망시키는 것을 보고도 애써 피하여 지나 갑니다

(요 10 : 10) 도적이 오는 것은 도둑질하고 죽이고 멸망시키려는 것뿐이요 내가 온 것은 양으로 생명을 얻게 하고 더 풍성히 얻게 하려는 것이라

2. 그려면 사마리안 인은 왜! 자비를 베풀어 쓸까요?

사마리안 인은 예수님을 만나 말씀을 듣고 보고(요일 1 : 1-2) 거듭난자들이며 (고후 5 : 17) 예수님이 메시아시며 세상에 구주임을 알고 믿는 자들이며(약 4 : 17) 선을 행할 줄 알고도 행치 아니하면 죄

다는 것을 알고 있는 자들입니다.

(요 4 : 40~42) 사마리아인들이 예수께 와서 자기들과 함께 유하기를 청하니 거기서 이틀을 유하시매 41, 예수의 말씀을 인하여 믿는 자가 더욱 많아 42, 그 여자에게 말하되 이제 우리가 믿는 것은 네 말을 인함이 아니니 이는 우리가 친히 듣고 그가 참으로 세상의 구주신 줄 앎이니라 하였더라.

그 사마리아인만이 기름과 포도주와 두 데나리온이 있어서 자비을 베풀 수 있었으며 강도 만난 자를(교인) 치유하고 도울 수 있었음을 알 수 있습니다.

사마리안인은 여행 중이라 했습니다. (눅 10 : 33) 예수님을 만난 자들이 여행을 간다면은 놀러, 구경하려 여행을 갈까요? 그 사마리아인은 "선교여행을" 갔으리라 믿습니다. 선교여행 중 강도 만난 자를 만났으니 그 마음이 어떠 하셨을까요.?

예수님을 만나고 거듭난(고후 5 : 17) 자들에게는 기름과 포도주와 두 데나리온이 있었지만 삯군과 레위인에게는 없었습니다.

여기서의(눅 10 : 29~36) 기름은 성령에 기름을 의미하며 (행10:38, 계 6 : 6) 포도주는 피을 의미하는데 피는 생명을 말하고 있습니다. (레17:11) 두 데나리온은 "은" 동전인데 (시12:6절)에 보시면 "은"은 하나님의 말씀 무교병을(출12:15) 뜻하고 있습니다.(둘 = 증인) 그래서 (두 데나리온은 구약과 신약) = (율법과 복음) = 천국복음 = 생명의 말씀을 뜻하고 있음을 알수 있읍니다

"그러면 사마리아인의 두 데나리온은 어디에서 구하였을까요?"

(마20:1~2) 천국은 마치 품꾼을 얻어 포도원에 들여 보내려고 이른 아침에 나간 집주인과 같으니 2,저가 하루 한 데나리온씩 품꾼들과 약속하여 포도원에 들여 보내고.

하나님의 말씀은 영이요 생명이며 살리는 것은 "영"입니다(요6:63)

포도원에서 일을 하여야 한 데나리온을 얻습니다. 그러면 포도원에서 무슨 일을 할까요?

(요 15 : 5) 나는 포도나무요 너희는 가지니 저가 내 안에, 내가 저 안에 있으면 이 사람은 과실을 많이 맺나니 나를 떠나서는 너희가 아무것도 할 수 없음이라

나(우리)는 가지입니다. 가지는 붙어서(롬 11 : 17) 뿌리에서 올라오는 진액을 먹기만 하면 됩니다. 그것이 가지가 하여야 할 일입니다. 다시금 말씀드리겠습니다. 선한 일을 베푼 사마리아인은 영적으로 포도나무가 되신 예수님께 접붙임되어 열심으로 영혼에 양식을 먹어서 천국맛을 (체험 신앙) 알고 있으며 그의 안에는 기름과 생명(피=포도주)이 있는 자입니다.

사마리안인은 예수님을 만나 알고 있으나 제사장과 레위인은 비록 하나님의 전에서 일한다고 있지만 예수님을 알지도 못하고 있음을 알 수 있습니다.

3. 왜! 사마리안은 강도 만난 자를 예루살렘(큰 교회)으로 데려가지 않고 주막에다 맡겼을까요?

주막=주막은 나그네와 행인들이 잠깐 들리는 곳이며 이 곳에는 누룩이 있어 술에 넣어 부풀리게 할 수 있습니다.

주막은 비록 작고 보잘 것도 없고 좁은 공간이지만 이곳에만 들어가면 모든 일들을 잊고 즐겁게 놀 수 있는 곳입니다

(마 13 : 33) 또 비유로 말씀하시되 천국은 마치 여자가 가루 서말 속에 갖다 넣어 전부 부풀게 한 누룩과 같으니라 (욥 8 : 7)

나그네=(창 47 : 9) 야곱은 우리들에게 조상과 나의 나그네 길의

세월이라 말씀하고 있습니다. 오늘날 예수님을 영접하고 믿는 성도라면 이 땅에서의 생활을 행인과 나그네 같은 생활로 단조로이 하늘에 소망을(롬 8 : 24-25) 갖고 살아 가시 길 축원합니다.

하나님께서는 나그네들을 다시금 모으고 계시다는걸 알기 바랍니다.

(사 14 : 1) 여호와께서 야곱을 긍휼히 여기시며 이스라엘을 다시 택하여 자기 고토에 두시리니 나그네 된 자가 야곱 족속에게 가입되어 그들과 연합할 것이며 이러한 자들이 모이는 곳이 주막이며 오늘날 하나님이 인정하는 교회입니다.

이곳에 (주막 = 교회) 강도 만나 상처 입은 자를 갔다 맡기며 치유시키라고 두 데나리온을 줍니다(둘=증인 데나리온 은동전 (시 12 : 6) 하나님의 말씀)

예수님을 만난 사마리아 인만이 (요 4 : 40~42) 강도 만난자를 치유시킬 수 있었으며 영혼에 양식인 두 데나리온 (생명의 말씀)을 나그네들이 모이는 곳 주막(교회)

주인에게 주어서 구원시키라고 주었던 것입니다

오늘날 이 시대에도 목사네, 전도사네, 장로네, 하는 많은 분들이 계시지만 사마리아인 처럼 예수님을 만나고 선교여행을 다니며 네 이웃을 내 몸과 같이 사랑하고 아끼며 함께 그리스도의 몸된 지체로서 (고전 12 : 27) 교회되어 세워지고 (지어지고) 있는지요?

필히 예수님을 꼭 만나서 거듭난 성도들이 되어 내 이웃이 누구이며 하나님께서 주시는 산 소망을 갖고 영원히 썩지 않을 하나님의 기업을 이어가는 여러분들이 되시길 축원합니다

(마 12 : 50) 누구든지 하늘에 계신 내 아버지의 뜻대로 하는 자가 내 형제요 자매요 모친이니라 하시더라 =아멘=

24. 하나님이 원하시는 공력

본문(고전 3 : 11~15절) 이 닦아둔 것 외에 능히 닦아둘 자가 없으니 이 터는 곧 예수그리스도라 12. 만일 누구든지 금이나 은이나 보석이나 나무나 풀이나 짚으로 이 터 위에 세우면 13. 각각 공력이 나타날 터인데 그 날이 공력을 밝히리니 이는 불로 나타내고 그 불이 각 사람의 공력이 어떠한 것을 시험할 것임이니라 14. 만일 누구든지 그 위에 세운 공력이 그대로 있으면 상을 받고 15. 누구든지 공력이 불타면 해를 받으리니 그러나 자기는 구원을 얻되 불 가운데서 얻은 것 같으리라

예수님을 영접하고 섬기는 성도라면 누구나 열심으로 각인의 정성과 믿음의 분량을 갖고 예수님을 따르고 믿고 섬길 것이다

그러나 믿음에도 공력이 나타나는데 나의 믿음의 공력이 내가 아닌 하나님의 공의에 의해 공력으로 나타날 때 각인의 믿음의 분량대로 하늘에 상을 받을 것이다

(계 22 : 12) 보라 내가 속히 오리니 내가 줄 상이 내게 있어 각 사람에게 그의 일한 대로 갚아 주리라(롬 2 : 6 -8)

(고전 3 : 11~15) 본 문에서와 같이 믿음의 공력이 나타나는데 금이나 은이나 보석이나 나무나 풀이나 짚으로 6가지의 종류에 공력이 나타나는데... (6은 성경에서 피조물을 의미하고 있습니다.)

하나님의 말씀 성경은 사람들이 읽을 수 있도록 보이는 통형 문자로 쓰여 졌으며 보이는 통형 문자 속에는 보이지 않는 세계 영의 세계가 숨어 있어 영의 세계를 알기 위해서는 오직 성령을(고전 2 : 10) 통하여 알고 깨달아서 전하는 말씀만이 우리을(나) 살리는 영이요 생명의 말씀입니다(요 6 : 63)

그런데 그 공력이 불 가운데서 시험을 통하여 나타난다 했는데 왜! 불 가운데서 공력이 나타날까요?

여기서의 불은 하나님을 의미한다는 것을 알기 바랍니다

(히 12 : 29) 우리 하나님은 소멸하는 불이심이니라

우리에(나) 믿음의 공력은 하나님 안에서 불과 빛 가운데서 다 나타난다는 것을 알아야 할 것입니다. (마3 : 11, & 눅 12 : 49)

(시 66 : 12) 사람들로 우리 머리 위로 타고 가게 하셨나이다 우리가 불과 물을 통행하더니 주께서 우리를 끌어내사 풍부한 곳에 들이셨나이다

1. 금 = 금은 믿음을 의미하고 있습니다.

(벧전 1 : 7) 너희 믿음의 시련이 불로 연단하여도 없어질 금보다 더 귀하여 예수 그리스도의 나타나실 때에 칭찬과 영광과 존귀를 얻게 하려 함이라

예) (욥기 23 : 10) 나의 가는 길을 오직 그가 아시나니 그가 나를 단련하신 후에는 내가 정금 같이 나오리라

예수님을 영접하고 믿는 성도라면 연단을 받아 불순물이 다 빠져나간 정금 같은 믿음을 갖고 그리스도의 몸 된 교회를 세워 가는데 쓰임 받은 하나님의 자녀가 되어야 할 것입니다. (엡 2 : 20~22)

(시68 : 13) 너희가 양 우리에 누울 때는 그 날개를 은으로 입히고 그 깃을 황금으로 입힌 비둘기 같도다

이렇게 정금 같이 믿음을 가진 자의 공력을 하나님은 기뻐하십니다

(마 2 : 11)집에 들어가 아기와 그 모친 마리아의 함께 있는 것을 보고 엎드려 아기께 경배하고 보배 합을 열어 황금과 유향과 몰약을 예물로 드리니라.

예) 베드로 (행 3 : 6) 베드로가 가로되 은과 금은 내게 없거니와 내게 있는 것으로 네게 주노니 곧 나사렛 예수 그리스도의 이름으로 걸으라 하고 베드로가 비유법으로 말씀하고 있읍니다 네가 원하는 물질적인(육적인) 은과 금은 내게 없으나 네가 보지 못하는 은과 금은 (말씀과 믿음) 내 안에 있으니 나는 나사렛 예수를 믿으니 일어나 걸으라

2. 은 = 영이요 생명의 말씀을 뜻하고 있읍니다.

하나님은 말씀은 영이요 생명의 말씀이며(요 6 : 53) 완전하기 때문에 누룩을(사람의 지식) 넣어서 전하면 변질된 말씀이기 때문에(출 12 : 15, 유교 병) 살아서 운동력이 없어(히 4 : 12) 생명이 없음으로 인하여 이스라엘에서 끊어집니다.

〈참조〉다른복음 (고후 11 : 4절)만일 누가 가서 우리의 전파하지 아니한 다른 예수를 전파하거나 혹 너희의 받지 아니한 다른 영을 받게 하거나 혹 너희의 받지 아니한 다른 복음을 받게 할때에는 너희가 잘 용납하는구나.

무교병(누룩이 없는 떡) (출 12 : 15)의 말씀 영이요 생명의 말씀을 먹어야 육신의 생각이 변하여 신령한 사람(영적인)으로 바꾸어 집니다

(고전 2 : 13~14) 우리가 이것을 말하거니와 사람의 지혜의 가르친 말로 아니하고 오직 성령의 가르치신 것으로 하니 신령한 일은 신령한 것으로 분별하느니라 14, 육에 속한 사람은 하나님의 성령의 일을 받지 아니하나니 저희에게는 미련하게 보임이요 또 깨닫지도 못하나니 이런 일은 영적으로라야 분별함이니라.

무교 병 영이요 생명의 말씀을 먹으면 완악하고 고약한 나의 성품이 변하여 예수님의 성품으로(빌 2 : 5) 나타나며 성화되어 갑니다.

〈참조〉 (약 3 : 17절) 오직 위로부터 난 지혜는 첫째 성결하고 다음에 화평하고 관용하고 양순하며 긍휼과 선한 열매가 가득하고 편벽과 거짓이 없나니

하나님께서는 이렇게 선한 양심을 갖게 하기 위하여 흙 도가니에서 완전하여지기까지 일곱 번 단련 시킴입니다.

(시 12 : 6) 여호와의 말씀은 순결함이여 흙 도가니에 일곱번 단련한 "은" 같도다.

그래서 하나님의 말씀은 은에다 비유하셨습니다. 은에는 조금이라도 분순물이 (0.01%) 라도 들어가면 변하여 집니다.

하나님의 말씀에 사람에 지식을 섞어서 전하면 다른복음(고후 11 : 4) 유교병이 되기 때문에 반응이 나타나지 않습니다. (시 66 : 10) 하나님이여 주께서 우리를 시험하시되 우리를 단련하시기를 "은"을 단련함 같이 하셨으며(욥 23 : 10)

3. 보석= 보석은 귀하고 고귀하여 아무에게나 보여주지 않습니다. 하나님은 우리에(나) 영혼을 보석처럼 귀하게 여기십니다. (눅 2 : 7) 맏아들을 낳아 강보로 싸서 구유에 뉘었으니 이는 사관에(주막에) 있을 곳이 없음이러라. 강보에 싸여 있는 예수님도 아무에게나 보여 주지 않으심니다.

(골 2 : 3) 그안에는 지혜와 지식의 모든 보화가 감추어 있느니라.

하나님은 우리(나) 영혼을 예수님 처럼 귀히 여기십니다.

(마 16 : 26) 사람이 만일 온 천하를 얻고도 제 목숨을 잃으면 무엇이 유익하리요. 사람이 무엇을 주고 제 목숨을 바꾸겠느냐 천하보다 귀한 것이 내 목숨이며 내 영혼이기 때문에 세상 사람들이 나를 볼 때 천하보다 귀한 보석 같이 보여야 합니다.

그러기 위해서는 첫째 내가(갈 2 : 20) 되어야 하며, 둘째는 (요3 : 5~6)로 거듭난 부활 생명으로 영원한 하나님의 생명 성령을 (마 1 : 23 임마누엘) 내 안에 모시고 하나님의 자녀로서 (롬8 : 14~16) 영에 인도함을 받으며 하나님과 동행하는 "삶"을 살아가는 에녹 같은 자가 되어야 합니다(창 5 : 24) 이런 자들에게 생명이 빛이 나타남이다. (고후 4 : 7) 우리가 이 보배를 질그릇에 가졌으니 이는 능력의 심히 큰 것이 하나님께 있고 우리에게 있지 아니함을 알게 하려 함이라. 예수님이 내 안에 거할 때 하나님께서는 영광이요 기쁨입니다. (살전 2 : 19~20) 우리의 소망이나 기쁨이나 자랑의 면류관이 무엇이냐 그의 강림하실 때 우리 주 예수 앞에 너희가 아니냐 20, 너희는 우리의 영광이요 기쁨이니라.

4. 나무= 사람을 상징합니다

(마 7 : 20) 이러므로 그의 열매로 그들을 알리라. 그래서 사람을 흙으로 (창 2 : 7) 만드셨으며 오늘날 기독교인이라 하는 자들 중에서 그들의 열매로 분변하고 계십니다.

(마 7 : 16~19) 그의 열매로 그들을 알지니 가시나무에서 포도를, 또는 엉겅퀴에서 무화과를 따겠느냐 17, 이와 같이 좋은 나무마다 아름다운 열매를 맺고 못된 나무가 나쁜 열매를 맺나니 18, 좋은 나무가 나쁜 열매를 맺을 수 없고 못된 나무가 아름다운 열매를 맺을 수 없느니라 19, 아름다운 열매를 맺지 아니하는 나무마다 찍혀 불에 던지우느니라.

나무는 생명수 강가에 심기어서 "물"을 먹어야 자라서 열매를 맺을 수 있습니다.

(겔 47 : 12) 강좌 우가에는 각종 먹을 실과 나무가 자라서 그 잎

이 시들지 아니하며 실과가 끊치지 아니하고 달마다 새 실과를 맺으리니 그 물이 성소로 말미암아 나옴이라 그 실과는 먹을만하고 그 잎사귀는 약재료가 되리라

5. 풀 = 연약한자를 의미합니다

(사 40 : 6~7) 말하는 자의 소리여 가로되 외치라 대답하되 내가 무엇이라 외치리이이까? 가로되 모든 육체는 풀이요 그 모든 아름다움은 들의 꽃 같으니 7. 풀은 마르고 꽃은 시듦은 여호와의 기운이 그 위에 붊이라 이 백성은 실로 풀이로다.

연약한 자는 연한 채소 같은 것을 먹음(창 3 : 18)

(롬 14 : 2) 어떤 사람은 모든 것을 먹을 만한 믿음이 있고 연약한 자는 채소를 먹느니라

어린아이는 연약하고 철이 없어 말썽만 일으키고(고전 3 : 1~3) 환란이나, 고통이나 바람이 불면 인내하지 못하고 사라집니다.

(고전 3 : 2) 내가 너희를 젖으로 먹이고 밥으로 아니하였노니 이는 너희가 감당치 못하였음이거니와 지금도 못하리라.

그래서 어린아이는 잘 먹어야 합니다.

(시 102 : 4) 내가 음식 먹기도 잊었으므로 내 마음이 풀같이 쇠잔하였사오매 어린아이는 잘 먹고 잘 싸고 잘 자라나야함 그래야 장성한 분량까지 자라남이라. (벧전 2 : 2 먹고, /벧전 2 : 1 싸고, /눅2 : 40 자라고, /엡 4 : 13 장성함)

(마 13 : 31~32) 또 비유를 베풀어 가라사대 천국은 마치 사람이 자기 밭에 갖다 심은 겨자씨 한 알 같으니 32. 이는 모든 씨보다 작은 것이로되 자란 후에는 나물보다 커서 나무가 되매 공중의 새들이 와서 그 가지에 깃들이느니라.

6. 짚 = 열매 없는 자를 의미합니다.

짚은 열매가 없기 때문에 불에 들어갑니다.

농부가 씨를 뿌릴때는 반드시 추수(열매)을 거두고자 하는 소망으로(롬 5 : 24~25) 뿌리는데 열매가 없으면 -----?

(마 13 : 12) 손에 키를 들고 자기의 타작 마당을 정하게 하사 알곡은 모아 곡간에 들이고 쭉정이는 꺼지지 않는 불에 태우시리라

"왜! 열매를 못 맺는가?"

(마 13 : 7) 더러는 가시떨기 위에 떨어지매 가시가 자라서 기운을 막았고 물(말씀)이 나쁘면 익기전에 떨어져 버립니다.

(왕하 2 : 19) 그 성 사람들이 엘리사에게 고하되 우리 주께서 보시는 바와 같이 이 성읍의 터는 아름다우나 물이 좋지 못하므로 토산이 익지 못하고 떨어지나이다.

그래서 하나님이 뜻대로 심고(살고) 모든 염려와 근심을 주께 맡기는 자들이 열매를 맺을 수 있습니다.

(시 126 : 5~6) 눈물을 흘리며 씨를 뿌리는 자는 기쁨으로 거두리로다. 6, 울며 씨를 뿌리러 나가는 자는 정녕 기쁨으로 그 단을 가지고 돌아오리로다.

(요 4 : 36) 거두는 자가 이미 삯도 받고 영생에 이르는 열매를 모으나니 이는 뿌리는 자와 거두는 자가 함께 즐거워하게 하려 함이니라.

하나님의 말씀 영이요 생명의 말씀은 성령을 통하여 깨달아야 합니다, =아멘=

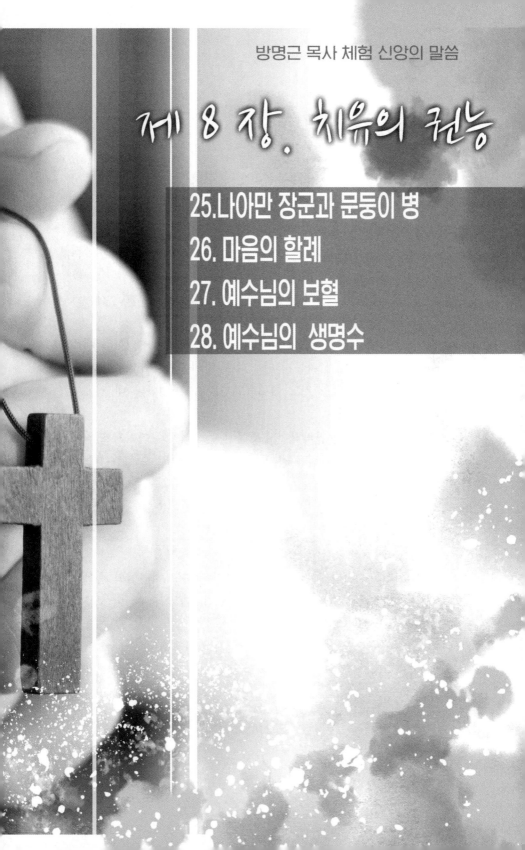

제 8 장. 치유의 권능

25, 나아만 장군과 문둥이 병

본문 (눅4 : 27절) 또 선지자 엘리사 때에 이스라엘에 많은 문둥이가 있었으되 그중에 한 사람도 깨끗함을 얻지 못하고 오직 수리아 사람 나아 만뿐이니라.

오늘날 많은 기독교인들이 하나님을 믿는다. 면서도 차지도 더웁지도 아니하고 미지근하면서 예배당에 나오고 있으며 (계 3 : 15~16) 입으로는 주여 주여 하면서 마음은 하나님께 멀리 떠나 있는 자들이 (사 29 : 13) 생각보다 많이 있는 것이 현실이다.

(계 3 :15~16) 내가 네 행위를 아노니 네가 차지도 아니하고 더웁지도 아니 하도다. 네가 차든지 더웁 든지 하기를 원하노라. 16, 네가 이같이 미지근하여 더웁 지도 아니하고 차지도 아니하니 내 입에서 너를 토하여 내치리라

이런 자들은 마음이 완악하여지고 무감각 하여져 무디어지고 썩어가고 있어도 자신은 하나님을 잘 알고 믿는다고 착각하고 있습니다.

(마 13 : 15)이 백성들의 마음이 완악하여져서 그 귀는 듣기에 둔하고 눈은 감았으니 이는 눈으로 보고 귀로 듣고 마음으로 깨달아 돌이켜 내게 고침을 받을까 두려워함이라 하였느니라

"문둥이 병"

문둥이 병에 걸리면 사람들과 함께 하지 못하고 하나님의 축복도 받지 못하며 문둥이 병에 걸리면 밖으로 드러나기까지 자신이 모른다는게 더욱 무서운 병입니다.

(갈 6 : 7~8) 스스로 속이지 말라 하나님은 만홀히 여김을 받지 아니하시나니 사람이 무엇으로 심든지 그대로 거두리라 8, 자기의 육체를 위하여 심는 자는 육체로부터 썩어진 것을 거두고 성령을 위하여

심는 자는 성령으로부터 영생을 거두리라

문둥이 병은 살이 썩어지고 문질어 지면서도 무감각하여 느끼지를 못합니다.

영적으로 하나님을 모르는 자들에 마음 밭과 같습니다

렘 17 : 9 만물보다 거짓되고 심히 부패한 것은 마음이라 누가 능히 이를 알리요마는 입으로는 주여 주여 하면서도 자기의 마음은 썩어져 가고 있는데도 마음이 완악하고 무감각하여 자신은 모르고 있으니 -----!

하나님은 이런 자들을 볼때 문둥이 병에 걸린자로 여길 것입니다.

〈참조〉(엡 4 : 18절) 저희 총명이 어두워지고 저희 가운데 있는 무지함과 저희 마음이 굳어짐으로 말미암아 하나님의 생명에서 떠나 있도다.

이런 자들을 마귀가 제일 좋아하며 동지라 생각하여 선물을 갖다 줍니다.

〈침조〉(요일 2 : 16절) 이는 세상에 있는 모든 것이 육신의 정욕과 안목의 정욕과 이생의 자랑이니 다 아버지께로 좇아온 것이 아니요 세상으로 좇아온 것이라.

마귀(사탄)는 땅에 있는 것들로 예수님을 믿는 자들을 유혹하여 문둥이 병에도 걸리게 하지만 끝내는 멸망에 길로 인도합니다.

1. 왜! 문둥이 병에 걸리는가?

1) (잠 16 : 8절) 교만은 패망의 선봉이요 거만한 마음은 넘어짐의 앞잡이니라.

여호와 하나님께서는 하나님의 일에 관여하거나 겸손하지 못하고 거만한 자에게 문둥이 병이 들게 하십니다.

(민 12 : 1~2) 모세가 구스 여자를 취하였더니 그 구스 여자를 취

하였으므로 미리암과 아론이 모세를 비방하니라. 2. 그들이 이르되 여호와께서 모세와만 말씀하셨느냐 우리와도 말씀하지 아니하셨느냐 하매 여호와께서 이 말을 들으셨더라

여호와 하나님께서는 모세가 구스여자 (이방 여자)을 취하였지만 아무 말씀도 안하셨는데도 미리암과 아론은 육적인 생각으로 모세를 비방하고 정죄하고 있습니다.

(여기서의 구수여자는 영적으로 장차 예수님께서 이방인인 우리를 취하는 것을 예표하고 있는데 미리암과 아론은 육적인 생각과 보이는 것으로 모세를 비방하므로(정죄) 미리암에게 하나님께서 문둥병이 들게 하였던 것입니다)

(민 12 : 10) 구름이 장막 위에서 떠나갔고 미리암은 문둥병이 들려 눈과 같더라 아론이 미리암을 본즉 문둥병이 들었는지라

2) (골 3 : 5절) 그러므로 땅에 있는 지체를 죽이라 곧 음란과 부정과 사욕과 악한 정욕과 탐심이니 탐심은 우상 숭배니라.

하나님께서는 거짓말과 사욕 즉 탐심을 제일 싫어하십니다. 이런 자들에게 문둥병이 걸리게 하십니다

(왕하 5 : 20) 하나님의 사람 엘리사의 사환 게하시가 스스로 이르되 내 주인이 이 아람 사람 나아만에게 면하여 주고 그 가지고 온 것을 그 손에서 받지 아니하였도다. 여호와의 사심을 가리켜 맹세하노니 내가 저를 쫓아가서 무엇이든지 그에게서 취하리라 하고

하나님의 사람 엘리사는 세상 사람이 가져온 것을 일절 받지 않았는데 엘리사의 사환 게하시는 나아만 장군이 가져온 (왕하 5 : 5)것에 탐심이 나서 엘리사 몰래 따라가서 나아만에게 거짓말을 (왕하 5 : 22)하고 은 두 달란타와 옷 두벌을 받아 엘리사 몰래 감추어 둡니다

그러나 하나님의 사람 엘리사는 영안이 열린 사람이므로 게하시의

거짓말과 행함을 다 알고 있읍니다

(왕하 5 : 26~27) 엘리사가 이르되 그 사람이 수레에서 내려 너를 맞을때에 내 심령이 감각되지 아니하였느냐 지금이 어찌 은을 받으며 옷을 받으며 감람원이나 포도원이나 양이나 소나 남종이나 여종을 받을 때냐. 27. 그러므로 나아만의 문둥병이 네게 들어 네 자손에게 미쳐 영원토록 이르리라게하시가 그 앞에서 물러 나오매 문둥병이 발하여 눈같이 되었더라

2. 문둥병자를 누가 제일 좋아하는가.

(왕하 5 : 1) 아람 왕의 군대 장관 나아만은 그 주인 앞에서 크고 존귀한 자니 이는 여호와께서 전에 저로 아람을 구원하게 하셨음이라 저는 큰 용사나 문둥병자더라.

세상 임금(왕)은 나아만 장군(장관) 같은 문둥병자를 제일 존귀하게 여깁니다

왜! 그럴까요 ? ? ?

나아만 장군(장관) 밑에는 많은 사병들이 있으며 나아만 장군의 영향을 받고 훈련하기도 하기 때문에 나아만 장군 한 사람이면 그 밑에 있는 많은 사람들을 통솔하고 영향을 끼치기 때문입니다

오늘날 세상왕 (사탄, 마귀)는 나아만 장군 같은(목사) 큰 교회의 목사 한 사람만 문둥병자로 만들면 그 큰 교회에 모이는 신도들은 멸망의 길로 인도할 수 있기 때문에 나아만 장군 같은 목사를 세상 왕은 문둥병자이기에 존 귀히 여기는 것입니다.

그래서 우리는(나) 항상 깨어 있어야 하며 하나님과 그의 아들 예수 그리스도를 아는 것과 믿는 것에 장성한 분량까지 자라야 하겠습니다.

(엡 4 : 13) 우리가 다 하나님의 아들을 믿는 것과 아는 일에 하나가 되어 온전한 사람을 이루어 그리스도의 장성한 분량이 충만한 데까지 이르리니

3. 하나님은 사랑이시라
(요일 4 : 8) 사랑하지 아니하는 자는 [하나님]을 알지 못하나니 이는 [하나님]이 사랑이시기 때문이라.

하나님께서는 나아만 장군 같은 목사를 그냥 두어서는 많은 사람들을 멸망의 길로 인도할 것이므로 세상을 이처럼 사랑하사(요3:16) 독생자 예수님을 보내주시어 구원해 주시고 새롭고 산길로 인도하여 주십니다

(히 10 : 20) 그 길은 우리를 위하여 휘장 가운데로 열어 놓으신 새롭고 산길이요 휘장은 곧 저의 육체니라.

4. 오늘날 누구를 보내어 새롭고 산길로 인도하는가?
(왕하 5 : 2) 전에 시리아 사람들이 떼를 지어 나갔다가 이스라엘 땅에서 작은 소녀 한 명을 포로로 사로잡아 왔는데 그녀가 나아만의 아내를 섬기더라. 3. 그 주모에게 이르되 우리 주인이 사마리아에 계신 선지자 앞에 계셨으면 좋겠나이다 저가 그 문둥병을 고치리이다

"작은" 계집아이(어린 여자)는 영적으로 보잘것이 없다. 가난하다(마음이 비었다) 겸손하다는 뜻을 의미하고 있습니다. 순수하다.

이런 아이가 천국에서 온 아이입니다
(마 18 : 3~4) 가라사대 진실로 너희에게 이르노니 너희가 돌이켜 어린아이들과 같이 되지 아니하면 결단코 천국에 들어가지 못하리라 4. 그러므로 누구든지 이 어린아이와 같이 자기를 낮추는 그이가 천

국에서 큰 자니라

　〈참조〉(삼상 15 : 17절) 사무엘이 가로되 왕이 스스로 작게 여길 그 때에 이스라엘 지파의 머리가 되지 아니하셨나이까 여호와께서 왕에게 기름을 부어 이스라엘 왕을 삼으시고.

　(고전 1 : 27~29절) 그러나 하나님께서 세상의 미련한 것들을 택하사 지혜 있는 자들을 부끄럽게 하려 하시고 세상의 약한 것들을 택하사 강한 것들을 부끄럽게 하려 하시며. 28, 하나님께서 세상의 천한 것들과 멸시받는 것들과 없는 것들을 택하사 있는 것들을 폐하려 하시나니. 29, 이는 아무 육체라도 하나님 앞에서 자랑하지 못하게 하려 하심이라.

　하나님께서는 오늘날 목사네 장로네 권사네 명예욕으로 높은 자리에 있다 하는 자들을 사용하지 않으시고 겸손하고 작은 자 같이 자기를 낮추는 자들을 보내어 사용하신다는 것을 깨닫기 바랍니다.

　〈참조〉주막= 작은 교회 (눅 10 : 34절) 가까이 가서 기름과 포도주를 그 상처에 붓고 싸매고 자기 짐승에 태워 주막으로 데리고 가서 돌보아 주고.

　5. 세상 왕과 문둥병자들은 하나님께 나아갈때 뭔가 땅에 것을 많이 가져가야 병을 고쳐주시리라 믿습니다.

　(왕하 5 : 5) 아람 왕이 가로되 갈지어다 이제 내가 이스라엘 왕에게 글을 보내리라 나아만이 곧 떠날새 은 십 달란트와 금 육천개와 의복 열 벌을 가지고 가서

　하나님께서는 우리가(나) 뭔가 많이(헌금) 하면 병을 치유하여 주고 복을 내려 주고 구원하여 주시는 것이 아니라 하나님은 우리의 중심을 보시며 (삼상 16 : 7) 오직 구원은 하나님의 선물이기 때문에 "아

멘"으로 감사히 받으면 됩니다.

(엡 2 : 8~9) 너희가 그 은혜를 인하여 믿음으로 말미암아 구원을 얻었나니 이것이 너희에게서 난 것이 아니요 하나님의 선물이라 9. 행위에서 난 것이 아니니 이는 누구든지 자랑치 못하게 함이니라

6. 엘리사 선지자는 왜! 그 자리에서 직접 고쳐주지 않고 요단강으로 보내었을가요?

예수님께서는 우리에 믿음을 시험하시며 예수님이 보내는 곳에서만 치유하여 주십니다

(요 9 : 7) 이르시되 실로암 못에 가서 씻으라 하시니 (실로암은 번역하면 보냄을 받았다는 뜻이라) 이에 가서 씻고 밝은 눈으로 왔더라

요단강은 세례요한이 회개의 세례를 베푸는 곳이며 예수님께 하늘에서 비들기 같이 성령이 임하신 곳입니다

(막 1 : 5)온 유대 지방과 예루살렘 사람이 다 나아가 자기 죄를 자복하고 요단강에서 그에게 세례를 받더라

(마 3 : 16) 예수께서 세례를 받으시고 곧 물에서 올라오실새 하늘이 열리고 하나님의 성령이 비둘기같이 내려 자기 위에 임하심을 보시더니 그래서 엘리사 선지자는 라아만 장군을 요단강으로 보냈던 것입니다.

(왕하 5 :10) 엘리사가 사자를 저에게 보내어 가로되 너는 가서 요단강에 몸을 일곱 번 씻으라 네 살이 여전하여 깨끗하리라

(일곱 번 = 완전수. 완전 하여 질 때 까지 깨끗하여 질 때 까지)

요단강에서 엘리사의 말씀처럼 라아만 장군이 믿고 따르는지 하나님은 나아만의 믿음을 시험하십니다(믿음을 보십니다)

우리는(나) 우리의 생각을 다 버려야 합니다 나의 생각 나의 의는

하나님과 원수가 됩니다.

(사 55 : 8~9) 여호와의 말씀에 내 생각은 너희 생각과 다르며 내 길은 너희 길과 달라서 9, 하늘이 땅보다 높음같이 내 길은 너희 길보다 높으며 내 생각은 너희 생각보다 높으니라.

오늘날 나아만 장군 같은(목사) 자들은 낮은 자리에 있는 작은 계집아이와 낮은 자리에 있는 겸손한 종들에 말을 귀담아들어야 합니다. (요 2 : 9)

(왕하 5 : 13~14) 그 종들이 나아와서 말하여 가로되 내 아버지여 선지자가 당신을 명하여 큰 일을 행하라 하였더면 행치 아니 하였으리이까 하물며 당신에게 이르기를 씻어 깨끗하게 하라 함이리이까.

14, 나아만이 이에 내려가서 하나님의 사람의 말씀대로 요단강에 일곱 번 몸을 잠그니 그 살이 여전하여 어린아이의 살 같아서 깨끗하게 되었더라.

7. 예수님께서는 오늘날 나아만 장군 같은(목사) 문둥병자들에게 "와봐라" 하십니다. 그때가 "열시(제 십 시쯤) 마지막 때입니다

〈참조〉 버리고 따라가야함 (막 1 : 20 (세가지 비유) 아비, 삵군, 배(요 1 : 39) 예수께서 가라사대 와 보라 그러므로 저희가 가서 계신 데를 보고 그 날 함께 거하니 때가 제 십 시쯤 되었더라

예수님께 나아와 생명의 말씀(생명수)으로 다시금 깨끗이 씻어야 합니다.

(엡 5 : 26) 이는 곧 물로 씻어 말씀으로 깨끗하게 하사 거룩하게 하시고 왜! 하나님께서는 우리을(나) 깻끗이 쓰으라 할까요?

(요 15 : 1~3) 내가 참 포도나무요 내 아버지는 그 농부라. 2, 무릇 내게 있어 과실을 맺지 아니하는 가지는 아버지께서 이를 제해 버리

시고 무릇 과실을 맺는 가지는 더 과실을 맺게 하려 하여 이를 깨끗케 하시느니라. 3. 너희는 내가 일러 준 말로 이미 깨끗하였으니 많은 과실을 맺기(내기) 위해서는 깨끗히 하라고 하나님께서는 말씀하고 있읍니다

나이만 장군처럼 내 몸이 썩어져 가고 있는데도 세상왕에게(사탄, 마귀) 존귀히 여김 받고 자기 밑에 많은 사람들이 있어 장군님, 장군님 받드니...!

하나님께서는 오늘날 이러한 장군님들께 (목사)요단강에서 다시금 깨끗이 씻고 어린아이의 삶, 거듭난 자로 태어나서 세상에 나아가 장군 노릇 (목사)하라 하십니다. (요 9 : 7, 마 3 : 16, 왕하 5 : 14)

(딤후 2 : 20~21) 큰 집에는 금과 은의 그릇이 있을 뿐 아니요 나무와 질그릇도 있어 귀히 쓰는 것도 있고 천히 쓰는 것도 있나니. 21. 그러므로 누구든지 이런 것에서 자기를 깨끗하게 하면 귀히 쓰는 그릇이 되어 거룩하고 주인의 쓰심에 합당하며 모든 선한 일에 예비함이 되리라

하나님께는 금과 은그릇 같이 귀한 그릇이 필요한 것이 아니라 나무와 질그릇 같은 천한 그릇이라도 안과 밖이 깨끗한 그릇을 귀히 여기어 사용하신다는 것을 깨닫기 바랍니다

26. 마음에 할례

본문(롬 2 : 28~29절) 대저 표면적 유대인이 유대인이 아니요 표면적 육신의 할례가 할례가 아니라 29. 오직 이면적 유대인이 유대인이며 할례는 마음에 할지니 신령에 있고 의문에 있지 아니한 것이라 그 칭찬이 사람에게서가 아니요 다만 하나님에게서니라

여호와 하나님께서는 아브라함과 언약의 표징으로(창 17 : 11) 대대로 남자는 집으로 난자나 이방 사람들에게서 돈으로 산 자를 무론하고 난지 팔일만에 할례를 받으라 하셨습니다. (창 17 : 12)

할례를 받지 아니한 남자 곧 그 양피를 베지 아니한자는 백성 중에서 끊어지며 하나님의 언약을 배반한 자가 됩니다(창 17 : 14)

할례는 "왜" 받아야 하는가? 하나님의 말씀을 순종하겠다는 언약의 표징이며 피에(생명) 언약이며. 하나님의 백성임을. 상징하였습니다. (창 17 : 14)

하나님과의 언약은 피에 언약이어서(레 17 : 14) 흔적이 남아 있습니다.

(레 26 : 41~42) 나도 그들을 대항하여 그 대적의 땅으로 끌어갔음을 깨닫고 그 할례받지 아니한 마음이 낮아져서 그 죄악의 형벌을 순히 받으면 42. 내가 야곱과 맺은 내 언약과 이삭과 맺은 내 언약을 생각하며 아브라함과 맺은 내 언약을 생각하고 그 땅을 권고하리라

하나님께서는 언약의 말씀 피에 언약을 생각하시어 우리를 긍휼히 여기어 주십니다. 하나님께서는 언약의 흔적이 있는 자를 지도자로 (선지자, 목사) 사용하십니다.

(출 4 : 24~26) 여호와께서 길의 숙소에서 모세를 만나사 그를 죽이려 하시는지라 25. 십보라 가 차돌을 취하여 그 아들의 양피를 베어 모세의 발 앞에 던지며 가로되 당신은 참으로 내게 피 남편이로다 하니 26. 여호와께서 모세를 놓으시니라 그 때에 십보라가 피 남편이라 함은 할례를 인함이었더라

우리가 (나) 할례를 받지 않으면 이스라엘에서 끊어 집니다(창 17:14)

1. "표면적 할례(육)

표면적 할례는 육적인 할례이며 하나님의 백성임을 상징하며 하나님과의 언약에 자녀임을 나타내는 것입니다

하나님께서는 언약의 약속을 가진 우리들(나) 이지만 하나님과 함께하기 위해서는 육과 영을 깨끗하게 하여 하나님의 거룩함에 동참하기를 원하십니다(벧전 1 : 15~16)

(고후 7 : 1) 그런즉 사랑하는 자들아 이 약속을 가진 우리가 하나님을 두려워하는 가운데서 거룩함을 온전히 이루어 육과 영의 온갖 더러운 것에서 자신을 깨끗케 하자

그래서 하나님께서는 표면적(육) 할례뿐 아니라 이면적(영) 할례도 하여야 하나님의 생명(영생)을 얻게 하여 주십니다

(골 2 : 11)또 그 안에서 너희가 손으로 하지 아니한 할례를 받았으니 곧 육적 몸을 벗는 것이요 그리스도의 할례니라

우리의(나) 육적인것 나의 철학, 생각, 지식, 고집 등을 십자가에 못박을때 (갈 2 : 20)(벗을 때) 하나님의 생명이 나타납니다

(신 30 : 6) 네 하나님 여호와께서 네 마음과 네 자손의 마음에 할례를 베푸사 너로 마음을 다하며 성품을 다하여 네 하나님 여호와를 사랑하게 하사 너로 생명을 얻게 하실 것이며.

하나님을 믿는 기독교인들이 각인의 믿음에 분량대로 아무리 열심을 내고 목숨을 다해 하나님을 섬긴다해도 할례 받지 못하여 하나님의 생명이 없는 믿음과 섬김은 하나님과는 아무 상관 없는 오직 나의 의에 믿음과 섬김임을 깨닫기 바랍니다

(마 7 : 22~23)그 날에 많은 사람이 나더러 이르되 주여 주여 우리가 주의 이름으로 선지자 노릇 하며 주의 이름으로 귀신을 쫓아내며 주의 이름으로 많은 권능을 행치 아니하였나이까 하리니 23, 그

때에 내가 저희에게 밝히 말하되 내가 너희를 도무지 알지 못하니 불법을 행하는 자들아 내게서 떠나가라 하리라

2. 이면적 할례(영)

마음에 할례를 받지 못한 자는 옛사람 그대로여서 목이 곧고 마음이 간곽하여 하나님의 말씀을 듣지 못하고 하나님과 원수된 일만 합니다

(행 7 : 51 ~52)목이 곧고 마음과 귀에 할례를 받지 못한 사람들아 너희가 항상 성령을 거스려 너희 조상과 같이 너희도 하는도다 5, 2 너희 조상들은 선지자 중에 누구를 핍박지 아니하였느냐 의인이 오시리라 예고한 자들을 저희가 죽였고 이제 너희는 그 의인을 잡아 준 자요 살인한 자가 되나니

이러한 때에 하나님께서 여호수아에게 이르시되 너는 부싯돌로 칼을 만들어 할례를 하라 하십니다

(수 5 : 2~3)그 때에 여호와께서 여호수아에게 이르시되 너는 부싯돌로 칼을 만들어 이스라엘 자손들에게 다시 할례를 행하라 하시매 3, 여호수아가 부싯돌로 칼을 만들어 할례 산에서 이스라엘 자손들에게 할례를 행하니라.

(여기서의 부싯돌은 불을 낼수 있는 돌이며 영적으로 산돌이 되신(벧전 2 : 5~6) 예수님을 상징하고 있읍니다 오직 예수님 안에만 불이 있습니다 (마 3 : 11)

3. 이 때가 (10시, (요 1 : 39) 되면은 할례받는 자와 할례를 받지 않는 자로 나누어집니다.

(창 1 : 3 ~5) 하나님이 가라사대 빛이 있으라 하시매 빛이 있었고

4,그 빛이 하나님의 보시기에 좋았더라 하나님이 빛과 어두움을 나누사 5,빛을 낮이라 칭하시고 어두움을 밤이라 칭하시니라. 저녁이 되며 아침이 되니 이는 첫째 날이니라.

할례를 받고 하나님의 생명이 있는 자들은 하늘에 소망을 갖고 (롬 8 : 24~25) 빛에 거하여(요 1 : 9) 생기가 나서 기쁘고 즐거우나 할례를 받지 않고 어두움에 머무는 자는 마음이 간곽하고 불안하여 늘 불만에 싸여 있습니다.

(계 12 : 12) 그러므로 하늘과 그 가운데 거하는 자들은 즐거워하라 그러나 땅과 바다는 화 있을진저 이는 마귀가 자기의 때가 얼마 못된 줄을 알므로 크게 분내어 너희에게 내려갔음이라 하더라

마지막 때가 되면(10시, (요 1 : 39) 마귀(사탄)가 더 설쳐대며 우는 사자처럼 두루 다니며 삼킬 자를 찾고 있습니다(벧전5:8)

(사 52 : 1)시온이여 깰지어다 깰지어다 네 힘을 입을지어다 거룩한 성 예루살렘이여 네 아름다운 옷을 입을지어다 이제부터 할례받지 않은 자와 부정한 자가 다시는 네게로 들어옴이 없을 것임이니라.

4. 이 때에는 우리도 호적하려 가야 합니다

(눅 2 : 1~4) 이 때에 가이사 아구스도가 영을 내려 천하로 다 호적하라 하였으니 2,이 호적은 구레뇨가 수리아 총독 되었을 때에 첫번 한 것이라 3,모든 사람이 호적하러 각각 고향으로 돌아가매 4, 요셉도 다윗의 집 족속인 고로 갈릴리 나사렛 동네에서 유대를 향하여 베들레헴이라 하는 다윗의 동네로.

〈참조〉 베들레헴 = 떡집

〈참조〉(계20:12~14절) 또 내가 보니 죽은 자들이 무론 대소하고 그 보좌 앞에 섰는데 책들이 펴있고 또 다른 책이 펴졌으니 곧 생명책

이라 죽은 자들이 자기 행위를 따라 책들에 기록된 대로 심판을 받으니. 13. 바다가 그 가운데서 죽은 자들을 내어 주고 또 사망과 음부도 그 가운데서 죽은 자들을 내어 주매 각 사람이 자기의 행위대로 심판을 받고. 14. 사망과 음부도 불못에 던지우니 이것은 둘째 사망 곧 불못이라

하나님의 생명책에(계20 : 12~14) 호적을 올리기 위해서는 필히 할례를 받아야 합니다.

(렘 4 : 4) 유다인과 예루살렘 거민들아 너희는 스스로 할례를 행하여 너희 마음 가죽을 베고 나 여호와께 속하라 그렇지 아니하면 너희 행악을 인하여 나의 분노가 불같이 발하여 사르리니 그것을 끌 자가 없으리라

5. 할례하는 도구

(출 4 : 25절)에서는 십보라가 차돌을 취하여서 양피를 베었으며 (수 5 : 2절)에서는 부싯돌로 칼을 만들어 할례를 시켰습니다. 차돌과 부싯돌은 불을 낼 수 있는 돌이며 영적으로는 산돌이신 (벧전 2 : 5~6) 예수님을 상징하고 있습니다. 그러면 신약에서는 마음 가죽을 (렘 4 : 4) 베기위해 서는 무엇이 필요할까요? (히 4 : 12) 하나님의 말씀은 살았고 운동력이 있어 좌우에 날 선 어떤 검보다도 예리하여 혼과 영과 및 관절과 골수를 찔러 쪼개기까지 하며 또 마음의 생각과 뜻을 감찰하나니 하나님의 생명의 말씀이 예리한 칼이며 검이란 것을 깨닫기 바랍니다

(엡 6 : 17) 구원의 투구와 성령의 검 곧 하나님의 말씀을 가지라

왜! 하나님을 믿고 예수님을 영접하였다는 기독교인들이 세상 사람들에게 욕됨을 당하며 세상 사람들 보다더 더 악하다는 소리(말)를 듣

는 것은 예배당에는 오래 다니면서 "예수에 대하여는"(행 18 : 25) 열심으로 들으나 "예수를 알려고는 (요 5 : 39)하지 않고 성경 말씀도 읽지도 먹지도 (겔 2 : 8) 아니 하므로 예수님과 하나가 되지 않기 때문입니다 (먹어야 하나가 되는데 요 6 :51)

영이요 생명의 말씀을(천국 복음)(요 6 : 63) 먹어야 내 안에서 살아서 운동력이 있어 검이 되어 내 마음에 가죽을 베어서 할례를 시킬 텐데 하나님의 말씀을 한 귀로 듣고 한 귀로 흘러 보내니 혈루병을 가진 여인처럼(마 9 : 20 ~22) 구원받지 못하고 거듭나지도 못하고 옛사람(엡 4 : 22) 그 대도 예배당에 다니면서 명색은 안수집사내 권사내 장로내 하니 하나님께서는 도무지 알지 못하겠다고 (마 7 : 22~23) 말씀하고 있다는 것을 알기 바랍니다

그래서 하나님께서는 마음에 할례를 하여 새로운 피조물로 (고후 5:17) 거듭나고 구원을 이루어 가라 하십니다.(빌 2 :1 2)성화되어 가라----

(신 10 : 16) 그러므로 너희는 마음에 할례를 행하고 다시는 목을 곧게 하지 말라

우리(나)가 영이요 생명의 말씀을 먹으면(겔 2 : 8)먹는 만큼 말씀이 검이 되어 나의 옛사람의 마음 가죽을 베어냄으로 베어진 만큼 그리스도의 마음으로 변화(성화) 되어 갑니다(빌 2 : 5)

(딤전 4 : 5) 하나님의 말씀과 기도로 거룩하여 짐이니라 6. 할례 받는 자들이 마음을 같이하여 사랑으로 함께 합니다.

(빌 2 : 2)마음을 같이하여 같은 사랑을 가지고 뜻을 합하며 한마음을 품어 이러한 자들이 그리스도안에서 성령으로 함께 그리스도의 몸된 교회를 세워갑니다.

(엡 2 : 20~22) 너희는 사도들과 선지자들의 터 위에 세우심을 입

은 자라 그리스도 예수께서 친히 모퉁이 돌이 되셨느니라 21그의 안에서 건물마다 서로 연결하여 주 안에서 성전이 되어 가고 22너희도 성령 안에서 하나님의 거하실 처소가 되기 위하여 예수 안에서 함께 지어져 가느니라.

하나님께서는 하나님의 아들을 믿는 것과 아는 일에 하나되어 (엡 4 : 13) 장성한 분량까지 자란 자들을 통하여 하늘 성소 새 예루살렘을 중건한다는 것을 믿으시기 바랍니다.

(단 9 : 25) 그러므로 너는 깨달아 알지니라 예루살렘을 중건하라는 영이 날 때부터 기름 부음을 받은 자 곧 왕이 일어나기까지 일곱 이레와 육십이 이레가 지날 것이요 그때 곤란한 동안에 성이 중건되어 거리와 해자가 이룰 것이며

이렇게 하나님의 성전 예루살렘이 지어지는(세워지는) 곳으로 날르는 새와 육축과 땅에 기는 것들이 들어 옵니다

(창 6 : 20) 새가 그 종류대로, 육축이 그 종류대로, 땅에 기는 모든 것이 그 종류대로, 각기 둘씩 네게로 나아오리니 그 생명을 보존케 하라

(새)= 영적으로 장성한 분량까지 자라난 자들,

육축: 음매 음매 하고 따라 오는 자들,

땅에 기는 것들: 아직 어린아이의 신앙을 갖고 있는 자들, (기어다니는 자들)

그래서 우리의(나) 믿음은 날으는 새처럼 장성한 자가 되어 선교여행도 다니면서 강도 만난 자들을 치유 시키며 (눅 10 : 29~37) 많은 영혼들을 하나님의 나라로 인도하여 하늘에 별처럼 영원히 빛을 발하는 자들이 되시길 축원합니다(단 12 : 3)

7. 언약의 자녀를 낳기 위해서는 꼭 할례를 받아야 합니다(신 30 : 6) 하나님의 생명이 있을 때 언약에---

예) 아브라함 (창 17 : 24) 아브라함이 그 양피를(할례) 벨때는 구십 구세 이었고, 창 21 : 5) 아브라함이 그 아들 이삭을 낳을 때는 백세라

왜! 이스마엘은 할례를 십삼세에 하는가?

(창 17 : 25)그 아들 이스마엘이 그 양피를 벤 때는 십삼 세이었더라 육적인 자녀는(이방인) 십 삼세때 할례를 시킵니다.

〈십〉= 마지막때 (요 1 : 39절) 예수께서 가라사대 와 보라 그러므로 저희가 가서 계신 데를 보고 그 날 함께 거하니 때가 제 십 시쯤 되었더라

〈삼〉= 확실하다 (전 4 : 12절) 한 사람이면 패하겠거니와 두 사람이면 능히 당하나니 삼겹 줄은 쉽게 끊어지지 아니하느니라

육적인 자녀들도 하나님께서는 마지막 때는 다 할례 시켜서 구원하여 주신다는 것을 깨닫기 바랍니다.

27, 예수님의 보혈

본문 (히 10 : 19~20절) 그러므로 형제들아 우리가 예수의 피를 힘입어 성소에 들어갈 담력을 얻었나니 20, 그 길은 우리를 위하여 휘장 가운데로 열어 놓으신 새롭고 산 길이요. 휘장은 곧 저의 육체니라

하나님께서 사람을 창조한 목적은 영적인 사랑의 교제를 나우기 위하여 신령한 사람으로 만들었으나(고전 2 : 13~14) 아담과 하와가 하나님께 불순종하므로 인하여 하나님의 신이(영) (창 6 : 3)

사람과 함께하지 아니하고 떠남으로 인하여 하나님과의 관계가 끊어짐으로 육적인 사람이 되어 하나님과 사랑의 교제를 나눌수 없게 되었습니다.

(창 6 : 3) 여호와께서 가라사대 나의 신이 영원히 사람과 함께 하지 아니하리니 이는 그들이 육체가 됨이라 그러나 그들의 날은 일백이십 년이 되리라 하시니라

1. 하나님의 진노

사람이 하나님께 불순종하므로 인하여 그때부터 마귀의 종으로서 범죄 하므로 인하여 하나님의 진노가 임하기 시작합니다.

(롬 6 : 23) 죄의 삯은 사망이요 하나님의 은사는 그리스도 예수 우리 주 안에 있는 영생이니라

(롬 3 : 23) 모든 사람이 죄를 범하였으매 하나님의 영광에 이르지 못하더니

하나님께 불순종하므로 인하여 죄가 우리(나)에게 왕노릇하며 종노릇하게 하므로 사망에 이르게 되었습니다.

하나님과 사랑의 교제가 단절되므로 인하여 하나님의 영광에 이르지 못하게 되었습니다. 그러므로 인하여 하나님의 생명에서(엡4:18) 떠나 있는 사람은 죄를 지어도 깨닫지를 모릅니다.

(엡4:18) 저희 총명이 어두워지고 저희 가운데 있는 무지함과 저희 마음이 굳어짐으로 말미암아 하나님의 생명에서 떠나 있도다

그래서 하나님께서는 죄인들에게 죄를 깨닫게 하기위해서 율법을 모세에게 내려 주십니다. (출 24 : 12)

(롬 3 : 20) 그러므로 율법의 행위로 그의 앞에 의롭다 하심을 얻을 육체가 없나니 율법으로는 죄를 깨달음이니라

〈참조〉: 율법은 613가지의 법이 있으며 이것을 줄여서 십계명이
고 다시 두 계명으로 줄이고 또 한 계명으로 줄이면 사랑입니다)

우리(나)가 믿음 생활을 하면서 하나님의 성경 말씀에 관심이 없는
사람은 자기의 의와 감정으로 하나님을 믿으며 죄를 깨닫지도 못합니
다. 그러나 죄를 깨닫는 자는 양심이 살아있는 자며 마음에 새긴 율법
(말씀)을 통하여 행위로 나타납니다.

(롬 2 : 15) 이런 이들은 그 양심이 증거가 되어 그 생각들이 서로
혹은 송사하며 혹은 변명하여 그 마음에 새긴 율법의 행위를 나타내
느니라.

2. 하나님은 사랑이시라

(요일 4 : 8) 사랑하지 아니하는 자는 하나님을 알지 못하나니 이는
하나님은 사랑이심이라.

(요일 4 : 19) 우리가 사랑함은 그가 먼저 우리를 사랑하셨음이라

하나님께서는 죄를 깨닫고 통곡하는 자에게 자비를 베풀어 주시며
살길을 열어 주십니다 그 길이 출애굽기에 나오는 성막입니다.
(출 25장~출 40장 참조)

생축의 피로 성막에서 제사를 드림으로 인하여 우리를(나) 죄사함
시켜 주셨습니다. (생축: 집에서 기르는 짐승(동물)

(히 9 : 6~7) 이 모든 것을 이같이 예비하였으니 제사장들이 항상
첫 장막에 들어가 섬기는 예를 행하고 7. 오직 둘째 장막은 대제사장
이 홀로 일 년 일 차씩 들어가되 피 없이는 아니하나니 이 피는 자기
와 백성의 허물을 위하여 드리는 것이라.

(주의 : 들 짐승은 마귀에게 속하기 때문에 제사에 쓸수 없습니다)

하나님께서 성막을 짓게 한 이유는 우리를 긍휼히 여기사 죄사함

시켜 주기 위해서 임을 깨닫기 바랍니다

성소에서 생축으로 드리는 피에 제사는 장차 예수님께서 십자가를 통하여 드리는 제사의 그림자이며 육체의 예법만 깨닫게 하였던 것입니다

(히 9 : 9~10) 이 장막은 현재까지의 비유니 이에 의지하여 드리는 예물과 제사가 섬기는 자로 그 양심상으로 온전케 할 수 없나니 10, 이런 것은 먹고 마시는 것과 여러 가지 씻는 것과 함께 육체의 예법만 되어 개혁할 때까지 맡겨 둔 것이니라.

하나님께서는 때가 되므로 온전한 것으로 영원한 속죄를 드려 새롭고 산길을 열어주십니다. (고전 13 : 10)

(히 9 : 11~12) 그리스도께서 장래 좋은 일의 대제사장으로 오사 손으로 짓지 아니한, 곧 이 창조에 속하지 아니한 더 크고 온전한 장막으로 말미암아 12, 염소와 송아지의 피로 아니하고 오직 자기 피로 영원한 속죄를 이루사 단번에 성소에 들어가셨느니라

예수님의 보혈에 피로 영원한 속죄함을 얻어 성소에 들어가 하나님을 만날수 있는 것입니다.

(출 25 : 22) 거기서 내가 너와 만나고 속죄소 위 곧 증거궤 위에 있는 두 그룹 사이에서 내가 이스라엘 자손을 위하여 네게 명할 모든 일을 네게 이르리라

그래서 예수님께서는 십자가에서 다 이루시고

(요 19 : 30) 예수께서 신 포도주를 받으신 후 가라사대 다 이루었다 하시고 머리를 숙이시고 영혼이 돌아가시니라

피와 물을 옆구리를 통하여 흘려주십니다.

(요 19 : 34) 그중 한 군병이 창으로 옆구리를 찌르니 곧 피와 물이 나오더라.

(히 9 : 22) 율법을 쫓아 거의 모든 물건이 피로써 정결케 되나니 피 흘림이 없은즉 사함이 없느니라.

예수님의 보혈에 피로 죄사 함 받는 자들이 이때부터 선한 양심이 되어 하나님을 찾게 되는 것입니다. 다시금 사랑의 대화를 하기 위해서.... (히 9 : 14)

(벧전 3 : 21) 물은 예수 그리스도의 부활하심으로 말미암아 이제 너희를 구원하는 표니 곧 세례라 육체의 더러운 것을 제하여 버림이 아니요 오직 선한 양심이 하나님을 향하여 찾아가는 것이라.

그래서 예수님께서는 "피"와 "물"을 십자가에서 (요 19 : 34) 흘러 주셨습니다.

성소에 들어 갈려면은 번 재단에서 (십자가) 죽고 피 뿌림을 받고 나서 재를 물두멍에서(출 38 : 8) 깨끗이 씻고 들어가야 합니다.

(엡 5 : 26) 이는 곧 물로 씻어 말씀으로 깨끗하게 하사 거룩하게 하시고,

(히 10 : 22) 우리가 마음에 뿌림을 받아 양심의 악을 깨닫고 몸을 맑은 물로 씻었으나 참 마음과 온전한 믿음으로 하나님께 나아가자

〈참조〉(히 9 : 14절) 하물며 영원하신 성령으로 말미암아 흠 없는 자기를 하나님께 드린 그리스도의 피가 어찌 너희 양심으로 죽은 행실에서 깨끗하게 하고 살아 계신 하나님을 섬기게 못하겠느뇨.

예수님의 보혈에 피와 생명수로 깨끗하여진 자만 하나님께 나아갈 수 있습니다.

3. 피에 공로로 "죄가 가려짐"

(롬 4 :7~8) 그 불법을 사하심을 받고 그 죄를 가리우심을 받는 자는 복이 있고 8. 주께서 그 죄를 인정치 아니하실 사람은 복이 있도다

함과 같으니라.

예수님의 보혈에 피의 공로로 죄사함 받는 자들이 복있는 자이며 이런 자들이 새로운 피조물이며 (고후 5 : 17) 부활 생명이 있는 자입니다

(벧전 1 : 3~4) 찬송하리로다 우리 주 예수 그리스도의 아버지 하나님이 그 많으신 긍휼대로 예수 그리스도의 죽은 자 가운데서 부활하심으로 말미암아 우리를 거듭나게 하사 산 소망이 있게 하시며 4, 썩지 않고 더럽지 않고 쇠하지 아니하는 기업을 잇게 하시나니 곧 너희를 위하여 하늘에 간직하신 것이라

예수님의 피에 공로로 거듭난자 만이 영원히 쇠하지 아니하는 하나님의 기업을 받을 수 있습니다.

4. 피의 역할

피에 생명이 있으며 피가 죄사여 주십니다.

(레 17 : 11) 육체의 생명은 피에 있음이라 내가 이 피를 너희에게 주어 단에 뿌려 너희의 생명을 위하여 속하게 하였나니 생명이 피에 있으므로 피가 죄를 속하느니라.

우리가 그리스도 안에서 그 은혜의 풍성함을 따라 그의 피로 말미암아 구속 곧 죄 사함을 받습니다. (엡 1 : 7)

예수님의 "피"에 공로로 죄에서 우리를 해방시켜 주십니다.

(계 1 : 5) 또 충성된 증인으로 죽은 자들 가운데서 먼저 나시고 땅의 임금들의 머리가 되신 예수 그리스도로 말미암아 은혜와 평강이 너희에게 있기를 원하노라 우리를 사랑하사 그의 피로 우리 죄에서 우리를 해방하시고

그러므로 인하여 하나님과 화평을 이루어 땅에 있는 것들이나 하늘에 있는 것들이 하나가 되어 통일이 됩니다(엡1:10)

(골 1 : 20)그의 십자가의 피로 화평을 이루사 만물 곧 땅에 있는 것들이나 하늘에 있는 것들을 그로 말미암아 자기와 화목케 되기를 기뻐하심이라.

이러한 자들이 하나님께 의에 병기로 쓰임 받씁니다.

(롬 6 : 13) 또한 너희 지체를 불의의 병기로 죄에게 드리지 말고 오직 너희 자신을 죽은 자 가운데서 다시 산 자같이 하나님께 드리며 너희 지체를 의의 병기로 하나님께 드리라

하나님께 의의 병기로 쏨임받는 자들에게 하나님께서는 하늘나라에 가는 새롭고 산길을 열어주십니다. 모든 것이 예수님의 피에 공로입니다.

(히 10 :19~20) 그러므로 형제들아 우리가 예수의 피를 힘입어 성소에 들어갈 담력을 얻었나니 20. 그 길은 우리를 위하여 휘장 가운데로 열어 놓으신 새롭고 산길이요. 휘장은 곧 저의 육체니라.

이러한 자들에게는 만물이 다 그 발아래 복종하며 그리스도의 몸된 교회로서 세상에 생명의 빛을 비취는 자들입니다.

(엡 1 : 22~23) 또 만물을 그 발 아래 복종하게 하시고 그를 만물 위에 교회의 머리로 주셨느니라 23. 교회는 그의 몸이니 만물 안에서 만물을 충만케 하시는 자의 충만이니라.

〈참조〉(창 1 : 28절) 하나님이 그들에게 복을 주시며 그들에게 이르시되 생육하고 번성하여 땅에 충만하라, 땅을 정복하라, 바다의 고기와 공중의 새와 땅에 움직이는 모든 생물을 다스리라 하시니라

이렇게 의의 군병이 된 사람들은 엣적 일을 생각지 아니하며 오직 하나님의 새일에 동참하여 광야에 길과 사막에 강을내어 만물이 소생할수 있도록 (창조에 역사) 행함으로 나타냅니다.

(사 43 : 18~19) 너희는 이전 일을 기억하지 말며 옛적 일을 생각

하지 말라 19보라 내가 새 일을 행하리니 이제 나타낼 것이라 너희가 그것을 알지 못하겠느냐 정녕 내가 광야에 길과 사막에 강을 내리니

하나님께서는 오늘날 이러한 의의 군병들을 부르고 계십니다 (요 1 : 39)

(롬 1 : 6) 너희도 그들 중에 있어 예수 그리스도의 것으로 부르심을 입은 자니라.

이러한 자들이 누룩이 없는 떡들이며 이들을 위하여 유월절 양 예수 그리스도께서 희생이 되셨습니다.

(고전 5 : 7) 너희는 누룩 없는 자인데 새 덩어리가 되기 위하여 묵은 누룩을 내어 버리라 우리의 유월절 양 곧 그리스도께서 희생이 되셨느니라.

예수님께서는 새 덩어리의 떡이 된자들을 위하여 자신의 "피"로 사서 하나님께 드리고 계심을 깨닫기 바랍니다

(계 5 : 9~10) 새 노래를 노래하여 가로되 책을 가지시고 그 인봉을 떼기에 합당하시도다 일찍 죽임을 당하사 각 족속과 방언과 백성과 나라 가운데서 사람들을 피로 사서 하나님께 드리시고 10.저희로 우리 하나님 앞에서 나라와 제사장을 삼으셨으니 저희가 땅에서 왕노릇 하리로다. 하더라.

예수님의 보혈에 "피"로 사서 하나님과 화평케 하여주시고 (엡 2 : 14) 하나님의 거룩함에 (벧전 1 : 15 ~16)동참케 하여 오늘날 왕 같은 제사장으로 택하여 주신 하나님을 찬양합시다.

(벧전2:9) 오직 너희는 택하신 족속이요 왕 같은 제사장들이요 거룩한 나라요 그의 소유된 백성이니 이는 너희를 어두운 데서 불러 내어 그의 기이한 빛에 들어가게 하신 자의 아름다운 덕을 선전하게 하려 하심이라.

28. 예수님과 생명수

본문(렘 17 : 13절) 이스라엘의 소망이신 여호와여 무릇 주를 버리는 자는 다 수치를 당할 것이라 무릇 여호와를 떠나는 자는 흙에 기록이 되오리니 이는 생수의 근원이신 여호와를 버림이 니이다.

세상에는 많은 물이 있지만 목마름을 해갈시켜 줄 물은 찾기가 매우 힘들다. 물에도 두 종류의 물이 있는데 궁창위의 물과 궁창 아래의 물로 나누어진다.

(창 1 : 6~7) 하나님이 가라사대 물 가운데 궁창이 있어 물과 물로 나뉘게 하리라 하시고. 7. 하나님이 궁창을 만드사 궁창 아래의 물과 궁창 위의 물로 나뉘게 하시매 그대로 되니라.

사람들에게는 물이 필히 필요하며 육적인 갈증과 영적인 갈증을 느끼는데 짐승들은 육적인 갈증을 해결하고자 시냇물을 찾지만 예수님을 영접하고 믿는 기독교인들은 육적인 갈급함보다 영적인 갈급함으로 생명수를 찾는 이들이 많을 것입니다.

(시 42 : 1)하나님이여 사슴이 시냇물을 찾기에 갈급함같이 내 영혼이 주를 찾기에 갈급 하니이다.

많은 기독교인들이 오늘날에도 생명수가 되시는(렘 17 : 13) 예수님을 만나지 못하여 사마리아 여자처럼 물동이를 머리에 이고 물길러 다니고 있는 줄 압니다(요 4 : 7)

궁창의 아래에 물은 물을 먹는자 마다 다시 목마르지만 (요 4:13) 생수의 근원이 되신 예수님께서 주는 물을 먹으면 영원히 목마르지 아니하고 영생하도록 솟아나는 샘물이 되므로(요 4 : 14) 물길러 다닐 필요가 없다고 예수님께서는 말씀하고 계십니다.

1. 그러면 왜 궁창에 아래의 물을 먹으면 다시금 목마르는가?

궁창 아래의 물은 우리의 조상 야곱이 준 우물이며 이 물은 누구나 먹으며 짐승들까지도 함께 먹는 물입니다.

(요4:12) 우리 조상 야곱이 이 우물을 우리에게 주었고 또 여기서 자기와 자기 아들들과 짐승이 다 먹었으니 당신이 야곱보다 더 크니이까.

예수님을 영접하고 믿는다는 많은 기독교 인들이 물 맛을 모르기 때문에 아무 물이나 마시는데 조상의 유전을 통하여 주는 물은 먹어도 먹어도 목이 마르고 오직 예수님이 주시는 생명수를 먹어야 목 마르지 않고 물맛도 다르다는 것을 알 것입니다.

(막7:7~8) 사람의 계명으로 교훈을 삼아 가르치니 나를 헛되이 경배하는도다 하였느니라 8, 너희가 하나님의 계명은 버리고 사람의 유전을 지키느니라

〈참조〉(사29:13절) 주께서 가라사대 이 백성이 입으로는 나를 가까이하며 입술로는 나를 존경하나 그 마음은 내게서 멀리 떠났나니 그들이 나를 경외함은 사람의 계명으로 가르침을 받았을 뿐이라

하나님의 말씀은 영이요 생명의 말씀이며(요6:63) 비유로 말씀하였습니다. "물"(엡5:26) 이는 곧 물로 씻어 말씀으로 깨끗하게 하사 거룩하게 하시고

물은 말씀에 비유하고 있습니다. 그래서 예수님께서는(요19:30) 다 이루시고(요19:

34) 피와 물을 십자가에서 흘러 주셨습니다(피=레17:11 생명 + 물 = 생명수) 그래서 예수님께서 십자가에서 흘러 주시는 피와 물을 생명수라고 합니다. 생명이 있는 물) & (생명수 ⇒ 생명의 말씀 ⇒ 예수님 ⇒ 하나님 (요1:1절)

사마리아 여인이 먹었던 물은 조상으로 부터 내려오는 유전된 물(말씀)을 먹기 때문에 낮마다 물동이를 이고 길러 먹어도 목이 말랐던 것입니다.

(왜! 생명이 없는 (물=말씀) 물이기 때문입니다)

예수님께서 십자가에서 흘러 주시는 생명수가 우리를 구원한 표입니다. (벧전3:21)물은 예수 그리스도의 부활하심으로 말미암아 이제 너희를 구원하는 표니 곧 세례라 육체의 더러운 것을 제하여 버림이 아니요 오직 선한 양심이 하나님을 향하여 찾아가는 것이라

그래서 하나님께서는 "물들은" 생물로 번성케 하라 말씀하고 계십니다. (창 1 : 20)하나님이 가라가대 "물 들은" 생물로 번성케 하라 땅위 하늘의 궁창에는 새가 날으라 하시고

이 물이 에덴동산을 적시었으며 오늘날에도 에덴에서 발원하여 동서남북 4 군대로 다 흘러(창 2 : 10) 나에게도 들어오고 있음을 믿으시기 바랍니다.

오늘날 예수님께서는 외치고 계십니다. 누구든지 목마르거든 내게로 오라

(요 7 : 37) 명절 끝 날 곧 큰 날에 예수께서 서서 외쳐 가라사대 누구든지 목마르거든 내게로 와서 마시라.

오늘도 성령님과 신부되신 교회는 말씀하고 있습니다. "오라" "오라"(요 1 : 39) (계 22 : 17) 성령과 신부가 말씀하시기를 오라 하시는 도다. 듣는 자도 오라 할 것이요 목마른 자도 올 것이요 또 원하는 자는 값없이 생명수를 받으라 하시더라.

예수님께서는 오늘도 우리를 초대하고 있습니다. 돈 없는 자도 와서 사먹되 돈 없이 값없이 와서 포도주와 젖을 사라 하십니다.

(사 55 : 1)너희 목마른 자들아 물로 나아오라 돈 없는 자도 오라

너희는 와서 사 먹되 돈 없이 값없이 와서 포도주와 젖을 사라.

(포도주 ⇒ 피 ⇒ 생명 (눅 22 : 18, 20,) (젖 ⇒ 영혼에 양식 ⇒ 생명의 말씀 (벧전 2 : 2)

하나님께서는 돈 없이 값없이 먹어라 하면서 또 "사라"하십니다. 그래서 하나님의 말씀은 성령을 통하여 깨달아야 알 수 있습니다. (고전 2 : 10)

(요 4 : 15) 여자가 가로되 주여 이런 물을 내게 주사 목마르지도 않고 또 여기 물길러 오지도 않게 하옵소서

사마리아 여자가 예수님께 생명수를 달라고 하십니다. 그런데 예수님께서는 물을 주지 않고 뜻밖의 말씀을 하십니다.

(요4:16) 가라사대 가서 네 남편을 불러오라

여기서 우리가 예수님의 말씀을 깊이 깨달아야 합니다" 예수님께서는 네가 생명수를 먹으려면 먼저 너의 과거를 "회개" 하라는 말씀입니다.

우리가(나) 예수님께 나아가 구하기 전에 먼저 우리의 죄를 회개하고 자복한 자리에 구하는 것을 채워주신다는 것을 믿으시기 바랍니다

2. 생명수를 마실려면 댓가를 지불하자.

예수님께서는 우리를(나) 위하여 십자가에서 돈 없이 값없이 죄의 댓가를 지불 하셨듯이 나도(우리) 생명수를 마시기 위해서는 십자가에서 댓가를 지불해야 합니다.

(갈 2 : 20) 내가 그리스도와 함께 십자가에 못 박혔나니 그런즉 이제는 내가 산 것이 아니요 오직 내 안에 그리스도께서 사신 것이라 이제 내가 육체 가운데 사는 것은 나를 사랑하사 나를 위하여 자기 몸을 버리신 하나님의 아들을 믿는 믿음 안에서 사는 것이라

왜! 십자가에 못 박혀 죽어야 하는가?

예수님께서는 새 물(생명수)은 새 부대에 (거듭난 사람) 부어 주시기 때문입니다.

(마 9 : 17) 새 포도주를 낡은 가죽 부대에 넣지 아니하나니 그렇게 하면 부대가 터져 포도주도 쏟아지고 부대도 버리게 됨이라 새 포도주는 새 부대에 넣어야 둘이 다 보전되느니라

그래서 예수님을 영접하고 하나님의 자녀가 (요 1 : 13) 되기 위해서는 주님과 연합하여 십자가에서 죽고 부활 생명으로 거듭나야 한다.

(롬 6 : 5~7)만일 우리가 그의 죽으심을 본받아 연합한 자가 되었으면 또한 그의 부활을 본받아 연합한 자가 되리라 6,우리가 알거니와 우리 옛사람이 예수와 함께 십자가에 못 박힌 것은 죄의 몸이 멸하여 다시는 우리가 죄에게 종노릇 하지 아니하려 함이니.

7, 이는 죽은 자가 죄에서 벗어나 의롭다 하심을 얻었음이니라.

이렇게 부활 생명으로 거듭난 자들에게 생명수를 부었쓸때 물이 변하려 포도주가 됩니다(흙 항아리가 돌 항아리로 변한 자들)

〈참조〉 산돌 = (벧전 2 : 5) 너희도 산 돌같이 신령한 집으로 세워지고 예수 그리스도로 말미암아 하나님이 기쁘게 받으실 신령한 제사를 드릴 거룩한 제사장이 될지니라

(요 2 : 6~9) 거기 유대인의 결례를 따라 두 세 통 드는 돌 항아리 여섯이 놓였는지라 7, 예수께서 저희에게 이르시되 항아리에 물을 채우라 하신즉 아구까지 채우니 8, 이제는 떠서 연회장에게 갖다 주라 하시매 갖다 주었더니 9, 연회장은 물로 된 포도주를 맛보고 어디서 났는지 알지 못하되 물 떠온 하인들은 알더라 연회장이 신랑을 불러

(돌 항아리 여섯 = = 피조물을 상징합니다. 연회장=오늘날 목사 비유)

오늘날 많은 연회장님들이 (목사) 물이 변하여 포도주가 된 새명수가 어디서 났는지 모르나 물 떠온 하인은(종) 알고 있다는 것을 깨닫기 바랍니다

목사네 장로네 권사네 중요한 것이 아니라 생명수가 있는데를 아는 그 사람을 예수님은 사용하신다는 것을 알기 바랍니다

우리(나)는 필히 흙 항아리에서 돌 항아리로 거듭나 새 포도주를 담고 내어 줄 수 있는 성도님들이 되시길 주님에 이름으로 축복합니다.

(벧전 2 : 5) 너희도 산 돌같이 신령한 집으로 세워지고 예수 그리스도로 말미암아 하나님이 기쁘게 받으실 신령한 제사를 드릴 거룩한 제사장이 될지니라.

오늘날 예수님께서는 이러한 자들을 부르고 있습니다. (요 1 : 39)

(롬 1 : 6) 너희도 그들 중에 있어 예수 그리스도의 것으로 부르심을 입은 자니라

돌 항아이에 아구까지 생명수 물이 찬 자들을 택하시어 왕 같은 제사장을 삼아 세상에 생명의 빛을 비춰며 (요 1 : 9) 아름다운 덕을 나타내 예수 그리스도에 대하여 증인의 "삶"을 선전하게 하십니다

(벧전 2 : 9) 오직 너희는 택하신 족속이요 왕 같은 제사장들이요 거룩한 나라요 그의 소유된 백성이니 이는 너희를 어두운 데서 불러내어 그의 기이한 빛에 들어가게 하신 자의 아름다운 덕을 선전하게 하려 하심이라

3. 생명수로 날마다 씻어내자

(요 13 : 9~10) 시몬 베드로가 가로되 주여 내 발뿐 아니라 손과 머리도 씻겨 주옵소서

10. 예수께서 가라사대 이미 목욕한 자는 발밖에 씻을 필요가 없느

니라 온몸이 깨끗하니라 너희가 깨끗하나 다는 아니니라 하시니.

하나님의 자녀가 되기 위해서는 하나님의 거룩함에(고전 1 : 15~16) 동참하기 위해서 날마다 생명수로 깨끗히 씻어야 합니다

(엡 5 : 26~27) 이는 곧 물로 씻어 말씀으로 깨끗하게 하사 거룩하게 하시고 27. 자기 앞에 영광스러운 교회로 세우사 티나 주름잡힌 것이나 이런 것들이 없이 거룩하고 흠이 없게 하려 하심이니라

(딤전 4: 5) 하나님의 말씀과 기도로 거룩하여짐이니라

오직 예수님께서 십자가에서 흘러주신 (요 19 : 34) 생명수 물로만이 우리를(나) 정결케 할 수 있으며 더러움도 깨끗이 씻어 냅니다.

(겔 36 : 25) 맑은 물로 너희에게 뿌려서 너희로 정결케 하되 곧 너희 모든 더러운 것에서와 모든 우상을 섬김에서 너희를 정결케 할 것이며

4. 내 안에 생명수"물"이 없으면?

(마 12 : 43~45) 더러운 귀신이 사람에게서 나갔을 때에 물 없는 곳으로 다니며 쉬기를 구하되 얻지 못하고 44. 이에 가로되 내가 나온 내 집으로 돌아가리라 하고 와 보니 그 집이 비고 소제되고 수리되었거늘 45. 이에 가서 저보다 더 악한 귀신 일곱을 데리고 들어가서 거하니 그 사람의 나중 형편이 전보다 더욱 심하게 되느니라 이 악한 세대가 또한 이렇게 되리라. 오늘날 많은 기독교 인들이 교회에(예배당) 다니면서 예수님을 믿었는데 형편이 더 나빠졌다고 불만을 토하는 사람들을 많이 만날 것입니다.

왜! 예수님을 믿는데 그럴까요?

그 사람은 예수님을 영접할 때는 그 사람 안에 숨어있던 귀신이 깜짝 놀라 나갔습니다. 예수님은 빛이기 때문에 귀신이 견디기 어렵기

때문입니다. 그 사람이 그래서 처음에는 기쁘고 즐겁고 행복한 나날을 보내다가 어느 순간부터는 예수 믿기 전보다 더 형편이 어려워지며 더 악하여지며 교회에 불평불만을 달고 삽니다

그 사람은 예수님을 믿는다고는 하나 입으로만 주여 주여 주여 (마7 : 21) 마음은 하나님께 멀리 떠나 있는 자들이기 때문입니다. 예배당에는 열심으로 다닌다고 하나 말씀이 육신이 되어 우리 가운데 거하시는 (요 5 : 39) 성경 말씀은 읽지도 않고 하늘에서 내려온 산 떡을(요 6 : 51) 먹지도(겔 2 : 8) 아니하니 그 사람 안에는 생명의 말씀이 없어서(생명수 물) 사람에게서 나갔던 더러운 귀신이 물(말씀) 없는 곳을 찾다가 다른 집에는(사람) (고전 3 : 9) 물 (말씀 = 생명)이 있어서 들어갈 곳을 찾지 못하고 옛집에 오니 집이 소제되고 수리되고 깨끗하여져 있어 더 악한 귀신 일곱을 데리고 들어와 지내 므로 "그 사람의" 형편이 더욱 악하여 졌던 것입니다.

예수님을 영접하고 믿는 자들이 예수님에 관하여 쓴 성경 말씀에는 관심도 없고 마르다 처럼 (눅 10 : 40) 준비하는 일이 많아 마음이 분주하므로 말씀이 되신 예수님 생명수가 되시는 예수님이 있을 곳이 없으니 즉 그 사람안에 "물"이 없으니 나갔던 귀신이 더 악한 귀신 친구들 일곱을 데리고 들어 왔으니 더 악하고 독할 수 밖에 없겠지요?

예수 믿는다고 겉으로는 깨끗한 척, 겸손한 척, 겉모양은 그럴싸하게 꾸미면서 옛사람 그대로(엡4:22) 구습을 쫓으면서 입으로 한 주여 주여 주여하는 신도들이여(종교인 = 마 23 : 27) 예수님을 바로 알고 바로 믿고 거듭난 부활 생명으로 내 안에 귀신이 얼씬도 못하도록 생명수로 아구까지 채워서 (돌 항아리) 세상에 나아가 전도와 선교를 할때 물이 변하여 포도주가 되는 창조에 역사를 일구어내는 예수님의 제자들이 되시기를 주님에 이름으로 축복합니다.

제 9 장. 성막을 통한 하나님의 비밀

29. 하늘에 비밀을 볼 수 있는 자

본문(렘 33 : 2~3) 일을 행하는 여호와, 그것을 지어 성취하는 여호와, 그 이름을 여호와라 하는 자가 이같이 이르노라 3. 너는 내게 부르짖으라 내가 네게 응답하겠고 네가 알지 못하는 크고 비밀한 일을 네게 보이리라.

하나님께서는 창세 전에 그리스도 안에서 우리를(나) 택하사 우리로 사랑 안에서 그 앞에 거룩하고 흠이 없게 하시려고 그 기쁘신 뜻대로 우리를(나) 예정하사 예수 그리스도로 말미암아 자기의 아들들이 되게 하시려고 각인의 때를 따라 이 땅에 태어나게 하였습니다. (엡 1 : 4~5)

하나님의 경륜(계획)은 이 땅에서도 하나님의 뜻이 하늘나라에서처럼 똑같이 이루어 지기를 바랬으나 사람들이(피조물) 하나님의 말씀에 불순종하며 선악과를 따먹고(창 3 : 6) 마귀의 종이 되어 악에(죄) 빠져서 종노릇하며 괴롭힘을 당하는 것을 안타깝게 여기십니다

(요 17 : 15) 내가 비옵는 것은 저희를 세상에서 데려가시기를 위함이 아니요 오직 악에 빠지지 않게 보전하시기를 위함 이니이다.

하나님께서는 우리에게도(나) 이 땅에서 에녹과 같이(창 5 : 21~22) 하나님과 동행하며 사랑의 대화를 나누는 가운데서 많은 자녀들을 낳아 생육하고 번성하고 이 땅을 정복하고 다스리기를 원하셨습니다.

(창 1 : 28)하나님이 그들에게 복을 주시며 그들에게 이르시되 생육하고 번성하여 땅에 충만하라, 땅을 정복하라, 바다의 고기와 공중의 새와 땅에 움직이는 모든 생물을 다스리라 하시니라

그러나 하나님의 말씀과는 반대로 이 땅에서 피조물들이 세상왕 마귀에게 종노릇 하며 학대와 고욕을 받으며(곤욕을 치르며) 농사의 여

러가지 일을 하며 괴로워하는 생활을 하고 있습니다.

(출 1 : 14) 고역으로 그들의 생활을 괴롭게 하니 곧 흙 이기기와 벽돌 굽기와 농사의 여러 가지 일이라 그 시키는 역사가 다 엄하였더라.

〈참조〉(행 7 : 19절) 그가 우리 족속에게 궤계를 써서 조상들을 괴롭게 하여 그 어린아이들을 내어 버려 살지 못하게 하려 할새.

하나님께서는 오늘날에도 이 땅에서의 일이 힘들고 어렵고 지치고 병들어 죽어가는 사람들에게 나에게 부르짖으라 말씀하고 계십니다. 부르짖으며 기도할 때 응답하여 주시며 하늘에 비밀을 보여 주신다고 말씀하고 있습니다.

하나님께서는 여러분이 부르짖으며 기도할 때에 아브라함과 세우신 언약의 말씀을 기억하시며(창 15 : 18) 다시금 우리에게(나) 창조에 역사에 일을 행하시며 이스라엘로(하나님과 겨루어 이긴 자) 조성하여 (빌 2 : 12) 구원을 이루어 주실 것입니다.

(사 43 : 1) 야곱아 너를 창조하신 여호와께서 이제 말씀하시느니라 이스라엘아 너를 조성하신 자가 이제 말씀하시느니라 너는 두려워 말라 내가 너를 구속하였고 내가 너를 지명하여 불렀나니 너는 내 것이라

1. 하나님께 부르짖는 자에게 일을 행하심!

창조에 역사의 일은 하나님께서 주권적인 능력으로 나타내십니다. 하나님은 부르짖으며 간구 하는 자에게 일을 행하십니다.

(막 10 : 46~52) 저희가 여리고에 이르렀더니 예수께서 제자들과 허다한 무리와 함께 여리고에서 나가실 때에 디매오의 아들인 소경 거지 바디매오가 길가에 앉았다가 47. 나사렛 예수시란 말을 듣고 소리질러 가로되 다윗의 자손 예수여 나를 불쌍히 여기소서 하거늘 48. 많은 사람이 꾸짖어 잠잠하라 하되 그가 더욱 심히 소리질러 가

로되 다윗의 자손이여 나를 불쌍히 여기소서 하는지라 49, 예수께서
머물러 서서 저를 부르라 하시니 저희가 그 소경을 부르며 이르되 안
심하고 일어나라 너를 부르신다 하매 50, 소경이 겉옷을 내어 버리고
뛰어 일어나 예수께 나아오거늘 51, 예수께서 일러 가라사대 네게 무
엇을 하여 주기를 원하느냐 소경이 가로되 선생님이여 보기를 원하나
이다 52, 예수께서 이르시되 가라 네 믿음이 너를 구원하였느니라 하
시니 저가 곧 보게 되어 예수를 길에서 쫓으니라.

〈참조〉 한나 = (삼상 1 : 10, &1 : 12~13) 한나가 마음이 괴로워
서 여호와께 기도하고 통곡하며.

  & 12, 그가 여호와 앞에 오래 기도하는 동안에 엘리가 그의 입을
주목한즉. 13, 한나가 속으로 말하매 입술만 동하고 음성은 들리지
아니하므로 엘리는 그가 취한 줄로 생각한지라.

2. 성령님이 일을 시작해야 자원하는 마음과 기쁨이 있습니다.

하나님께서 주시는 마음을 갖고 일을 하여야 성령께서 역사하시며
자원하는 마음으로 일하기 때문에 즐거움이 있어 일에 힘이 들지 않
습니다. 이러한 자에게 열매가 나타납니다(갈 5 : 22 ~23)

(빌 3 : 3) 하나님의 성령으로 봉사하며 그리스도 예수로 자랑하고
육체를 신뢰하지 아니하는 우리가 곧 할례당이라

성령으로 봉사하고 헌신하는 자들은 예수님의 이름으로 일을 하기
때문에 나의 의는 간곳없고 오직 예수님만 나타 냅니다 이러한 자들
은 행함으로 본을 보이며 선한 말을 함으로 인하여 영이 어린 이들에
게는 믿음에 본이 되어 성장을 이루게 하십니다.

(벧전 2 : 21)이를 위하여 너희가 부르심을 입었으니 그리스도도
너희를 위하여 고난을 받으사 너희에게 본을 끼쳐 그 자취를 따라오
게 하려 하셨느니라

믿음에 본이 되어 하나님의 말씀에 순종하는 자들은 먼저 그의 나라와 그의 의를 구하는 자들입니다.

(마 6 : 33) 너희는 먼저 그의 나라와 그의 의를 구하라 그리하면 이 모든 것을 너희에게 더하시리라.

〈참조〉(신 6 : 5절) 너는 마음을 다하고 성품을 다하고 힘을 다하여 네 하나님 여호와를 사랑하라.

3. 하나님께서는 이들에게 성령을 통하여 창조에 역사를 하십니다.

하나님께서는 이들에게 땅에 모든 권세를 주어 예수님이 본을 보이신 일을 체험케 하시어 증인의 삶을 살아가게 하십니다.

(마 28 : 18~20) 예수께서 나아와 일러 가라사대 하늘과 땅의 모든 권세를 내게 주셨으니 19, 그러므로 너희는 가서 모든 족속으로 제자를 삼아 아버지와 아들과 성령의 이름으로 세례를 주고 20, 내가 너희에게 분부한 모든 것을 가르쳐 지키게 하라 볼지어다 내가 세상 끝날까지 너희와 항상 함께 있으리라 하시니라.

하나님의 말씀에 순종할 때 이 말씀이 살아서 운동력이 있어(히 4:12) 나를 통하여 계획하신 하나님의 경륜이 이루어지는 것입니다.

(막 16 : 15~16) 또 가라사대 너희는 온 천하에 다니며 만민에게 복음을 전파하라 16, 믿고 세례를 받는 사람은 구원을 얻을 것이요 믿지 않는 사람은 정죄를 받으리라.

4. 할 수 있다는 믿는 마음 가짐을 갖자

(막 9 : 23) 예수께서 이르시되 할 수 있거든 이 무슨 말이냐 믿는 자에게는 능치 못할 일이 없느니라 하시니

내 안에 은과(말씀 = 시 12 : 6) 금이 (믿음 = 벧전 1 : 7) 있으면 예수님의 이름을 믿고 행하실 때 하나님께서 함께하여 주십니다.

(행 3 : 6 ~8) 베드로가 가로되 은과 금은 내게 없거니와 내게 있

는 것으로 네게 주노니 곧 나사렛 예수 그리스도의 이름으로 걸으라 하고 7. 오른손을 잡아 일으키니 발과 발목이 곧 힘을 얻고 8. 뛰어 서서 걸으며 그들과 함께 성전으로 들어가면서 걷기도 하고 뛰기도 하며 하나님을 찬미하니

(은 = 시 12 : 6 말씀, 금 = 벧전 1 : 7 믿음)

(베드로와 요한에게는 보이는 은과 금은 없었지만 보이지 않는(은 = 말씀, 금 = 믿음이) 있었습니다.

하나님께서는 하나님의 일에 기쁨으로 동참하는 자에게 함께 하십니다.

(요 14 : 13) 너희가 내 이름으로 무엇을 구하든지 내가 시행하리니 이는 아버지로 하여 금 아들을 인하여 영광을 얻으시게 하려 함이라

〈참조〉(요 8 : 29절) 나를 보내신 이가 나와 함께 하시도다 내가 항상 그의 기뻐하시는 일을 행하므로 나를 혼자 두지 아니하셨느니라.

5. 하나님은 이런 자들에게 하나님의 비밀인 예수 그리스도를 알고 깨닫는 그리스도인의 삶을 체험케 하십니다

(골 2 : 2) 이는 저희로 마음에 위안을 받고 사랑 안에서 연합하여 원만한 이해의 모든 부요에 이르러 하나님의 비밀인 그리스도를 깨닫게 하려 함이라

〈참조〉(요 1 : 5절) 빛이 어두움에 비춰되 어두움이 깨닫지 못하더라.

이런 자들이 부활 생명으로 거듭난 자들이며 자녀를 낳고 생육하고 번성 할자 입니다. (욥 42 : 12-13)

(살전 2 : 19~20) 우리의 소망이나 기쁨이나 자랑의 면류관이 무엇이냐 그의 강림하실 때 우리 주 예수 앞에 너희가 아니냐 20. 너희는 우리의 영광이요 기쁨이니라.

6. 천국 복음에만 하늘에 비밀이며 하나님의 의인 예수님이 나타납니다.

(롬 1 : 17) 복음에는 하나님의 의가 나타나서 믿음으로 믿음에 이르게 하나니 기록된바 오직 의인은 믿음으로 말미암아 살리라 함과 같으니라.

믿음은 바라는 것들에 실상이며 보지 못하는 것들에게는 증거이기 때문에(히 11 : 1) 하나님께서는 하나님의 자녀들에게 성령을 통하여 각인의 믿음의 분량대로 복음을 통하여 역사하십니다.

(행 10 : 36) 만유의 주되신 예수 그리스도로 말미암아 화평의 복음을 전하사 이스라엘 자손들에게 보내신 말씀

하나님의 의이며 비밀이신 예수님을 통하여 오직 복음으로만 하나님과 화평을 이루어 하늘과 땅이 하나가 되는 것입니다

(엡 2 : 14)그는 우리의 화평이신지라 둘로 하나를 만드사 중간에 막힌 담을 허시고.

하나님의 의이며 비밀이신 예수님 만이 죄로 인하여 하나님과 멀어져 있던 우리(나)를 화목하게 할 수 있었던 것입니다.

(사 59 : 2) 오직 너희 죄악이 너희와 너희 하나님 사이를 내었고 너희 죄가 그 얼굴을 가리워서 너희를 듣지 않으시게 함이니.

오늘날 하나님과 화평을 이루어 주신 하나님의 비밀이신 예수님이 말씀이 육신이 되어 우리 가운데 오시 어 역사하시고 계시다는 것을 실상의 믿음을 통하여 체험하는 그리스도인들이 되시길 바랍니다.

(요 1 : 14) 말씀이 육신이 되어 우리 가운데 거하시매 우리가 그 영광을 보니 아버지의 독생자의 영광이요 은혜와 진리가 충만하더라.

말씀이 육신이 되신 예수님은 복음을 통하여 듣는 이의 믿음 가운데서 살아서 운동을 하기 때문에(히 4 : 12) 실상의 체험을 통하여 부활생명 가운데서 하나님의 영광을 볼 것이며 은혜와 진리가 임하여

(눅 2 : 40) 왕 같은 제사장들이 되어 이 땅을 지배하고 다스리는 하나님께 소유된 백성이 될 것입니다.

〈참조〉(롬 10 : 17절) 그러므로 믿음은 들음에서 나며 들음은 그리스도의 말씀으로 말미암았느니라.

(롬 10 : 10절) 사람이 마음으로 믿어 의에 이르고 입으로 시인하여 구원에 이르느니라.

(벧전 2 : 9)오직 너희는 택하신 족속이요 왕 같은 제사장들이요 거룩한 나라요 그의 소유된 백성이니 이는 너희를 어두운 데서 불러내어 그의 기이한 빛에 들어가게 하신 자의 아름다운 덕을 선전하게 하려 하심이라. =아멘=

30. 예수님과 성막

본문(출 25 : 8~9절) 8절 내가 그들 중에 거할 성소를 그들을 시켜 나를 위하여 짓되, 9절 무릇 내가 네게 보이는 대로 장막의 식양과 그 기구의 식양을 따라 지을지니라

(출 25장~40장) 출애굽과 하나님의 구원 그리고 성막을 통하여 하나님의 비밀과 나의 영적 상태를 점검하며 진리 가운데로 들어가시길 바랍니다.

출애굽 해서 홍해와 광야를 지나 요단강을 건너는 과정을 거쳐야만 젖과 꿀이 흐르는 가나안 땅에 들어갈 수 있었던 것과 같이 하나님을 만날 수 있는 성막의 성소에 들어가기 위해서는 두개의 문을 통과하는 과정을 거쳐야 합니다. 그 과정이 천국에 가는 과정이며 "길"입니다

(출 25 : 22) 거기서 내가 너와 만나고 속죄 소 위 곧 증거궤 위에

있는 두 그룹 사이에서 내가 이스라엘 자손을 위하여 네게 명할 모든 일을 네게 이르리라.

성소로 들어가는 둘째 문을 통과하기 위하여 성막 뜰에서 우리들은 (나) 흠도 티도 없이 하나님 앞에 설수 있도록 정결한 신부의 모습을 갖추어야 합니다

(엡 5 : 2 6~27) 이는 곧 물로 씻어 말씀으로 깨끗하게 하사 거룩하게 하시고 27, 자기 앞에 영광스러운 교회로 세우사 티나 주름잡힌 것이나 이런 것들이 없이 거룩하고 흠이 없게 하려 하심이니라.

하나님께서는 이스라엘 백성들을 출애굽 시켜 홍해를 건너 광야에 이르게 하신 후 시내 산에서 모세를 불러 사십일 동안 금식하게 하신 후에 친히 율법과 계명을 기록한 두 개의 돌 판을 그에게 주시고 성막의 설계도의 본을 보여 주시며 이스라엘 백성이 전능하신 하나님만을 섬기며 제사를 드리도록 제사의 방법까지도 말씀하셨습니다. 먼저 성막을 통하여 하나님의 비밀과 진리에 말씀을 깨닫기 바랍니다.

〈참조〉 양의 문을 통과하여 삼일길(창 22 : 3~4절) /번제 단 앞으로 나아가 옛사람의 모습을 벗어버리고 즉 번제 단에서 죽고,/ 개인 구원(요 1 : 12~13& 사 61 : 10절)을 이루어 가는 뜰 신앙에서 머무는 어리석은 신앙에서 벗어나 /전인적 구원을 이루어 가는(빌2:12절) 말씀을 힘입어 /물두멍 앞에서 현재 자신의 모습을 발견 하고 새롭고 산길(히 10 : 19~20절)을 따라 진주 문으로 들어가 /충성 된 종 그리스도께 붙은 한 지체 (하나님의 아들)로서 /이 땅에서도 천국 된 삶을 살아가는 성도들 되시길 축원 드립니다,

에녹과 같이 매일의 삶 생활 속에서 하나님과 동행하는 천국 되어 살아간다는 진리 말씀 잘 이해 하시기를 축원합니다,

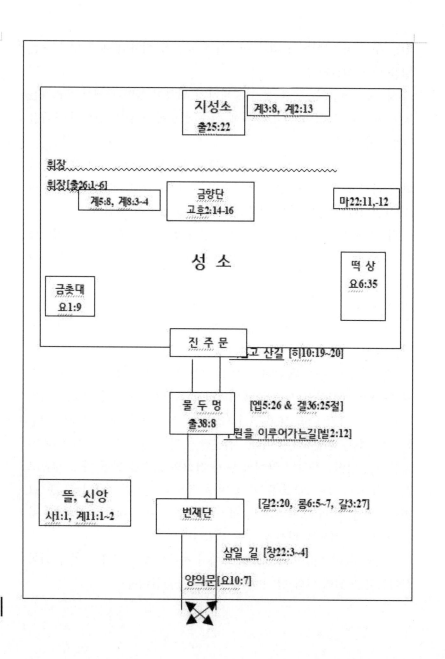

지성소
출25:22

계3:8, 계2:13

휘장

휘장[출26:1~6]

계5:8, 계8:3~4

금향단
고후2:14-16

마22:11,-12

성 소

떡 상
요6:35

금촛대
요1:9

진 주 문

크고 산길 [히]10:19~20]

물 두 멍
출38:8

[엡5:26 & 겔36:25절]

구원을 이루어가는길[빌2:12]

뜰, 신앙
사1:1, 계11:1~2

번 재 단

[갈2:20, 롬6:5~7, 갈3:27]

삼일 길 [창22:3~4]

양의문[요10:7]

● 성막의 밖은 마귀에게 속한 세상을 의미하고 있읍니다 이스라엘 백성이 출애굽하여 홍해를 건넘으로 구원을 받았듯이 성막 밖에 있는 세상에서 구원의 첫 단계인 성막의 첫문 즉 양의 문으로(요 10 : 7) 들어 와야 구원을 얻게 됩니다.

● 성막 안에 들어와야 영적으로 그리스도의 몸된 교회에 들어와 구원을 이루어 갈 수 있읍니다.

(빌 2 : 12) 그러므로 나의 사랑하는 자들아 너희가 나 있을 때뿐 아니라 더욱 지금 나 없을 때에도 항상 복종하여 두렵고 떨림으로 너희 구원을 이루라

예수님을 영접함으로(요 1 : 12~13) 우리가 영에 구원을 얻으며(엡 2:8) 우리에 혼은(생각) 내가 살아 있는 동안에는 두렵고 떨림으로 항상 주님께 복종하여 구원을 이루어 가야 합니다.

1. 양에 문

(요 10 : 7) 그러므로 예수께서 다시 이르시되 내가 진실로 진실로 너희에게 말하노니 나는 양의 문이라.

1)양에 문의 영적의미

우리가(나) 예수님을 영접함으로 인하여 흑암의 권세 아래서 마귀에게 종 노릇하다가 하나님의 아들에 나라로 옮겨진 자들이(골 1 : 13) 양에 문에(요 10 : 7) 안으로 들어간 자들입니다

이때의 양은 세상 죄를 지고 가는 하나님의 어린양 예수님을 상징하고 있습니다 (요 1 : 29) 예수님께서는 나는 양에 문이라고(요 10 :7) 말씀하고 계시며 양에 문으로 들어오는 자는 주님의 음성을 들으며 따라 온다고 말씀하고 계십니다

(요 10 : 3~4) 문지기는 그를 위하여 문을 열고 양은 그의 음성을

듣나니 그가 자기 양의 이름을 각각 불러 인도하여 내느니라 4. 자기 양을 다 내어 놓은 후에 앞서가면 양들이 그의 음성을 아는 고로 따라 오되, 이와같이 세상에서 나와 예수님을 구세주로 영접하고 양에 문 (성막) 안으로 들어갈 수 있는 것도 오직 하나님의 은혜로 되는 것이지 사람의 힘이나 의로 되는 것이 아닙니다.

2) 제삼일길

삼일 길은 양에 문을 통과한 자들이 걸어 가는 죽음의 길이며 내가 예수님과 함께 죽고 예수님과 함께 부활 생명으로 살아나기 위해서 가는 길입니다

(창 22 : 3~4) 아브라함이 아침에 일찌기 일어나 나귀에 안장을 지우고 두 사환과 그 아들 이삭을 데리고 번제에 쓸 나무를 쪼개어 가지고 떠나 하나님의 자기에게 지시하시는 곳으로 가더니 4.제 삼일에 아브라함이 눈을 들어 그곳을 멀리 바라본지라

이 길은 홍해를 건너 이스라엘 백성들이 가야할 수르광야 사흘길이었으며 죽음의 길이었으며 나의 의는 다 죽고(골 3 :5 & 갈 2 :20) 하나님의 말씀을 따라 인도함을 받아야만 통과 할수 있는 길입니다 (번 재단 위에 올려지기 위해 가는 제삼일길 입니다)

양에 문을 통과한 후에 나의 "의" 쓴물이 단물로 변화 받기 위한(출 15:22~25) 기간이며 둘째 문에 들어가기 위하여 예수님과 함께 죽고 예수님과 부활 생명으로 거듭나기 위하여 번 재단에 나가는 기간이 제 삼일 길입니다.

많은 신도들이(종교인의 믿음을 가진자) 양에 문에는 들어오지만 번재단에는 올라가지 않기 때문에 예수님의 부활 생명이 없이 입으로만 예수님을 믿으며 (마 7 : 21 &사 29 : 13) 마당만 밟고 다니는 뜰 교

인이 오늘날 너무 많이 있다는 것이 안타까울 뿐입니다.

(사 1 : 12) 너희가 내 앞에 보이러 오니 그것을 누가 너희에게 요구하였느뇨 내 마당만 밟을 뿐이니라

3) 번재단

번재단은 영적으로 십자가를 의미하며 예수님께서 나를 위하여 생명의 댓가를 지불 하시고 나를 사신 것처럼 나도 예수님을 위하여 댓가를 지불해야 합니다.

창 22 : 13 아브라함이 눈을 들어 살펴본즉 한 숫양이 뒤에 있는데 뿔이 수풀에 걸렸는지라 아브라함이 가서 그 숫양을 가져다가 아들을 대신하여 번제로 드렸더라

예수님께서는 우리의(나) 죄를 위하여 십자가에서 댓가을 지불하시고 우리를 사셨습니다. (고전 6 : 19~20)

예수님께서 우리들을 위하여 십자가에서(번 재단) 댓가를 지불하신 것처럼 우리도 정과 욕심을 십자가에 못박는 댓가를 지불해야 할 것입니다.

(갈 5 : 24) 그리스도 예수의 사람들은 육체와 함께 그 정과 욕심을 십자가에 못 박았느니라.

내가 양에 문에 들어가 제 삼일길을 가서 번재단에(십자가) 올려 질때 난 간 곳 없고 예수님의 부활 생명으로 거듭날 줄 믿으시기 바랍니다.

(롬6:5~6) 만일 우리가 그의 죽으심을 본받아 연합한 자가 되었으면 또한 그의 부활을 본받아 연합한 자가 되리라 6.우리가 알거니와 우리 옛사람이 예수와 함께 십자가에 못 박힌 것은 죄의 몸이 멸하여 다시는 우리가 죄에게 종노릇 하지 아니하려 함이니

이렇게 부활 생명으로 거듭난 자들이 의의 병기로 하나님께 쓰임

받는 자들이며(행 20 : 22~24) 세상에 나아가 그리스도의 향기를 풍기는 자들 입니다(고후 2 : 14~16)

(롬 6 : 13 ~14) 또한 너희 지체를 불의의 병기로 죄에게 드리지 말고 오직 너희 자신을 죽은 자 가운데서 다시 산 자같이 하나님께 드리며 너희 지체를 의의 병기로 하나님께 드리라 14. 죄가 너희를 주관치 못하리니 이는 너희가 법아래 있지 아니하고 은혜 아래 있음이니라.

예수님의 부활 생명으로 거듭난 자들은 심령이 하나님께 매여 있기 때문에 다시는 죄에게 종노릇하지 아니하며 하나님의 말씀을 생각에 두고 마음에 기록하여(히 8 : 10) 날마다 물두멍에 나아가 깨끗이 씻습니다.

4) 물 두멍

물두멍은 물을 담는 기구로 놋으로 된 것으로 회막 문에서 수중 드는 여인들의 거울로 만들었습니다.

거울은 깨끗하여야 보이듯이 물 두멍의 물은 그릇과 함께 깨끗한 물임을 알 수 있습니다.

(출 38 : 8) 그가 놋으로 물두멍을 만들고 그 받침도 놋으로 하였으니 곧 회막 문에서 수종드는 여인들의 거울로 만들었더라.

여인들은 거울을 많이 보며 거울을 사랑합니다. 이때의 놋은 영적으로 십자가의 사랑을 의미하며 그 곳에 물을 담아 둡니다

(잠 27 : 9) 물에 비취이면 얼굴이 서로 같은 것같이 사람의 마음도 서로 비취느니라

〈참조〉 (시 29 : 3절) 여호와의 소리가 물 위에 있도다. 영광의 하나님이 뇌성을 발하시니 여호와는 많은 물 위에 계시도다.

물은 하나님의 말씀을 의미하며(엡 5 : 26) 놋은 십자가의 사랑을

나타내기 때문에 하나님의 사랑의 터전이 되어야 비로소 물이(생명의 말씀) 담겨지게 되는 것입니다(출30:18).

물두멍에 담겨진 물은 하나님의 피가 뿌려진 생명의 말씀이며(히 9:19) 예수님께서 십자가에서 흘러주신 피와 물 생명수 입니다(피레 17:11육체의 생명은 피에 있음이라. (물은 (엡5:26) 생명의말씀)

(요19:34)그 중 한 군병이 창으로 옆구리를 찌르니 곧 피와 물이 나오더라

제사장은 성소에 들어 가려면 필히 이 물로 손을 씻어야 합니다 물로 씻는 손에 예수님의 피(생명)가 나타남으로 성소에 들어 갈수 있읍니다 〈참조〉(겔36:25) & (엡5:26)

(갈5:6)그리스도 예수 안에서는 할례나 무할례가 효력이 없되 사랑 으로써 역사하는 믿음 뿐이니라

2. 성소에 들어 갈수 있는 자?

하나님의 백성이 성소에 들어 갈수 있는 조건은 예수님께서 십자가 에서 흘러 주신 피로 씻음 받는 자들만 들어갈 수 있읍니다.

(히 10 : 19~22) 그러므로 형제들아 우리가 예수의 피를 힘입어 성소에 들어갈 담력을 얻었나니 20, 그 길은 우리를 위하여 휘장 가 운데로 열어 놓으신 새롭고 산길이요 휘장은 곧 저의 육체니라 21,또 하나님의 집 다스리는 큰 제사장이 계시매 22, 우리가 마음에 뿌림을 받아 양심의 악을 깨닫고 몸을 맑은 물로 씻었으나 참 마음과 온전한 믿음으로 하나님께 나아가자

하나님의 성소에 들어가기 위해서는 몸을 맑은 물로 씻음을 받고 선한 양심과 참 마음과 온전한 믿음을 가진 자로서 예수님의 피 곧 생 명이 있어야 성소에 들어 갈 수 있읍니다. (겔 35 : 25)

그리스도의 옷을 입어야 성소에 들어 갈 수 있습니다..

갈 3 : 27 누구든지 그리스도와 합하여 세례를 받은 자는 그리스도로 옷 입었느니라

하나님의 의의 옷인 세마포를 입어야 하늘 성소인 혼인 잔치에 참여할수 있읍니다(출 39 : 28)

사 61 :10 내가 여호와로 인하여 크게 기뻐하며 내 영혼이 나의 하나님으로 인하여 즐거워하리니 이는 그가 구원의 옷으로 내게 입히시며 의의 겉옷으로 내게 더하심이 신랑이 사모를 쓰며 신부가 자기 보물로 단장함 같게 하셨음이라

제사장 제사장만 들어 갈수 있는 곳이 성소입니다

(벧전 2 : 9)오직 너희는 택하신 족속이요 왕 같은 제사장들이요 거룩한 나라요 그의 소유된 백성이니 이는 너희를 어두운 데서 불러내어 그의 기이한 빛에 들어가게 하신 자의 아름다운 덕을 선전하게 하려 하심이라

성소에 들어간 자들만 구원을 얻고 나오며 꼴을 얻게 됩니다

(요 10 : 9) 내가 문이니 누구든지 나로 말미암아 들어가면 구원을 얻고 또는 들어가며 나오며 꼴을 얻으리라

〈참조〉 산떡 = (요 6 : 51절) 나는 하늘로서 내려온 산 떡이니 사람이 이 떡을 먹으면 영생하리라 나의 줄 떡은 곧 세상의 생명을 위한 내 살이로라 하시니라

성소 안에 들어가면 오른쪽에 떡상이 있는데 그 위에 있는 떡은 하늘에서 내려온 산 떡을 의미하며 하나님의 양식이 되는 12,지파의 장로된 자를 상징하고 있읍니다(요 4 : 34) &(요 6 :40)

왼편에는 금 촛대가 놓여 있는데 "금촛대는" 불을 붙여 성소를 밝게 하는 것입니다

금촛대의 불은 하나님의 백성의 심령에 항상 불이 있어 세상의 생명의 빛을

비춰어야 합니다

(요 1 :9) 참 빛 곧 세상에 와서 각 사람에게 비취는 빛이 있었나니 예수님을 영접하고 믿는 성도라면 많은 영혼들을 하나님께로 인도하는 생명에 빛을 나타내는 하나님의 자녀들이 되어야 할것입니다.

(단 12 : 3)지혜 있는 자는 궁창의 빛과 같이 빛날 것이요 많은 사람을 옳은 데로 돌아오게 한 자는 별과 같이 영원토록 비취리라

정면에 놓여 있는 금향 단은 향을 피우는 곳으로 예수님의 생명의 향기를 나태내는 기도의 단을 상징합니다

그래서 하나님의 자녀라면 예수님의 생명의 향기를 나타내는 자녀들이 되어야 오늘날 그리스도인이라는 칭함을 받을 것입니다.

(고후 2 : 14~16)항상 우리를 그리스도 안에서 이기게 하시고 우리로 말미암아 각처에서 그리스도를 아는 냄새를 나타내시는 하나님께 감사하노라 15,우리는 구원 얻는 자들에게나 망하는 자들에게나 하나님 앞에서 그리스도의 향기니 16, 이 사람에게는 사망으로 좇아 사망에 이르는 냄새요 저 사람에게는 생명으로 좇아 생명에 이르는 냄새라 누가 이것을 감당하리요.

이런 자들은 양의 문을 들어와 번재단에서 부활생명으로 거듭난 자들이며 날마다 물두멍에서 깨끗히 씻어 정결하여 거룩한 자들로서 세상에서 빛과 소금의 역활을 감당하고 예수 그리스도의 증인으로서 그리스도의 향기를 나타내는 자들입니다.

이렇게 장성한 분량까지(엡 4 : 13) 자란 자들이 왕 같은 제사장이 되어 지성소에서 하나님을 만날수 있다는 것을 믿으시기 바랍니다. (출25 : 22) 이 길을 예수님께서 십자가를 통하여 열어 주었습니다.

(히10 : 19~20)

우리는 성막을 통하여 나의 영의 상태를 진단하고 진리에 길로 나아 가시길 바랍니다m

31, 뜰 신앙과 성소 신앙

본문 (히10:19~20절) 그러므로 형제들아 우리가 예수의 피를 힘입어 성소에 들어갈 담력을 얻었나니 20, 그 길은 우리를 위하여 휘장 가운데로 열어 놓으신 새롭고 산길이요 휘장은 곧 저의 육체니라

예수님께서는우리를(나) 위하여 십자가에서 댓가를 지불하시고 (고전6 : 19~20) 하나님께 나아가 갈수 있는 새롭고 산길을 열어주었습니다.

그 길은 성막을 통하여 우리에게(나) "본"을 보여 주었으며 성막 안에 있는 번제단과 물두멍을 지나서 둘째문을 지나 성소에 들어 갈수 있으며 성소 안 지성소에서 하나님을 만날수 있도록(출 25 : 22) 친히 십자가를 통하여 휘장을 열어주었습니다.

(히 10: 20)그 길은 우리를 위하여 휘장 가운데로 열어 놓으신 새롭고 산 길이요 휘장은 곧 저의 육체니라

그래서 오늘날 우리가 성소에서 하나님을 만날수 있음에 감사하시길 바랍니다

하나님을 만나기 위해서는 필히 하나님께서 모세를 통하여 광야 시내산에서 보여 주신 성막의 본을 따라 번제단 (십자가)에서 댓가를 지불하고 예수님의 부활 생명으로 물두멍에서 깨끗히 씻고 세마포를 입고 참 마음과 온전한 믿음을 가진 자로서 하늘에 형상 즉 하나님의 형상을 입은 자들만 성소에 들어가 하나님을 만날수 있다는 것을 믿으시기 바랍니다

(고전 15 : 48~49) 무릇 흙에 속한 자는 저 흙에 속한 자들과 같고 무릇 하늘에 속한 자는 저 하늘에 속한 자들과 같으니 49.우리가 흙에 속한 자의 형상을 입은 것같이 또한 하늘에 속한 자의 형상을 입으리라

1. 성막의 문

예수님께서는 비유로 말씀하시기를 "양의 문"을 통하여 들어가지 아니하고 다른대로 넘어가는 자는 절도요 강도라고(요10:1) 말씀하시고 예수님 자신이 양의 문이라고 말씀하고 있습니다.

(요 10 : 7) 그러므로 예수께서 다시 이르시되 내가 진실로 진실로 너희에게 말하노니 나는 양의 문이라

성막 안에 들어가기 위해서는 첫째 문으로 들어 가야 하는데 그 문이 "양에 문"임을 깨닫기 바랍니다

1) 성막 안에 들어가기 위해서는?

예수님을 영접하고 하나님의 자녀가 되어야 합니다

(요 1 : 12) 영접하는 자 곧 그 이름을 믿는 자들에게는 하나님의 자녀가 되는 권세를 주셨으니

양애 문 즉 성막의 첫째 문안에 들어온 자들을 많은 신도들은(종교적인 믿음) 구원받았다. 말하고 있습니다.

이 단계를 성경에서는 영에 구원이라(전인적 구원) 말씀하고 있읍니다 오직 구원은 하나님의 은혜이며 선물입니다. 사람의 공로는 0.01%도 없읍니다.

(엡 2 : 8) 너희가 그 은혜를 인하여 믿음으로 말미암아 구원을 얻었나니 이것이 너희에게서 난 것이 아니요 하나님의 선물이라

영에 구원은 전적인 하나님의 은혜이며 선물이며 이렇게 양에 문에

들어온 자들을 하나님께서는 이사야에서 구원의 옷을 입었다 말씀하고 있습니다

(사 61 : 10) 내가 여호와로 인하여 크게 기뻐하며 내 영혼이 나의 하나님으로 인하여 즐거워하리니 이는 그가 구원의 옷으로 내게 입히시며 의의 겉옷으로 내게 더하심이 신랑이 사모를 쓰며 신부가 자기 보물로 단장함 같게 하셨음이라.

구원에 옷을 입기 위해서는 필히 예수님을 내 마음에(심령) 영접(요 1 : 12)해야 합니다. 구원에 옷은 "속 사람이"이 있는 자만 입을수 있읍니다

2) 뜰 신앙
(사 1 : 12) 너희가 내 앞에 보이려오니 그것을 누가 너희에게 요구 하였느뇨 내 마당만 밟을 뿐이니라

뜰 신앙을 갖고 예수님을 믿는 자들은 입으로는 주여 주여하면서 (마7:1) 마음은 하나님에게서 멀리 떠나 있으며(사29:13) 예 사람 그대로 건물된 예배당에 나오면서 성경 말씀에는 관심도 없고 모이는데 목적이 있는 자들을 말하고 있습니다.

(엡 4 : 22)너희는 유혹의 욕심을 따라 썩어져 가는 구습을 좇는 옛사람을 벗어 버리고

옛사람 그대로 세상 풍속을 좇고 공중 권세 잡은 자를 따르며(고전 2:12 세상의 영) 땅에 일을 생각하면서 입으로만 주님을 부르며 믿는 자들을 하나님은 마당만 밟는 뜰 신앙인이라고 말하고 있읍니다

(빌 3:19) 저희의 마침은 멸망이요 저희의 신은 배요 그 영광은 저희의 부끄러움에 있고 땅에 일을 생각하는 자라

이런 자들은 성막의 첫째 문(양에 문)에 들어와서 사도바울이 말했듯이(고전15:31) 나는 날마다 죽노라하고 "번재단"에 올라가야 예수님

의 부활 생명으로 연합할텐데 번재단에(십자가) 올라가 죽지 않기 때문에 옛사람 그대로 변하지 않고 더 악하여져 참으로 예수님을 믿고 섬기는 그리스도인을 세상 사람들에게 욕되게 합니다 (부끄럽게----)

(고전 3 : 3)너희가 아직도 육신에 속한 자로다 너희 가운데 시기와 분쟁이 있으니 어찌 육신에 속하여 사람을 따라 행함이 아니리요

육신에 거하는 자들을 하나님께서는 섞어 사는 무리라 말씀하고 있으며 애굽의 종 살이를 생각하며 탐욕을 품으며 수박과 부추와 마늘들을 즉 육신에 먹는 것만 생각 하면서 입으로만 주님이라 부르는 자를 말씀하고 있읍니다(시 73 :9)

(민 11 : 4~5)이스라엘 중에 섞여 사는 무리가 탐욕을 품으매 이스라엘 자손도 다시 울며 가로되 누가 우리에게 고기를 주어 먹게 할꼬 5. 우리가 애굽에 있을 때에는 값없이 생선과 외와 수박과 부추와 파와 마늘들을 먹은 것이 생각나거늘 뜰 신앙을 가진 섞어 사는 무리들로 인하여 믿음이 약한 어린아이 신앙인들도 따라서 우는 것을 알수 있읍니다(민11:4) 그래서 믿음 생활을 할 때는 내가 누구와 함께 믿음생활을해야 하는지 각인이 생각해 봅시다.

3) 뜰 신앙인이 좋아하는 말씀은?

(막7:6~8)가라사대 이사야가 너희 외식하는 자에 대하여 잘 예언하였도다 기록하였으되 이 백성이 입술로는 나를 존경하되 마음은 내게서 멀도다 7. 사람의 계명으로 교훈을 삼아 가르 치니 나를 헛되이 경배하는도다 하였느니라 8.너희가 하나님의 계명은 버리고 사람의 유전 을 지키느니라

뜰 신앙인이 좋아하는 말씀은 성경말씀에다 세상적인 것을(출12:15 유교병) 많이 섞어서 들려주면 자기의 세상 영과 잘 맞기 때문에 은혜 받았다고 즐거워 합니다(고전2:12) = 세상의 영)

(출12:15)너희는 칠 일 동안 무교병을 먹을지니 그 첫날에 누룩을 너희 집에서 제하라 무릇 첫날부터 칠일까지 유교병을 먹는 자는 이 스라엘에서 끊쳐지리라

(첫날 = 예수님을 영접한날, 칠일 = 하나님에 부르심을 받는 날)

(무교병=누룩이 없는 떡, & 유교병 = 누룩이(세상것이) 석여 있는 떡)

4) 뜰 신앙인의 심판

(계 11 : 1~2) 또 내게 지팡이 같은 갈대를 주며 말하기를 일어나서 하나님의 성전과 제단과 그 안에서 경배하는 자들을 척량하되 2, 성전 밖 마당은 척량 하지 말고 그냥 두라 이것을 이방인에게 주었은 즉 저희가 거룩한 성을 마흔두 달 동안 짓밟으리라.

뜰 신앙인은 하나님의 보호를 받지 못함을 알 수있읍니다

(고전 15 : 39~40) 육체는 다 같은 육체가 아니니 하나는 사람의 육체요 하나는 짐승의 육체요 하나는 새의 육체요 하나는 물고기의 육체라 40, 하늘에 속한 형체도 있고 땅에 속한 형체도 있으나 하늘에 속한 자의 영광이 따로 있고 땅에 속한 자의 영광이 따로 있으니

2. 성소의 문

성소의 문에 들어가기 위해 서는 성막의 첫 째문을 지나 번제단과 물두멍을 거쳐서 성 소문으로 들어갈 수 있는데 성소에 들어가기 전에 나의 마음에 예수님의 피(생명) 뿌림을 받아 양심의 악을 깨달아야 하며 맑은 물로 몸을 깨끗이 씻어 참 마음과 온전한 믿음을 갖고 성소에 들어 갈수 있습니다.

(히 10 : 22)우리가 마음에 뿌림을 받아 양심의 악을 깨닫고 몸을 맑은 물로 씻었으나 참 마음과 온전한 믿음으로 하나님께 나아가자.

1) 성소 신앙

우리가(나) 성소안에 들어 갈수 있는 성소 신앙을 갖기 위해서는 나에게 예수님의 부활 생명이 있어야 합니다

성소 신앙을 갖기 위해서는 하나님께서는 모세에게 보여준 성막의 본을 보고 성막 문을 지나 번재단에 올라가 나는 죽고(고전15:31) 예수님의 부활생명으로 거듭나서(롬6:5~6) 물두멍에서 깨끗이 씻어야 (엡 5 : 26~27, & 겔 36:25) 성소에 들어갈 수 있다는 것을 믿으시기 바랍니다.

그래서 하나님께서는 우리에게 구원을 이루어 가라 말씀하고 있읍니다

(빌 2 : 12)그러므로 나의 사랑하는 자들아 너희가 나 있을 때뿐 아니라 더욱 지금 나 없을 때에도 항상 복종하여 두렵고 떨림으로 너희 구원을 이루라.

하나님께서는 우리가(나) 예수님을 영접하면 구원을 받았다 하십니다 그러나 우리에 혼은 아직도 순종함의 종이 되기 때문에 에수님의 부활 생명으로 거듭났으면 어린아이이기 때문에 젖을 먹고 자라가면서 혼에 구원을 이루어 가기를 원하십니다

〈참조〉(롬 6 : 16절) 너희 자신을 종으로 드려 누구에게 순종하든지 그 순종함을 받는 자의 종이 되는 줄을 너희가 알지 못하느냐 혹은 죄의 종으로 사망에 이르고 혹은 순종의 종으로 의에 이르느니라.

(벧전 2 : 2)갓난 아이들같이 순전하고 신령한 젖을 사모하라 이는 이로 말미암아 너희로 구원에 이르도록 자라게 하려 함이라

하나님의 몸된 교회에 다니면서 영이요 생명의 말씀을 (천국 복음) 먹지 않고(겔2:8) 한 귀로 듣고 한 귀로 흘러보내는 혈루병 여인들이 (마 9 : 20~22) 너무 많이 있다는 것이 안타까울 뿐입니다.

(혈루중 = 피가 멈추지 않고 계속 흘러나오는 병, 피 = 생명있음

(레 17 : 11)

하나님의 말씀의 씨가(벧전 1 : 23) 내 안에 심겨져야 갓난아이같이 젖을 (생명의 말씀)찾게 되며 말씀 분별을 할 수 있습니다.

〈참조〉(벧전 1 : 23절) 너희가 거듭난 것이 썩어질 씨로 된 것이 아니요 썩지 아니할 씨로 된 것이니 하나님의 살아있고 항상 있는 말씀으로 되었느니라

갓난아이는 어머님의 젖 맛을 알 수 있듯이 내가 거듭나면 말씀 분별이 와서 영이요 생명의 말씀 천국 복음을 찾아가게 되어있습니다.

어린 아이이는 물두명에 가서 자주 씻고 물(말씀)을 (엡 5 : 26) 먹어야 자라납니다. 어린아이는 잘 먹고 잘 싸야 건강히 자라 갑니다

(벧전 2 : 1) 그러므로 모든 악독과 모든 궤휼과 외식과 시기와 모든 비방하는 말을 버리고

어린 아이가 건강히 자라날때 하나님께서는 지혜와 은혜를 내려 주십니다

(눅 2 : 40) 아기가 자라며 강하여지고 지혜가 충족하며 하나님의 은혜가 그 위에 있더라

이렇게 하나님께서는 베풀어 주시는 은혜와 지혜가 있는 자들은 날마다 나는 죽고(고전 15 : 31) 예수님의 부활 생명으로 살아가기 때문에 하나님께서 그리스도의 옷 "의에 겉옷"을(사61 : 10) 입혀 주십니다

(갈 3 : 27) 누구든지 그리스도와 합하여 세례를 받은 자는 그리스도로 옷 입었느니라

예수님의 신부가 되기 위해서는 먼저 구원의 옷(속옷)을 입고 자라 가면서 (의에 겉옷을 입어야) 온전한 그리스도의 신부가 되는 것이며 이런 자들을 왕 같은 제사장이라고(벧전 2 : 9) 합니다

(사 61 : 10) 내가 여호와로 인하여 크게 기뻐하며 내 영혼이 나의 하나님으로 인하여 즐거워 하리니 이는 그가 구원의 옷으로 내게 입

히시며 의의 겉옷으로 내게 더하심이 신랑이 사모 를 쓰며 신부가 자기 보물로 단장함 같게 하셨음이라

의의 겉옷은 날마다 물두멍에서 깨끗히 씻어야 합니다 "신부"는 자기 보물로 단장 한다고 했는데 여기서의 "보물은" 예수님을 의미한다 것을 깨달으시기 바랍니다

(골 2 : 3)그 안에는 지혜와 지식의 모든 보화가 감취어 있느니라

하나님의 말씀은 영이요 생명의 말씀이며 살리는 것은 "영"입니다 우리는 날마다 예수님으로 의에 겉옷을 입고 단장해야 할 것입니다

(고 후 5 : 4) 이 장막에 있는 우리가 짐 진 것같이 탄식하는 것은 벗고자 함이 아니요 오직 덧입고자 함이니 죽을 것이 생명에게 삼킨 바 되게 하려 함이라

그래서 성소 신앙을 가진자들만 왕같은 제사장이 되어 구원에 속옷과 의의 겉옷을 입고 성소에 들어가며 나오며 꼴을(양식) 얻는줄 믿으시기 바랍니다

(요 10 : 9) 내가 문이니 누구든지 나로 말미암아 들어가면 구원을 얻고 또는 들어가며 나오며 꼴을 얻으리라

성소 안 오른쪽에 떡상이 있기 때문입니다. 또한 이러한 자들은 날마다 금향단에서 기도에 생명의 향기를 풍기듯 세상에 나아가 생명의 향기를 나타낼 것이며 금초대에서 빛을 밝히듯 참빛 되신 예수님의 생명에 빛을 나타내(요 1 : 9) 많은 영혼 들을 하나님의 품으로 인도할 것입니다

(단 12 : 3) 지혜 있는 자는 궁창의 빛과 같이 빛날 것이요 많은 사람을 옳은 데로 돌아오게 한 자는 별과 같이 영원토록 비취리라.

성소 신앙을 가진자들은 왕 같은 제사장이 되어 날마다 지성소에서 (출 25 : 22) 하나님을 만나기 때문에 하늘에 있든 땅에 있든(엡1:10) 천국을 누리며 "삶"을 영위하며 누리며 살아가실 겁니다. = 아멘, 아멘=

구원의 길

체험 신앙의 말씀(방명근 목사)

초 판 인 쇄 | 2023년 8월 26일
발 행 일 자 | 2023년 8월 31일
지 은 이 | 방명근 목사
펴 낸 이 | 김연주
펴 낸 곳 | 도서출판 성연
등 록 | (등록 제2021-000008호)경남 창원
홈 페 이 지 | https://cafe.daum.net/seongyeon2021
사 무 실 | 창원시 성산구 대원로 27번길 4(시와늪문학관 내)
디 자 인 | 배선영
편 집 인 | 배성근
대 표 메 일 | baekim2003@daum.net
전 자 팩 스 | 0504-205-5758
출판사연락처 | 010-4556-0573
정 가 | 15,000원
제 어 번 호 | ISBN:979-11-979561-1-9

이 도서의 출판예정도서목록(CIP)은 ISBNISBN: 979-11-979561-1-9(03230)
국립중앙도서관 서지정보유통지원시스템홈페이지(http://seoji.nl.go.kr/)
와국가자료목록시스템(http://www.nl.go.kr/kolisnet)에서 이용할 수 있습니다.